T0282773

LA BIBLIA DEL E-COMMERCE

Redbook

José Luis Torres Revert

LA BIBLIA DEL E-COMMERCE

Los secretos de la venta *online*

© 2020, José Luis Torres Revert

© 2020, Redbook Ediciones, s. l., Barcelona

Diseño de cubierta: Regina Richling

Diseño de interior: Editor Service s. l

ISBN: 978-84-122311-6-8

Depósito legal: B-19.669-2020

Impreso por Ingrabar, Industrias Gráficas Barcelona, c/ Perú. 144, 08020 Barcelona

Impreso en España - *Printed in Spain*

Todas las imágenes son © de sus respectivos propietarios y se han incluido a modo de complemento para ilustrar el contenido del texto y/o situarlo en su contexto histórico o artístico. Aunque se ha realizado un trabajo exhaustivo para obtener el permiso de cada autor antes de su publicación, el editor quiere pedir disculpas en el caso de que no se hubiera obtenido alguna fuente y se compromete a corregir cualquier omisión en futuras ediciones.

«Cualquier forma de reproducción, distribución, comunicación pública o transformación de esta obra solo puede ser realizada con la autorización de sus titulares, salvo excepción prevista por la ley. Diríjase a CEDRO (Centro Español de Derechos Reprográficos, www.cedro.org) si necesita fotocopiar o escanear algún fragmento de esta obra.»

A Silvia e Iván, por el tiempo prestado.

ÍNDICE

INTRODUCCIÓN

Dicen que la necesidad agudiza el ingenio, que las crisis son oportunidades y que todo es fácil si sabes cómo. En los siguientes capítulos proporcionaremos todo lo que necesitas conocer para que esas afirmaciones sean más que manidas frases hechas.

Para ello aplicaremos un enfoque que proporcione una visión global de todas las fases y elementos que implican lanzar un negocio en la nube con profesionalidad y competitividad. Analizaremos qué debemos considerar en cada fase de desarrollo de nuestro proyecto e-commerce, desde su planteamiento y modelo de negocio, a su promoción *online* en distintas plataformas y redes sociales, pasando por los aspectos legales que debemos tener en cuenta.

Tanto si ya tienes un comercio electrónico en marcha como si estás convencido de que desarrollar una estrategia en internet para tu negocio offline es esencial para sobrevivir en un mercado cada vez más competitivo y en unas condiciones inciertas como las actuales, este libro te será de gran ayuda.

Sea cual sea tu caso, el objetivo es presentar de forma amena y didáctica los distintos conceptos que tendremos que conocer y demostrar que todo lo expuesto en los distintos capítulos es de rápida y sencilla aplicación.

Los ejemplos y propuestas prácticas para realizar están diseñados para micropymes y emprendedores que quieren dar el salto a la nube, esto es, explotar un canal *online* de forma complementaria o que reemplace algunos de los aspectos de su negocio físico. Por supuesto, también puede haber planteamientos e-commerce que por su modelo de negocio y características sólo tengan actividad comercial *online*.

La venta en internet hoy se realiza principalmente mediante tres medios que por otra parte no son excluyentes sino que como veremos más adelante, pueden y deben combinarse para aprovechar el potencial de cada uno de ellos (entre ellos, no hemos incluido las *apps* o aplicaciones para móviles porque su utilización estaría limitada a tiendas *online* que pueden acometer proyectos de esta envergadura y con una posición en el mercado que contribuyera a que sus clientes instalaran dicha *app* en sus dispositivos).

El primero sería una tienda *online* desde donde se accede al catálogo de productos y/o servicios. La mayoría de estas tiendas se dividen en dos tipos. Por un lado tendríamos las que están basadas en paquetes *open source* o código abierto específicamente diseñados para comercio electrónico como Prestashop (en esta categoría incluiríamos también un blog de *Wordpress* junto con la extensión o complemento *WooCommerce* para dotarlo de funcionalidades e-commerce) y por el otro, las que usan las denominadas soluciones «llave en mano» como Shopify.

El segundo medio para vender *online* sería a través de un *marketplace* o mercado *online* como puede ser Amazon, AliExpress, eBay o MercadoLibre. En el siguiente capítulo, además de las opciones disponibles para montar una tienda *online*, comentaremos las características de este modelo de negocio, así como sus principales ventajas e inconvenientes.

La tercera vía sería a través de las redes sociales, pero como veremos no es cuestión de estar por estar, sino que la estrategia en estos canales debe estar vinculada a nuestros objetivos, e incluiremos en la misma además campañas en los distintos sistemas de publicidad patrocinada de cada red social (Facebook ads o Twitter ads, entre otros).

También comentaremos cómo ser visibles en Google, tanto optimizando nuestro sitio web a través del SEO o posicionamiento natural, como aprovechando toda su red publicitaria (YouTube y Gmail incluidos). Veremos incluso cómo contar con la participación de *influencers* en nuestras campañas de marketing y las mejores técnicas de *growth hacking* para aplicar mejoras que atraigan más compradores a nuestra tienda *online*.

Si no conocemos cómo llegar a nuestros clientes potenciales en internet, nadie sabrá que existimos ni podrá comprar nuestros productos o contratar nuestros servicios. No importa la tecnología que hayamos usado para desarrollar la tienda *online*, el presupuesto invertido, la calidad de nuestros productos o nuestra propuesta de valor.

Y es que la promoción de nuestro e-commerce es un factor fundamental en el éxito de nuestro proyecto, es tal su importancia que la parte dedicada a las principales formas que tenemos de darlo a conocer (buscadores, marketing de contenidos, plataformas de anuncios patrocinados, entre otras), es la más extensa de todo el libro.

Con el objetivo de poder aprovechar al máximo toda esta valiosa información, el contenido se ha estructurado en capítulos que se corresponden temáticamente con áreas de actuación en un proyecto e-commerce, de forma que puedan ser consultados de forma independiente y que si ya dominas algún aspecto, puedas ir directamente entonces a aquellos que quieras conocer y aplicar a la mayor brevedad, asimismo se han incluido propuestas relacionadas para llevar a la práctica las cuestiones tratadas desde el primer momento, aquí también el tiempo es oro.

¿Empezamos?

➤ Capítulo 2

Reconociendo el terreno y buscando mi nicho

Reconociendo el terreno y buscando mi nicho

2.1 Situación del e-commerce

La situación del comercio electrónico a nivel mundial y en **España** en particular ofrece una oportunidad de negocio en muchos sectores. El uso de internet y el e-commerce son una realidad y los datos lo demuestran: las compras por internet en España superaron los 9.300 millones de euros durante el segundo trimestre de 2018, un 27,1% más que en 2017, y en 2019 la financiación de las compras *online* aumentó un 24% más que en 2018 (Fuente: Observatorio Cetelem) y la previsión para 2020 es de 36.000 millones de euros para 2020, representando una tasa de crecimiento anual compuesto del 10,5% entre el 2017 y el 2020 (Fuente: Jumpseller). Asimismo, las tiendas *online* españolas recibieron de media el 32% de sus ventas de clientes internacionales en el último semestre (Fuente: de Informe IPSOS para Paypal).

El 80% de los compradores móviles del grupo denominado *millenials* (nacidos entre 1981 y 1999) en España busca productos o servicios *online* diariamente (Fuente: Informe IPSOS para Paypal) y por otra parte, todos pasamos conectados más tiempo que nunca (158 minutos diarios) y consumiendo contenidos audiovisuales con una media de 13 vídeos diarios que sumarían unos 48 minutos de visualización, estando el 40,8% de los usuarios en la franja de edad entre 35 y 54 años (Fuente: Informe Consumo Internet de Comscore). Este dato es importante ya que una de las posibilidades de realizar publicidad es insertando anuncios en esos vídeos (las distintas plataformas de publicidad las veremos en el capítulo 8).

Es un hecho indiscutible además que el comercio electrónico en España ha ido creciendo en los últimos años en aspectos como el número de tiendas *online*, compradores, gasto medio por comprador (1.077 euros en 2019 – Fuente: Ingenico ePayments), transacciones y volumen de negocio, tanto en propuestas 100% digitales sin vinculación con establecimientos físicos como en modelos mixtos donde un negocio tradicional establece un canal *online* donde promocionar, interactuar con potenciales y actuales clientes, y en última instancia realizar ventas.

España sigue subiendo puestos en el ranking de países europeos con más presencia del comercio *online* (7 de cada 10 españoles –unos 20 millones– ya realiza sus compras *online* a través de su *smartphone*). Sin incluir productos digitales (ej. entradas y tickets; ebooks o contenidos audiovisuales en *streaming*) ni mercado de segunda mano, y únicamente en el mercado B2C (*business to consumer*) para el consumidor final, para este año 2020 se preveía superar los 18 mil millones de euros y para el 2021 los 20 mil millones (Fuente: Statista) y estos datos son antes de la situación provocada por la pandemia.

En cuanto al **mercado latinoamericano**, solamente 155 millones (de los 650 millones potenciales) realizan compras por internet y principalmente a través de *marketplaces* como MercadoLibre y Linio (los cuales veremos en este mismo capítulo).

Por otra parte, las ventas en *marketplaces* están en constante aumento (64.400 millones de dólares en 2019) siendo los siguientes países los que tienen mayor actividad: Brasil: 38,3%, Argentina: 22%, México: 19,6%, Chile: 4,7%, Colombia: 4,4% y Ecuador: 2,3% (Fuente: Statista). Obviamente influye el hecho de que Brasil sea el país con mayor penetración de Internet con un 71% (seguido de Argentina y Colombia) y un volumen de ventas de más de 19.724 millones de dólares en comercio electrónico en 2019, seguido de México con 17.626 millones de dólares (Fuente: Linio).

Si además tenemos en cuenta el reciente impulso del comercio electrónico a causa de la COVID-19 (aunque de forma desigual, aumentando en ciertos sectores como alimentación, parafarmacia y electrónica mientras que otros como viajes y ocio han disminuido por razones obvias su actividad) y que el 53% de los compradores *online* aseguró que compraría más por internet tras superar el confinamiento, podemos afirmar que se están generando nuevas oportunidades, como decíamos al inicio, para desarrollar proyectos de e-commerce.

El nuevo escenario configurado por la COVID-19 plantea una necesidad de conocer el medio digital o como se denomina muchas veces, la nube. Para algunos negocios es la oportunidad de crecer, para otros simplemente de sobrevivir al resentirse la afluencia física de público y algunos e-commerce ni siquiera existen todavía, surgirán aprovechando la necesidad de ofrecer nuevos productos o servicios, o innovando sobre los existentes.

Existe un consenso entre los expertos respecto a los cambios estructurales que las empresas deben acometer y casi todos están relacionados con el **aprovechamiento de herramientas en la nube y la optimización del canal online**, o lo que es lo mismo, si queremos que nuestro proyecto empresarial resista y sea competitivo, deberemos tener una parte del negocio en la nube y vamos a intentar que lo hagas de la mejor manera: teniendo información actualizada sobre recursos y herramientas, presentando sus características, analizando ventajas e inconvenientes, y facilitando que al final puedas escoger la mejor opción que se adapte a tu presupuesto, negocio y necesidades.

Entre los aspectos que consultoras como *Deloitte* identifican y que deberíamos tener en cuenta para crear o adaptar nuestro negocio, destacamos los siguientes:

❑ Fomento de las *seamless experience* (experiencia sin contacto físico) para limitar el contacto personal: lo estamos viendo en las cartas digitalizadas de los restaurantes a las que accedemos por medio de un código QR (del inglés *Quick Response*) que escaneamos con el móvil o el uso de una tableta donde se muestra esa carta y además podemos realizar el pedido sin necesidad que acuda el camarero. Igualmente, se tiende a la reducción o eliminación de catálogos y folletos impresos.

Relacionado con lo anterior está también la promoción del uso de formas de pago «sin contacto», sea mediante pago con tarjeta *contactless* a las que han aumentado el límite por operación o sistemas de pago por móvil como *Bizum* usando únicamente el número de teléfono (comentaremos esta forma de pago y otras que podemos incorporar a nuestra tienda *online* en el capítulo 5).

❑ Nuevos servicios a domicilio: nueva oferta de servicios (ej. restaurantes que antes no hacían pedidos a domicilio) o aumento de servicios que antes eran minoritarios en el medio digital como aquellos relacionados con peluquería, fisioterapia o entrenamiento personal

❑ Revisión de la política comercial: tendencia a la paridad de precios o que el canal *online* sea más económico que el físico, esto es, que el cliente prefiera hacer el pedido *online* que desplazarse a la tienda.

❑ Uso de herramientas de análisis avanzado para conocer mejor la demanda y diseñar mejor la oferta (en el siguiente apartado veremos algunos métodos para conocer qué están buscando nuestros potenciales clientes).

❑ Potenciar canales de comunicación como redes sociales, comunidades y grupos, *influencers* y plataformas de contenidos

❑ Creación de comunidades de usuarios alrededor de las marcas (para ello el uso de redes sociales es imprescindible)

❑ Realizar acciones SEO y SEM en plataformas *online*.

Los tres últimos elementos son esenciales para la promoción de nuestra tienda *online* y están directamente relacionados con el **marketing de contenidos** y los distintos **sistemas de publicidad patrocinada** que comentaremos en detalle en el capítulo 8.

PROPUESTA RELACIONADA

Identifica qué información o material publicitario podrías publicar en internet y sería útil para tus clientes si accedieran a través de un código QR. ¿Dónde colocarías ese código QR en tu comercio físico?

¡PASEMOS A LA ACCIÓN!

Vamos a crear nuestro código QR que abrirá un enlace a una dirección en internet (ej.: perfil en una red social), proporcionará los datos de conexión wifi a nuestros clientes, mostrará un mapa de ubicación o simplemente mostrará nuestro horario de atención al público, entre otras cosas.

Para ello sólo tienes que ir una de las páginas que ofrecen este servicio como QRCode (https://www.qrcode.es/es/generador-qr-code/) y seguir las instrucciones, al final del proceso que no te llevará más de un minuto podrás descargar un archivo con tu código QR y que podrás imprimir, colocar en tu vehículo de empresa, etc.

2.2 Mercados en expansión y productos más demandados

En primer lugar debemos tener en cuenta que durante el período de confinamiento pasado al igual que si ocurrieran otras situaciones similares en el futuro, la demanda de ciertos productos experimentó grandes cambios, tanto a la baja para productos no considerados de primera necesidad (ej. relacionados con la moda) como de aumento para otros como artículos para realizar **ejercicio** (ej. mancuernas, colchonetas y bicicletas) y todos aquellos artículos relacionados con el **teletrabajo** (ej. equipamiento informático y de oficina).

En el contexto de post-confinamiento y de distancia social donde pasamos más tiempo que nunca en nuestros hogares, la oferta de productos y servicios relacionados con el **ocio infantil** se ha incrementado notablemente: ToysRUs ha volcado todo su catálogo de **juguetes** a la web promocionando en especial los artículos Play Doh; Monopoly y Lego; los **videojuegos** teniendo en cuenta que pueden ser descargados o jugados *online* –evitan la entrega física del producto y los problemas de retraso que tienen otros– están en plena expansión y hasta pequeñas tiendas *online* como la extremeña Espina Hobbies (https://www.espinahobbies.com/es/) está desbordada vendiendo **puzles** y **maquetas**.

Fuera de esta circunstancia excepcional, para conocer de primera mano qué está ocurriendo en el mundo del comercio electrónico, tendencias, tecnologías, estudios, proyectos innovadores, en qué mercados surgen oportunidades de negocio o cuáles son los productos más vendidos, puedes estar suscrito por ejemplo a distintos blogs especializados (en inglés preferiblemente, o tendrás que esperar días o semanas a que los traduzcan o se hagan eco en las publicaciones en español) o dedicarle unos minutos tú mismo a poner en práctica las siguientes **tres recomendaciones** que constituirían un sistema efectivo para averiguar qué están buscando y comprando los usuarios en internet.

La primera sería realizar **una búsqueda en Google** el del producto de nuestro futuro (o actual) comercio *online*, debemos ser lo más específicos posible (ej. robot aspirador con filtro HEPA o mascarilla n95 reutilizable) y evitando adjetivos como «barato» y verbos como «comprar», la cadena de búsqueda la limitamos a la descripción objetiva del producto (es aconsejable que limpies la caché y las cookies de tu navegador, o lo hagas con una ventana en «modo incógnito» para que tu historial previo de navegación no influya en el resultado y éste sea lo más puro o general posible).

El número de resultados nos dará una noción de la oferta y también nos proporcionará información sobre qué competidores están posicionados en la primera página de resultados (las conocidas como SERPs o *Search Engine Result Pages*), más tarde podremos visitar sus páginas web, deducir por qué estaban tan bien posicionados orgánicamente (el denominado SEO) y obtener mucha información que nos será útil más tarde cuando diseñemos nuestra propuesta. También debemos fijarnos en si se muestran anuncios patrocinados y analizar cómo son, a quién se dirigen y cómo lo hacen (veremos cómo analizar la competencia cuando definamos nuestra estrategia *online* en el siguiente capítulo).

En relación a la segunda recomendación, si aceptamos el hecho de que **Amazon** es el principal actor en el ámbito del comercio electrónico, por tamaño de catálogo, volumen de ventas y cuota de mercado, ¿no sería útil conocer cuáles son los productos más vendidos en ese *marketplace*, en toda la tienda y también por categoría o departamento? Pues esta información está disponible en su propia web y únicamente tienes que pulsar en la opción «**Los más vendidos**». Simple pero clarificador.

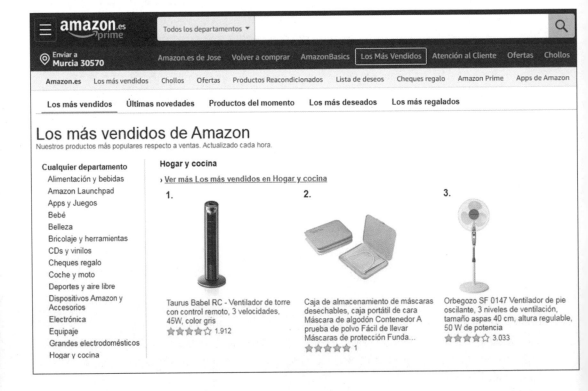

En tercer y último lugar, seguiríamos con Google pero esta vez con su herramienta **Google Trends** (https://trends.google.es/trends/?geo=ES) que nos permite conocer las tendencias de una búsqueda, en otras palabras, si se están buscando determinados términos, cuánto y cuándo.

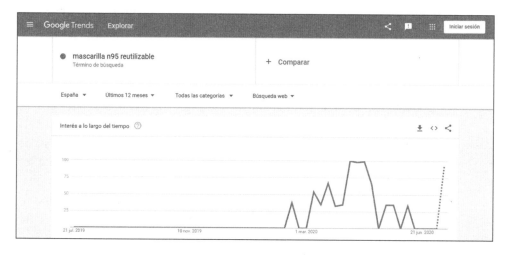

Y no sólo nos ilustra la demanda de información respecto a un determinado producto, servicio o temática, sino también desde dónde y en qué medida. Si en principio solamente vamos a vender en nuestra región y limítrofes, conocer este dato puede ser determinante en nuestro plan de negocio, así como en nuestra estrategia y el diseño de las acciones de marketing: al conocer en qué zona geográfica hay más demanda, podemos por ejemplo realizar una campaña de anuncios patrocinados con **Google Ads** o **Facebook Ads** para sólo aquellos usuarios que viven allí (sistemas que veremos en el capítulo 8 cuando hablemos de cómo promocionar nuestro e-commerce).

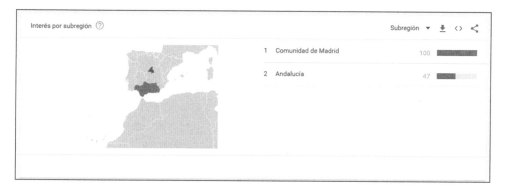

En su momento esta herramienta permitió a Funidelia (http://www.funidelia.com), una de las principales tiendas de disfraces en Europa identificar qué era tendencia en disfraces y elaborar de acuerdo a ello su oferta, adelantándose a la competencia y posicionándose como uno de los grandes e-commerce de su sector.

Nosotros también podemos sacar el máximo partido a este **servicio gratuito** utilizándolo para:

1. **Detectar la demanda** de determinados productos y si esas búsquedas son algo puntual o ya no son relevantes (comprueba por ejemplo cuánta gente está buscando ahora «fidget spinner» en comparación con hace un par de años).

2. **Identificar los picos de demanda** o cómo es la estacionalidad de esos productos. Si nuestro e-commerce vende ropa de baño, sabremos que la demanda no va a ser igual durante todo el año, al igual que muchas marcas de ropa de baño también fabrican pijamas. Podríamos entonces analizar y comparar la demanda de ambos productos para diseñar y programar nuestras campañas de marketing. En unos segundos y a simple vista –recuerda que puedes afinar los criterios de búsqueda, filtrarlos, exportarlos para hoja de cálculo– comprobamos que diciembre y junio son los meses que más se buscan pijamas y bikinis respectivamente (el último tipo de artículo por cierto en constante aumento durante los últimos años).

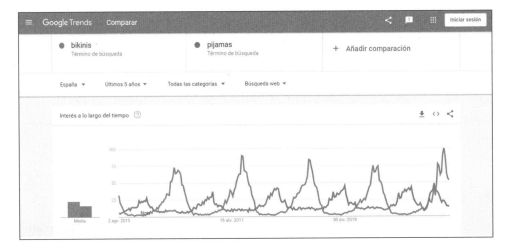

Si nos fijamos ahora en la información sobre regiones (ver siguiente imagen), comprobamos que los isleños tienen más interés en este artículo como tal vez podríamos suponer pero quizás no contábamos con que los cántabros buscan mucho este artículo por internet y ahí es donde tendríamos una oportunidad y una ventaja al saber dónde están nuestros clientes potenciales.

3. **Identificar categorías de productos** asociadas a productos demandados. Podemos comprobar si las personas que estén buscando «mascarillas kn95» también están buscando «geles hidroalcohólicos» y «guantes de nitrilo» o encontrar variantes de productos que los usuarios están buscando y nunca habíamos pensado que tendrían relación o al menos no le habíamos dado la importancia que realmente tienen (por ejemplo «limpiador de gafas» o «crema hidratante» no serían productos asociados a la búsqueda principal de masca-

rillas pero si aparecen como búsquedas relacionadas, entonces encontraríamos una excelente oportunidad para incorporar esos artículos en nuestra tienda *online* para realizar acciones de *cross-selling* o venta cruzada, así como packs «Covid» –de acuerdo, el nombre no es muy comercial pero se entiende la idea ¿no?).

Para llegar a encontrar ese tipo de relaciones entre productos debemos usar la opción de «Temas relacionados» que aparece debajo del gráfico de resultados. Estos temas pueden ser «Principales» que son los más populares (es una escala relativa en la que 100 representa el tema más buscado y un valor de 50 indicaría los temas cuya frecuencia de búsqueda es la mitad del tema más popular y así sucesivamente) y «En aumento» que son los temas relacionados con el mayor aumento de frecuencia de búsqueda desde el último periodo.

Los resultados categorizados como «Aumento puntual» son los que han registrado un gran aumento puntual, probablemente debido a que estos temas son nuevos y la frecuencia de búsqueda anterior ha sido escasa o inexistente.

4. **Encontrar oportunidades para realizar marketing de contenidos** (en el capítulo 8 veremos en detalle cómo llevarlo a cabo). Conociendo las búsquedas de los usuarios y su estacionalidad, podemos utilizar esa información para generar contenidos relacionados (ej. cómo elegir el bikini perfecto) que podría ser un artículo en nuestro blog o un vídeo explicativo en **YouTube**. De igual forma, podríamos aprovechar y actualizar contenidos que ya tengamos indexados y posicionados en las búsquedas para darles una segunda vida y mejorar su visibilidad (ej. los pijamas para el invierno de 2020).

Para **encontrar nuevos temas** sobre los que escribir en relación a nuestro e-commerce podemos también consultar las tendencias de búsqueda y qué términos y de qué forma podríamos generar algún contenido relacionado.

Aunque la mayoría de búsquedas suelen ser de temas de actualidad y famosos o *celebrities*, también podemos encontrar búsquedas que podríamos encajar en nuestro nicho.

Veamos un ejemplo práctico de aplicación: en febrero de 2019, lo más buscado fue «Desafío Momo» con más de 5 millones de búsquedas, teniendo «niños» y «padres» como temas relacionados, si nuestro e-commerce está dirigido a este perfil, haber escrito un artículo en nuestro blog sobre ese tema habría sido una excelente fuente de visibilidad y tráfico potencial cualificado a nuestra tienda. Podríamos haber usado además el *hashtag* relacionado #momochallenge que fue también tendencia en la red social **Twitter** y haber compartido allí nuestro artículo. Todo tiene mucho sentido, ¿verdad?

5. **Optimizar nuestros anuncios.** Si vamos a usar la plataforma de anuncios patrocinados de Google Ads y su comparador de precios Google Shopping (relacionados con el SEM que veremos también en el capítulo 8), podemos antes comprobar en qué momento del año los compradores han buscado esos artículos. Para ello sólo tenemos que seleccionar «**Google Shopping**» en el desplegable cuya opción por defecto es «Búsqueda web» (en ese mismo menú también tenemos búsqueda de imágenes, noticias y YouTube que usaremos para conocer qué contenidos deberíamos generar).

En la siguiente imagen podemos apreciar cómo el momento para comprar –y para publicar los anuncios, que es lo que nos interesa– son las dos primeras semanas de junio.

Un buen complemento de Google Trends para los usos anteriores sería el sitio web **Answer the public** (https://answerthepublic.com/), donde puedes consultar las palabras exactas que se están usando para buscar en relación a determinados términos, por países e idiomas.

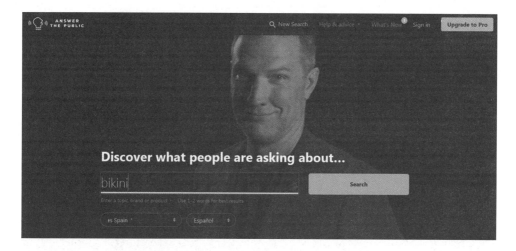

Lo ideal sería combinar esta herramienta con los términos que hemos identificado anteriormente con ayuda de Google Trends (ej. sé que a primeros de junio la gente busca bikinis y ahora voy a saber cómo lo buscan, qué frases usan, para entonces generar mi contenido y atraer ese tráfico a mi tienda *online*).

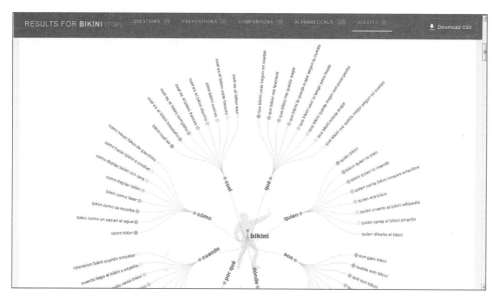

PROPUESTA RELACIONADA

Visita Google Trends (http://www.google.com/trends) y consulta las tendencias del momento.

¿Puedes pensar en algún contenido, artículo o vídeo, que podrías generar en relación a alguna de esas búsquedas más populares ? ¿Cómo tratarías de asociar o enlazar ese contenido a tu tienda *online*?

Una vez hayamos realizado nuestra propia investigación o estudio de mercado sin movernos de casa, podríamos entonces validar o contrastar nuestras impresiones con estudios o informes relacionados esta vez publicados por empresas, asociaciones o portales especializados.

Podríamos tomar por ejemplo el **Estudio Marketplaces 2020** y saber que las categorías de productos más populares en *marketplaces* (macrotiendas *online* tipo Amazon, AliExpress o eBay que agrupan a miles de proveedores y representan el 68% de las ventas *online*) serían las siguientes: Electrónica (78%), Hogar (65%), Moda (63%), Informática (62%), Deporte (44%), Papelería (40%), 39% (Libros), Belleza (38%), Cine/música (35%), Equipaje (28%), Juguetes (24%), Bebé (24%), Coche/moto (18%), Parafarmacia (13%) y Arte/colección (7%).

PROPUESTA RELACIONADA

Asocia tu principal producto o servicio a una de las categorías anteriores.

¿En qué lugar de la lista se encontraría? ¿Qué tiendas *online* tienes como referencia para esa categoría? ¿Podrías hacer una lista de lo que te gusta y de lo que no pensando esta vez como cliente y no como vendedor?

Tanto si el producto o servicio que vas a vender *online* está en las categorías más demandadas como si no, este factor no va a ser determinante en el éxito de tu proyecto e-commerce. **Siempre hay sitio en el mercado para alguien más**, especialmente si tiene algo diferente o innovador que ofrecer.

Además, no olvides que si tienes competidores es bueno porque es señal de que hay mercado (si nadie está vendiendo lo que a ti se te ha ocurrido, sólo hay dos opciones: eres un visionario o a nadie le interesa comprarlo).

De lo que sí debes asegurarte es de que tu producto o servicio **resuelve un problema** específico a un número suficiente de personas, que además lo comprarán o contratarán al precio que tú estimas rentable hacerlo. Esa sería la respuesta afirmativa a la **pregunta de si tu proyecto es viable**.

Como querer no es suficiente, para poder convertir tu e-commerce en un negocio factible y que genere beneficios deberías conocer los principales modelos de negocio que podrías usar o incorporar en el diseño de tu comercio *online*.

2.3 Tipos de modelo de negocio

En internet hay infinidad de modelos de negocio y con casos de éxito en todo ellos. No obstante, esto no nos garantiza que nosotros también lo alcanzaremos si nos limitamos a replicar el modelo sin más –aunque existan empresas como la incubadora Rocket Internet famosa por replicar modelos de negocio exitosos.

No importa que sea un modelo de negocio probado, es necesario analizar el modelo y ver **dónde podemos mejorar la propuesta** de otros (¿cuál va a ser mi ventaja competitiva?) y/o diferenciarnos en un mercado que aunque nunca está saturado y siempre es posible encontrar nuestro hueco por pequeño que sea, cuesta captar la atención del usuario o cliente (¿por qué me comprará a mí y no a otro?).

Asimismo, siempre hay aspectos culturales que influyen en el desarrollo de esa propuesta y el momento también es fundamental (piensa por ejemplo en las mascarillas que antes de la pandemia no era un producto de consumo masivo, ni por zona geográfica ni por necesidad, y ahora es una categoría en plena expansión: distintos tipos, materiales, personalizadas, homologadas, productos asociados como filtros y pinzas, etc.).

Para el caso que nos ocupa de una pequeña empresa o autónomo, los modelos de negocio en la nube que podrían plantearse serían los siguientes:

a. Venta de productos o servicios

Este modelo sería la versión digital de la comercialización tradicional (poner a la venta, procesar el pedido y servir el artículo o servicio).

Obviamente, cualquier producto es vendible a través de internet (desde una caja de clips a un vehículo) así como la contratación de servicios. Todo se reduce a contemplar todos los procesos implicados y sus costes (presupuestos previos, gastos de transporte, servicios complementarios, etc.), así como hacer los números para comprobar si la venta de ese producto o servicio a ese precio es viable con nuestros costes y el margen que deseamos obtener, como cualquier negocio físico por otra parte.

Los siguientes **ejemplos** se refieren a **venta de servicios,** los cuales se prestarían exclusivamente a través de internet mediante correo electrónico, envío o descarga de archivos, o videoconferencia: servicios profesionales de consultoría, entrenadores personales, *coaching* y *mentoring*, psicología (gran potencial en estos tiempos especialmente en el ámbito de la psicología infantil y los efectos del confinamiento).

PROPUESTA RELACIONADA

Identifica qué producto o servicio en tu negocio tiene más potencial para ser distribuido en la nube. Respecto a artículos físicos, ten en cuenta que en general cuanto más pequeño, más fácil de enviar y transportar, y por tanto más económico.

Una poderosa forma de explotar la venta directa de productos y/o servicios es mediante el **modelo de suscripción** o el equivalente a una tarifa plana.

¿Es tu producto un «consumible»? ¿Necesitará tu cliente más productos dentro de un tiempo más o menos predecible? Los modelos de suscripción en una tienda *online* no es otra cosa que anticiparse a la demanda o necesidad de los clientes y ofrecerles resolverla con unos pocos clics. En definitiva, hacerles la vida más fácil y responder al principio de todo comercio: cubrir una necesidad. En este caso, de forma anticipada y programada.

Como habrás deducido, eso significa tener pagos recurrentes todos los meses, así como tener una parte de los pedidos asegurados y sabiendo cuando procesarlos, te permite entre otras cosas, gestionar mejor el *stock*, conseguir mejores precios del proveedor, conocer mejor a tus clientes, todo suma para conseguir que tu e-commerce sea un éxito.

Si uno de los artículos que vendiéramos en nuestra tienda fueran cepillos de dientes y se recomendara utilizar uno nuevo cada tres meses, ¿no sería razonable ofrecer la «suscripción» de cuatro cepillos al año? El cliente realizaría la compra una sola vez y se despreocuparía de tener que realizar una nueva compra cada tres meses, y la tienda asegura la venta de cuatro artículos, así como tiene más oportunidades de fidelizar a ese cliente y ofrecerle además en cada comunicación y/o entrega, otros artículos relacionados.

Cambia el cepillo de dientes por otros productos de parafarmacia, por bebidas de consumo regular (agua, refrescos, cerveza, vino), cartuchos de impresora, cápsulas para el café, cepillos del robot aspirador, la lista es infinita. Sólo es necesario «convencer» al cliente de que de esta forma le estás ahorrando tiempo y/o dinero (puede ayudarte el ofrecer un período de prueba sin penalización si se da de baja antes del periodo inicialmente establecido; un descuento de bienvenida; o un regalo sorpresa al contratar la suscripción) –para ello puedes usar de referencia lo que hace Amazon con tan buenos resultados para promocionar su suscripción a Amazon Prime.

En algunos casos, puedes usar la novedad (ej. cada mes tres botellas de vino distintas o un pack gourmet degustación) o la estacionalidad (ej. fruta de temporada) para provocar el efecto de sorpresa y conectar emocionalmente con tu cliente, con lo que la fidelización –fundamental en cualquier negocio y cuyo coste es mucho mayor comparado con la captación de un cliente nuevo– y todos los beneficios que implica están asegurados.

Algunos casos de éxito de la aplicación de este modelo de suscripción con distinto *target* o público objetivo que podrían inspirarte son:

❏ Para los *foodies*: envío mensual de productos gourmet para cocinar con bebidas y aperitivos procedentes de distintas partes del mundo con **Try the world** (https://www.trytheworld.com/)

❏ Para los «peques» de la casa: envío mensual de una caja para que los niños puedan realizar experimentos científicos en casa con **Genius Box** (https://www.geniusbox.me/)

❏ Para los hombres: envío mensual de cuchillas de afeitar con la compañía belga **Razwar** (http://www.razwar.com) y packs de 6 o 12 preservativos con **Lucky Bloke** (https://luckybloke.com/)

❏ Para los amantes del vino: la española **Vino Selección** (http://www. vinoseleccion.com).

¿Puedes identificar los que usan el denominado «discovery marketing» o se basan en la sorpresa al recibir el paquete?

Anteriormente hemos usado ejemplos para productos físicos como el cepillo de dientes o el vino, pero el modelo de suscripción también se aplica a infinidad de **servicios online** como clases *online*; consultoría y asesoramiento –¿te suena Legalitas?– y a los denominados **infoproductos**, que los vamos a tratar en el siguiente apartado.

PROPUESTA RELACIONADA

De los productos que identificaste anteriormente con más potencial para ser distribuido en la nube, ¿cuáles podrías prever su compra de forma regular por los clientes y por tanto plantear una venta por suscripción?

---

b. Venta de infoproductos

Un infoproducto no es otra cosa que un contenido digital que puede ser vendido indefinidamente y sin que le afecten las existencias (ej. un e-book). El coste marginal de un infoproducto –lo que te costaría producir el siguiente producto– es, como habrás supuesto, cero, nada.

Si tu infoproducto se vende te proporcionará ingresos pasivos de forma constante en el tiempo y con una dedicación mínima una vez elaborado (la gestión de la venta y acceso/descarga al contenido está automatizada y solamente tendrás que preocuparte de ver las estadísticas y pensar en seguir explotando ese tipo de materiales).

Recuerda que tu producto deberá ser específico, de utilidad, novedoso e innovador, así como intentar que tarde lo máximo posible en quedar desactualizado u obsoleto (para evitar esto último se recomienda publicar revisiones o actualizaciones, así como trabajar con series o colecciones).

Algunos ejemplos de infoproductos que podría crear y vender una pequeña empresa serían e-books o libros digitales, videotutoriales y/o cursos *online*.

PROPUESTA RELACIONADA

Identifica qué infoproducto relacionado con tu actividad se podría generar de forma autónoma, es decir, sin contratar una empresa (ej. un vídeo de cómo realizar el mantenimiento o limpieza de un determinado producto).

---

c. Dropshipping

El *dropshipping* (triangulación de envíos en español) es una forma de explotar la cadena de valor de forma que nuestro proveedor envíe directamente y de forma transparente a nuestro cliente final su pedido, ahorrándonos costes de transporte, mejorando los tiempos de entrega y liberándonos de la gestión de almacén.

En España, unos de los referentes de este método fue Pixmanía, aunque hay numerosas páginas dedicadas a estos programas de afiliados para distribuir sobre todo, productos electrónicos *made in China*, que ofrecen además soluciones de tienda *online* tipo «llave en mano» como **BigBuy** (https://www. bigbuy.eu/es/tienda-dropshipping.html), permitiéndote vender en tiendas tan conocidas como Aliexpress e integrándose con soluciones como Prestashop y Shopify.

En este modelo de negocio corremos el riesgo de convertirnos en meros vendedores a comisión que no suelen aportar ningún valor añadido y que compiten con numerosos sitios web que están llevando a cabo la misma estrategia y trabajando además con los mismos proveedores finales, por lo que acabaremos no teniendo un e-commerce propio sino más bien trabajando para el mayorista (además de tener que hacernos cargo de los gastos de transporte en caso de devolución, que llegan a duplicarse: cliente-vendedor-proveedor).

A continuación indicaremos más inconvenientes del *dropshipping* pero también sus ventajas y posibilidades ya que el objetivo es que como el resto de planteamientos los valores y tomes tu propia decisión con toda la información necesaria.

INCONVENIENTES

- Dependencia del transportista utilizado por nuestro mayorista.
- Desconocimiento de los productos que comercializamos.
- Dificultad para controlar existencias o *stocks* de proveedores.
- Dependencia de un único proveedor.

- Mayor competencia y saturación del mercado.
- Costosa y lenta gestión de devoluciones.
- Eres el único responsable ante tu cliente.

VENTAJAS

- No se requiere un gran desembolso económico para iniciar la tienda (oferta de soluciones «llave en mano» donde elegir categorías de productos, configurar y cargar catálogo del distribuidor o *dropshipper.*
- Muchos dropshippers no requieren compras mínimas, es decir, no necesitas adelantar ningún pago, cuando tu cliente te compre entonces es cuando realizas a su vez tú el pedido al dropshipper. De la situación anterior se deriva otra ventaja: no tendrás necesidad de tener stock.
- Ahorro en duplicidad de costes de envío y costes de embalajes, locales, personal, etc.
- Reducción en tiempos de entrega al automatizar el pedido desde el dropshipper.

En caso de elegir y probar este modelo de negocio, es fundamental trabajar con un **proveedor de extrema confianza y calidad en el producto y servicio**, porque si el cliente realiza una reclamación, el que tendrá que dar la cara ante nuestro cliente seremos nosotros.

Para finalizar, puedes iniciar la búsqueda esos proveedores en tu sector que hagan dropshipping en **Ecommfans** (https://www.ecommfans. com/directorio-de-mayoristas-y-proveedores-dropshiping/), **Proveedores** (https://www.proveedores.com) y **Rincón del emprendedor** (https:// rincondelemprendedor.es/dropshipping-en-espana/#DropESp3) .

PROPUESTA RELACIONADA

Muchos proveedores –no necesariamente especializados en dropshipping– pueden realizar esos envíos directamente a nuestro cliente en modo «marca blanca» y/o con nuestras etiquetas o datos de la tienda, es cuestión de proponerlo y/o negociarlo, así como controlar el nivel de riesgo en relación a que pueda acabar vendiéndole directamente a tu cliente en sucesivos pedidos.

¿Puedes hacer una lista de algunos proveedores actuales de tu negocio con los que podrías plantearte esta opción?

d. Marketplaces

Los *marketplaces*, supermercados digitales o mercados *online* son plataformas de comercio electrónico donde se encuentran en el mismo lugar distintos vendedores que pueden estar ofreciendo un mismo producto o servicio (como ves es igual que en un mercado tradicional pero en la nube).

Esa es la base de su funcionamiento, luego dependiendo del *marketplace* habrá condiciones respecto a precios, exclusividad, garantías o plazos de entrega –así como sus respectivos programas de afiliación (en este caso, un proyecto e-commerce o una de sus líneas de negocio puede ser la venta referida de productos desde mi página web por ejemplo por la que cobraríamos una comisión).

Tomando los datos del **Estudio Marketplaces 2020**, sabemos que 98% de los compradores *online* lo ha hecho en un marketplace. Ese porcentaje equivale a 20 millones de consumidores que representarían al 64% de la población de 18 a 65 años.

Durante el confinamiento iniciado en marzo el comercio electrónico creció por razones sobradamente conocidas. De acuerdo al estudio referido, un 39% la frecuencia y un 47% el importe medio del ticket; y en el caso de los marketplaces, estos incrementaron un 14% el número de nuevos usuarios.

Los marketplaces se posicionan como la **primera opción donde acuden a informarse y comprar los usuarios en internet** (66%), seguidos por las tiendas *online* de los establecimientos (48%) y los buscadores (46%).

Además son máquinas de vender muy eficientes: una vez que el usuario llega allí, convierten **dos de cada tres búsquedas en venta**. No es extraño que acaparen entonces entre los tres principales marketplaces (Amazon, eBay y AliExpress) el 68% del comercio *online* (sólo Amazon en 2018 tenía en su plataforma 400 millones de productos distintos, de ellos, 180 millones en España).

Las buenas noticias son que podemos establecer acuerdos de colaboración para vender en ellos (ya conoces el dicho de si no puedes con ellos...) y por otra parte, todavía nos queda un 32% en el que intentar hacernos hueco.

Los principales *marketplaces* por volumen son los siguientes: **Amazon, AliExpress, eBay, El Corte Inglés, Carrefour, Privalia, Fnac y Zalando** –aunque también te sonarán algunos locales como **Rakuten** (Japón), **Walmart** (USA) y algún otro de nicho como **Etsy** para los artículos artesanales.

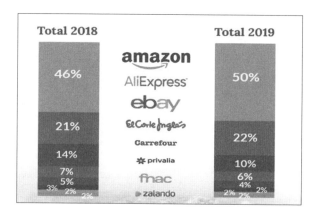

Fuente: TandemUp.net

En el caso de **Latinoamérica**, Amazon, con presencia únicamente en México y Brasil, estaría en tercer lugar por detrás de los marketplaces **MercadoLibre** y **Linio**.

MercadoLibre (http://mercadolibre.com/) es un *marketplace* argentino con presencia en 18 países de **Latinoamérica** (Argentina, Bolivia, Brasil, Chile, Colombia, Costa Rica, Ecuador, Guatemala, México, Nicaragua, Panamá, Perú, Paraguay, El Salvador, República Dominicana, Uruguay, Honduras y Venezuela) y donde se puede vender y comprar tanto productos nuevos como usados (siempre que la compraventa sea en el mismo país).

MercadoLibre, además de operar como *marketplace* tiene MercadoPago como plataforma de pagos propia, los servicios de MercadoLibre`Classifieds Service (anuncios clasificados), MercadoEnvios para la logística, su programa de publicidad y también ofrece crear **tiendas online** dentro de la propia plataforma.

Linio (https://www.linio.com/), lanzada por Rocket Internet, la incubadora mencionada anteriormente en los modelos de negocio, es el segundo *marketplace* en importancia en Latinoamérica con más de dos millones de productos en catálogo de más de 6.000 empresas y más de 20 millones de visitas mensuales (Fuente: Linio). Linio tiene presencia en México, Colombia, Argentina, Perú y Chile y la plataforma de pago usada es **Payoneer** (https://www.payoneer.com/es/).

A continuación tienes un resumen de los principales inconvenientes y ventajas de este tipo de modelo.

INCONVENIENTES

- Gran competencia entre los vendedores, que pueden ser desde tu competencia más directa y pequeños comerciantes, a grandes distribuidores o incluso el mismo fabricante.
- Pueden establecer condiciones que nos perjudiquen: tipos de productos que no acepten o dejen de hacerlo en cualquier momento.
- Imponen precios mínimos como Amazon (no puedes vender tus productos más baratos en otro sitio, ni siquiera en tu propia web).

VENTAJAS

- Mejora nuestra imagen de marca al aumentar nuestra visibilidad y generando confianza, también mejora nuestro posicionamiento web en búsquedas (el posicionamiento orgánico o SEO que veremos más adelante en el capítulo dedicado a la promoción del e-commerce) al estar incluido en un sitio web de mucho tráfico y prestigio como son los *marketplaces*.
- Excelente canal de venta y experiencia positiva para el cliente.
- Facilita al usuario la comparación con otros vendedores (es algo que siempre

va a pasar, aquí al menos conoceremos también cómo son las otros alternativas que tiene el usuario, y podremos analizar por qué no nos eligió y optimizar nuestra propuesta comercial).

- Pagos y entregas seguras: la plataforma garantiza tanto al comprador como al comercio que la transacción es segura y el envío se realizará. Para ello, incorpora y mejora constantemente sus mecanismos sistema anti-fraude, la confianza aquí también es esencial y ellos son los primeros interesados en que todo funcione perfectamente (este aspecto es especialmente importante en el caso de Latinoamérica donde la forma de pago y la logística consituyen los principales elementos que retrasan el desarrollo de todo el potencial del e-commerce).

Para profundizar en el tema, puedes descargar el **Estudio Market-places 2020** de TandemUP en https://registro.tandemup.net/descarga-estudio-marketplaces-2020/

e. Socios estratégicos

Este apartado no es un modelo de negocio como tal pero lo reseñamos porque complementa perfectamente a cualquier proyecto de e-commerce.

Que la unión hace la fuerza es una idea poderosa y muchas veces olvidada. Si llevamos esa estrategia al mundo empresarial nos encontramos con términos como *joint venture* (empresa conjunta donde varias empresas se asocian estratégica o comercialmente) , UTE (Unión Temporal de Empresas) o **coopetencia** –también conocida como coopetición– (resultado de competencia y colaboración donde empresas que compiten en un mismo mercado se asocian para lograr un beneficio común), siendo los *lobbies* o grupos de influencia un exponente del último caso (ten en cuenta que un lobby a escala de micropyme sería una asociación de comerciantes o una Cámara de Comercio).

¿Podrías aliarte temporalmente con un competidor para una determinada iniciativa o campaña comercial? ¿Podrías incluso darle un servicio a los clientes de tu competidor? Fíjate por ejemplo como Media Markt en poco tiempo ha pasado de «querer destronar» a Amazon (https://www.businessinsider.es/este-es-nuevo-arma-mediamarkt-pelear-amazon-198970) a situar sus taquillas (Amazon Lockers) en las entradas de sus tiendas físicas para que sus clientes –los de Amazon, insistimos– vayan a recoger sus pedidos allí).

Aunque las posibilidades de colaboración y acuerdos son casi ilimitadas, si no termina de convencerte no tienes por qué buscar alianzas con un competidor, ¿y si piensas en productos o servicios que complementan a los tuyos? ¿No sería razonable pensar en hacer un pack de productos o unos descuentos mutuos a través de cupones por ejemplo? ¿Una acción publicitaria financiada a medias o con mayor fuerza al optimizar la inversión? (ej. toma de inspiración de cómo se complementan perfectamente dos estrategias, empresas y productos por ejemplo la campaña de Oreo y McDonalds).

Podríamos acabar este apartado recomendando que será mejor si viajas acompañado. Tal vez vayas más lento pero llegarás más lejos. Recuerda que no necesitas que sea para siempre, sólo buscarás compañero de viaje en algún momento determinado.

EJEMPLO: Dos comercios *online* de productos y/o servicios relacionados (ej. un gimnasio y una tienda de equipamiento deportivo) generan cada una un código descuento y realizan una comunicación en su próximo newsletter. Ambas tiendas estarán beneficiándose mutuamente de la base de datos de usuarios registrados o clientes del otro. No hay cesión de datos ni acceso a la base de datos del otro comercio, no se vulnera la protección de datos (recuerda que cada uno realiza su acción de envío masivo de correo o *mailing*).

Habrás comprobado en el ejemplo anterior que la situación descrita es un verdadero *win-win-win*, absolutamente todos ganan, clientes también. Y además pudiendo analizar fácilmente posteriormente el éxito de la campaña al comprobar los usuarios que hayan usado ese cupón o código descuento.

Una variante del ejemplo anterior sería lo que ofrece la cadena *Decathlon* a aquellos negocios que puedan ofrecer experiencias relacionadas con el deporte a sus clientes y así proporcionar una oportunidad captar nuevos para sus instalaciones (https://experienciadeportiva.decathlon.es/catalogo/eventos/propon-tu-evento-centro).

PROPUESTA RELACIONADA

Identifica qué productos o servicios de terceros podrían complementar a aquellos que quieres potenciar su venta. Mientras tanto, ¿tienes sitio de sobra en tu comercio físico?

En caso afirmativo, podrías ser punto alternativo (los denominados «punto de conveniencia» que veremos en el capítulo 5 cuando hablemos del transporte) de recogida de paquetes de empresas como *Punto Pack* https://www.puntopack.es/ser-punto-pack/ (siempre que no haya otro negocio que ya lo haya solicitado) e incrementar la afluencia de personas a tu establecimiento y por tanto la posibilidad de ventas (un 15% anual según ellos más un fijo mensual por la gestión).

➲ **PALABRAS CLAVE:** competencia, coopetencia/coopetición, COVID-19, código QR (Quick Response), diferenciación, dropshipping, Facebook ads, Google ads, Google shopping, Google Trends, infoproductos, marketplaces, mercado, modelo suscripción, punto de conveniencia, SERPS

➤ Capítulo 3

Definiendo mi estrategia *online*

3 Definiendo mi estrategia *online*

Como en otros ámbitos de la vida o del negocio, necesitamos definir una estrategia que sitúe nuestro proyecto *online* en la dirección correcta para alcanzar nuestro objetivo. Si definimos una estrategia, sabremos dónde queremos ir, qué necesitamos y dónde poner el foco para lograrlo.

Tener un margen de improvisación y capacidad para reaccionar rápidamente también pueden ayudarnos en momentos puntuales pero si como se dice popularmente, no hacemos los deberes antes, tendremos muchas más posibilidades de fracasar, invertir más tiempo y dinero del necesario o la sensación de estar improvisando todo el tiempo (recuerda que el que no sabe dónde quiere ir, no sabe qué tiene que hacer, puede incluso no hacer nada mientras lo decide y ya se sabe lo que le pasa al camarón que se duerme).

Para evitar o retrasar al máximo ese indeseado fracaso empresarial, vamos a centrarnos en tres elementos que darán solidez a nuestro proyecto *online*: un análisis del mercado y la competencia; un plan de negocio; y la adecuada selección de socios y proveedores.

3.1 Analizando el mercado y la competencia

¿Hay demanda para ese producto o servicio que vas a vender *online*? ¿Cómo es, alta, media o baja? ¿Es estacional, se mantiene más o menos estable a lo largo del año o tienes identificados claramente los picos de consumo (ej.: Navidad)? ¿Conocemos el perfil de nuestro cliente medio o principal? ¿Sabemos dónde se mueve en internet, qué redes sociales usa? ¿Tenemos identificados a nuestra principal competencia? (y no, Amazon no es tu competencia, piensa en tiendas *online* de tu tamaño, escoge las batallas que puedas ganar).

Si puedes responder a todas esas preguntas, deberías conocer también el tamaño del mercado y cómo está de saturado, si es un océano rojo lleno de tiburones donde escasea la comida y se la disputan sangrientamente (de ahí la metáfora del color usada por Chan y Mauborgne en su famoso libro) o es un océano azul más calmado que está por explorar (ej. los límites –barreras de entrada– y las reglas están todavía por definir) y con competidores menos agresivos, en definitiva con más oportunidades.

Siendo realistas, vamos a asumir que tu proyecto e-commerce no va a crear un océano azul ni una nueva categoría de productos sino que elegiremos un mercado en el que podemos coexistir razonablemente, el término medio aquí también es una buena opción, ni demasiado cerrado-saturado-hostil ni demasiado nuevo-desconocido-incierto, lo que bautizaremos como un **océano morado** (rojo+azul) para seguir con la simbología de colores.

Para **saber cómo es ese mercado** puedes hacerlo inicialmente con la forma más simple e inmediata que es realizar una búsqueda en Google tu producto y analizar los resultados obtenidos (la misma técnica que empleábamos en el capítulo 2 cuando reconocíamos el terreno identificando mercados en expansión y productos más demandados) y más tarde, contrastar y validar tus impresiones con consultando los informes que publican periódicamente entidades como las cámaras de comercio, institutos de fomento o las propias comunidades autónomas (si no encuentras esos estudios anuales publicados en las respectivas webs también puedes realizar una consulta específica en los servicios gratuitos de asesoramiento para creación de empresas que tendrá tu ayuntamiento, provincia o comunidad autónoma – aprovecha para preguntar por cualquier ayuda que exista para la puesta en marcha de proyectos de negocio electrónico, puede haber subvenciones tanto como para crear tiendas *online* de cero como para reformar un sitio web existente para hacerlo más competitivo).

Una vez sepamos qué nos vamos a encontrar tendremos que decidir si puede haber sitio para alguien más y para ello, necesitamos salir al mercado *online* con una propuesta si no rompedora, lo suficientemente diferente para que capte la atención del potencial comprador. Lo cual en la actual llamada «economía de la atención», es difícil pero no imposible.

Para **atraer la atención** deberás conocer cómo es el perfil mayoritario de tus clientes potenciales (los «buyer persona» que dirían los de marketing). Si es muy sensible al precio y está siempre buscando ofertas y dónde comprar más barato, vas a tenerlo muy complicado ya que la batalla por precios está perdida de antemano: siempre va a haber alguien más barato que tú (exceptuando campañas puntuales de promoción no sería aconsejable en general entrar a competir por precio). Y como dice el gurú Guy Kawasaki (https://guykawasaki.com/), si no podemos ser más baratos, tenemos que ser diferentes.

Esa **diferenciación** puede producirse en distintos elementos: desde el propio producto que introduce un nuevo elemento en la categoría de producto a la que pertenece (ej. mascarillas con filtro viricida); un servicio añadido (ej. recogida de filtros para reciclar); la forma de vender ese producto (ej. el vendedor suministra todos los meses un número determinado de mascarillas usando el modelo de suscripción que vimos en el capítulo 2); el *packaging* o embalaje (ej. un diseño moderno con frases inspiradoras que rompa con el tradicional envase sobrio y aburrido de producto «hospitalario»); o el servicio de atención al cliente y/o garantías (ej. reemplazo de mascarillas con goma defectuosa que se rompe al poco tiempo de llevarlas).

Otra de las maneras más comunes de diferenciarse es **innovando a través de la tecnología**, pero este tipo de estrategia estaría condicionada a invertir en I+D+i (Investigación+Desarrollo+Innovación), y dado que esa inversión depende del tamaño de la empresa, solamente las grandes empresas podrían trabajar en esa línea (aunque también hay pymes que encuentran alianzas en centros tecnológicos y universidades).

Si improvisas la innovación relacionada con tecnología, corres el riesgo de incorporar tecnología a productos que realmente no lo necesitan, no resolviendo ninguna necesidad del cliente y por tanto, fracasando comercialmente como suele ocurrir (si quieres ver algunos ejemplos visita https://www.xataka.com/internet-of-things/peores-ideas-meter-tecnologia-cosa-que-no-necesita).

Pero eso no implica que no puedas **innovar tu producto o servicio**, a veces es encontrar un uso alternativo, combinarlo con otro producto, reemplazar un material... estas ideas puedes forzar que surjan usando la técnica creativa **SCAMPER**, que no es otra cosa que un acrónimo inglés (*Substitute, Combine, Adapt, Modify, Put to other uses, Eliminate* y *Rearrange*) que en español sería Sustituir, Combinar, Adaptar, Modificar, Poner en otros usos, Eliminar o minimizar y Reordenar o Invertir.

Originalmente pensada para hacerla en grupo mediante la aplicación de *brainstorming* o lluvia de ideas en cada cuestión (ej. ¿Se puede sustituir la goma elástica de la mascarilla por pegamento u otro sistema de fijación?), también puedes hacerla tú mismo (y con suerte involucrar a alguien más, ten en cuenta que de lo que se trata es de generar ideas, luego ya se verá si es posible o tienen algún sentido).

El procedimiento para llevar a cabo la técnica **SCAMPER** sería elegir un producto o servicio (ej. el más vendido para crear otro que lo supere y se convierta en el modelo o variante superior) y realizar preguntas relacionadas con los verbos del acrónimo (Sustituir, Combinar, etc.). Una vez recogidas todas las ideas, debes valorar si son factibles, en caso afirmativo, si serían realizables a corto, medio o largo plazo, el coste y recursos para llevarlas a cabo, y lo más importante su potencial comercial (¿esta genial idea la va a comprar alguien?).

Algunas preguntas que podrías usar para generar esas ideas son:

SUSTITUIR: ¿Qué puedes sustituir para reducir costes? ¿Qué pasaría si reemplazas el color o el envase por otro? ¿Puedes sustituir un componente o ingrediente por otro?

COMBINAR: ¿Qué pasaría si lo combinas con el producto X o el servicio Y? Podrías dar también con combinaciones para hacer packs y *«bundle marketing»* (varios productos relacionados vendidos en grupo) así como *«cross-selling»* o venta cruzada.

¿Qué combinaciones pueden reducir costes? ¿Puedo combinar mi producto o servicio con el de otra empresa? (¿recuerda lo que era la coopetencia o coopetición que vimos en el capítulo 2?).

ADAPTAR: ¿Puedo adaptar el producto para que tenga otra función? ¿Puedo adaptarlo para un perfil específico de cliente? (ej. mascarillas para atención al público con plástico transparente para que las personas sordas puedan leer los labios)

MODIFICAR: ¿Qué puedo modificar para satisfacer o sorprender a mi cliente? ¿Qué pasaría si modifico el formato? ¿Y si le cambio el nombre? ¿Puedo adaptarlo para los zurdos/cierto tipo de discapacidad/cultura/país? ¿Qué puedo modificar para diferenciarme de mi competencia?

PONER OTROS USOS: ¿Puedo usar el producto de otra forma? ¿Puede estar interesado otro público en este producto? ¿Puede ser usado en animales/personas?

ELIMINAR: ¿Qué puedo eliminar para simplificar el producto o servicio? ¿Puedo reducir peso, tamaño, envoltorio? ¿Qué procesos o tareas puedo subcontratar?

REORDENAR (O INVERTIR): ¿Puedo ofrecer los servicios en orden distinto? ¿Puedo cambiar el orden de los procesos de fabricación? ¿Puedo cobrar antes de entregar el producto o servicio?/¿Puedo entregar el producto o servicio antes de cobrar?

Una de las críticas que suele hacerse a esta técnica es que al ser tan detallada no contribuye al pensamiento lateral, el famoso «think outside the box» (pensar fuera de la caja), donde los problemas se resuelven de forma imaginativa y creativa, pero en nuestro caso no tratamos de reinventar la rueda, sino de innovar lo suficiente en nuestros productos o servicios con el objetivo de diferenciarnos, no necesitamos revolucionar el mercado (aunque todo es posible).

PROPUESTA RELACIONADA

¡Vamos a probar tu capacidad creativa! Elige uno de los productos o servicios de tu futuro e-commerce y tomando como modelo los ejemplos anteriores de preguntas, intenta escribir un resultado para cada uno de los pasos de la técnica S-C-A-M-P-E-R.

Hay otras formas de despertar la creatividad de forma estructurada a través de distintas técnicas como por ejemplo un *brainstorming* abierto (sin estructurar las preguntas como en el método SCAMPER), hacer un mapa mental o una **matriz ERIC** (aquí las siglas propuestas por los mismos autores del «océano azul» –Chan y Mauborgne– son para «Eliminar, Reducir, Incrementar, Crear» elementos que sumen o resten valor a nuestros productos y clientes; y que nos permitan al final diferenciarnos de la competencia).

Cualquiera de los métodos comentados arriba es válido si al final consigues generar una idea aplicable y que consiga un producto o servicio ya no innovador sino con potencial comercial, esto es, vendible.

Por último, si distribuimos productos acabados (no los fabricamos o procesamos nosotros) debemos conocer si nuestro proveedor o mayorista está vendiendo también *online* y de qué forma. Puede que esté respetando las zonas geográficas donde tenga distribuidores y redirija o enlace a ellos a los visitantes de su web, o esté vendiendo directamente a consumidor final y estaríamos entonces en un *conflict channel*, en un «encontronazo» vamos, porque con toda seguridad no vamos a poder competir en servicio y mucho menos en precio. Por cierto que a veces se disimula esta situación usando un dominio distinto al conocido del proveedor (ej. Robson Pharma con web corporativa robsonpharma.com tiene un e-commerce en gangafarma.es).

PROPUESTA RELACIONADA

Vamos a hacer una tabla con un pequeño análisis y valoración –intenta ser objetivo– de tus principales competidores (insistimos, *Amazon* no cuenta aquí, sí lo hace como modelo a seguir o como *partner* en su *marketplace*) en algunos aspectos como: imagen (¿tiene una buena, regular o imagen corporativa?); popularidad (¿es baja, media o alta? ¿está en la mente como primera opción o *top-of-mind* de los consumidores?); calidad o gama (¿es alta, media, baja? ¿su oferta lo abarca todo?); precio (¿son altos, en la media o bajos?); servicios asociados (¿ofrece servicios complementarios?) e inversión en marketing (¿hace mucha publicidad?).

Añade ahora una columna en la que escribirás la posición que ocuparía cada uno en un ranking o clasificación de acuerdo a los valores que hemos asignado.

En la tabla anterior en la que habrás incluido a tus competidores directos junto con algunas de sus características, añade ahora una fila más para incluir a tu proyecto e-commerce y tus valoraciones de dichos elementos (excepto los de imagen y popularidad). ¿Puedes igualar o mejorar algún aspecto? ¿En qué posición te colocaría respecto a tus competidores?

Si has reflexionado sobre las cuestiones anteriores y realizado las propuestas, ¡enhorabuena!, has aplicado a pequeña escala la **inteligencia competitiva**, una valiosa herramienta para mejorar la fortaleza y potencial comercial –esto es, la competitividad– de las empresas a través del análisis e interpretación de información sobre el sector y los competidores, facilitando la toma de decisiones estratégicas.

A continuación vamos a ver otra útil herramienta para un negocio, el *business plan* o plan de negocio. A veces infravalorado y otras despreciado, criticado porque el papel lo aguanta todo y dicen que la mejor ciencia ficción se ha escrito en este formato pero nadie, absolutamente nadie discute que debemos tener un plan.

3.2 Diseñando el plan de negocio

El plan de negocio puede estar plasmado en un par de hojas, usar el modelo «canvas» o estar redactado en varias decenas de páginas (puedes encontrar muchas plantillas y cuestionarios de escuelas de negocios que te ayudarán a hacer el tradicional plan de negocio que se presenta a inversores y programas de ayudas) pero sea más o menos extenso al final de lo que se trata es que responda a una serie de cuestiones que te permitirán tanto a ti como a cualquiera que lo examine saber el grado de viabilidad y éxito del negocio.

Las principales preguntas que deberías poder contestar incluso antes de poner a escribir el documento son:

❏ ¿Qué producto o servicio voy a vender? ¿Qué necesidad resuelve?

❏ ¿A **quién** se lo voy a vender? ¿Cómo es mi **cliente tipo**? (no es necesario saber a qué dedica el tiempo libre aunque podría sernos útil, pero al menos sí rasgos demográficos como edad, sexo y ubicación)

❏ ¿**Dónde** y **cómo** lo voy a vender? ¿Qué acciones de **marketing** tengo previstas? ¿Cuánto me cuesta conseguir un cliente o cuál es el **coste de adquisición**?

   También deberíamos conocer el ciclo de vida tanto de nuestro producto o servicio como de nuestro cliente (el CLV o *Customer Lifetime Value* en inglés).

❏ ¿Cómo es el **mercado**? ¿Hay muchos **competidores**? ¿Es un sector estable?

   Es importante saber si el mercado es suficientemente grande o hay sitio para todos, así como si se puede generar negocio sostenido en el tiempo. Los nichos de mercado y la especialización están bien pero el tamaño aquí sí importa.

❏ ¿Es **realista** tu modelo de negocio? ¿En qué se diferencia tu producto de la competencia? ¿Qué **ventajas** aporta al cliente o **por qué** te elegirían a ti en vez de a las alternativas existentes?

❑ ¿Cuánto **tiempo** y dinero necesitas para salir al mercado con una primera versión o una oferta mínima?

Cuando son proyectos de servicios *online* suele hablarse del producto mínimo viable (de las siglas en inglés MVP para *Minimum Viable Product*): se lanza una versión beta o preliminar sobre la que ir realizando mejoras en base a la respuesta y retroalimentación de los usuarios y clientes.

❑ ¿Qué objetivos tiene tu empresa? ¿Qué quieres lograr?

Cuando tengas los principales o generales intenta dividirlos en tareas o hitos a conseguir en corto plazo. Un par de ejemplos objetivos generales serían «Convertir mi tienda *online* en un referente a nivel regional» y «Realizar la mayor parte del negocio en el canal *online*», mientras que para los específicos podríamos definir «Aumentar anualmente los pedidos *online* un 20%», «Incrementar un 10% las opiniones positivas de los clientes» o «Aumentar el importe del ticket medio en un 15%».

Una recomendación para concretar tus **objetivos específicos** es aplicarles «inteligencia» con el acrónimo inglés **SMART** (Specific-Mensurable-Achievable-Relevant-Timely), esto es, que deben ser específicos (detalla qué es lo que se quiere alcanzar), medibles (deben ser cuantificables con algún indicador), alcanzables (es realista y factible en nuestras circunstancias), relevantes (está relacionado con un objetivo general, no nos hace perder el foco) y temporales (deben tener una fecha límite para lograrlos).

❑ ¿Cuánto **dinero** necesitas para lanzar tu e-commerce? ¿Y para funcionar el primer año? ¿Qué beneficios obtendré? ¿Cuánto tengo que vender para obtenerlos o cuándo calculas alcanzar el punto de equilibrio o *break-even*?

El *break-even* o umbral de rentabilidad es el número mínimo de unidades que necesitas vender para que los costes totales igualen a los ingresos totales por venta. En ese momento, producir y vender el producto será rentable para la empresa.

❑ ¿Necesitas **financiación**? ¿Cuánto y cuándo? ¿Dónde la vas a buscar?

Si no tienes ahorros o posibilidad de capitalizar la prestación por desempleo, tendrás que buscar el dinero en bancos con un préstamo personal, en subvenciones de organismos e instituciones varias, o a través de amigos y familiares (también llamados estos últimos como FFF, del inglés *Fools, Friends and Family*).

❑ ¿A quién necesito para llevar a cabo el proyecto? ¿Cuál es el nivel de dependencia que habrá con mis **socios** y **proveedores**?

En el siguiente apartado veremos cómo seleccionar a nuestros socios, *partners* y proveedores.

Otro elemento que suele incluirse en los planes de negocio por su utilidad es un análisis estratégico **DAFO** (SWOT en inglés). Con esta herramienta se analizan factores externos que pueden afectar negativamente (amenazas) o positivamente (oportunidades) a la empresa en el contexto socioeconómico en el que realiza su actividad, así como aquellos factores internos que constituirían fortalezas y debilidades en relación a disponibilidad de capital, personal o calidad del producto, entre otros. La matriz sobre la que trabajar sería la siguiente:

		Interno	Externo
Negativo		DEBILIDADES	AMENAZAS
Positivo		FORTALEZAS	OPORTUNIDADES

Una vez completado el cuadro DAFO a partir de la información sobre nuestro producto o servicio en relación al mercado y los competidores, así como nuestro tipo de cliente, podremos responder cuestiones como las siguientes:

- ❑ ¿Qué debilidades y amenazas puedo reducir con mis fortalezas?
- ❑ ¿Qué oportunidades he detectado para podrían constituir una ventaja competitiva sobre mis competidores?
- ❑ ¿Qué debilidades de mis competidores puedo tener en cuenta para mejorar mi posición competitiva?
- ❑ ¿Qué aspectos perciben los clientes como puntos débiles?
- ❑ ¿Qué factores influyen en la reducción de las ventas?
- ❑ ¿Qué tendencia del mercado nos beneficia?
- ❑ ¿Qué mejores prácticas de mis competidores podría imitar disminuyendo por tanto su consideración de fortaleza y/o diferenciación?
- ❑ ¿Cómo puedo defenderme de las amenazas que he detectado en mis competidores y/o sector?
- ❑ ¿Qué cambios en la normativa nos benefician o nos perjudican? (ej. la regulación del precio máximo de venta de algunos tipos de mascarillas)

Por último necesitaremos también un **cronograma** o agenda que seguir con las acciones que vamos a realizar para desarrollar nuestro proyecto. Este apartado incluirá fecha de inicio y fin previstas de ese hito, y los recursos necesarios para llevarlo a cabo (personal, financiación, etc.).

Como en todos los apartados anteriores, intenta ser realista y no demasiado optimista en cuanto a los plazos y costes. El siguiente esquema representa muy bien la **relación entre tiempo y capital invertido** en los resultados finales.

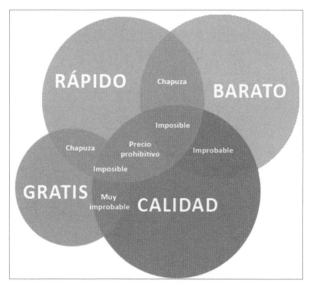

Una vez que podamos dar **respuesta** a todas las preguntas y cuestiones que hemos planteado en este apartado podemos decir que tenemos un plan de negocio. Esto no quiere decir que nuestro plan no pueda modificarse posteriormente, el entorno cambia constantemente y estamos obligados a adaptarnos. De hecho, cuando lo apliquemos de forma práctica comprobaremos las diferencias entre los previsto y la realidad –pero será una buena guía, una base sobre la que trabajar y desarrollar nuestro proyecto e-commerce.

Sabemos que estás deseando poner en marcha tu idea y que todo lo anterior te llevará algún tiempo pero no pienses que lo estás perdiendo, considéralo una **inversión segura**: hacer bien este trabajo previo de reflexión y análisis (que no es otra cosa que el plan de negocios), evitará que nos encontremos en alguna de estas situaciones:

- ❏ Habíamos pensado un modelo basado en margen y resulta que tenemos que cambiar a una política de precios basada en volumen (y viceversa).
- ❏ No habíamos tenido en cuenta que nuestro producto o servicio es estacional y el parecido de nuestra previsión de ventas con la realidad es pura coincidencia.

❏ El coste de adquisición de los clientes es superior al margen neto de su pedido.

❏ El valor del ciclo de vida del cliente es mínimo porque no facilito ni incentivo la frecuencia de compra.

Y en este momento en el que tenemos un buen plan, razonable y factible, a medida de nuestro proyecto, entonces es cuando sí podemos dedicarnos a ponerle nombre al negocio (*naming* que dicen los de marketing), elegir dominio o **tu nombre en internet** (ej. www.nombredetunegocio.com) y empezar con los diseños del logo (lo habitual es empezar por aquí en vez de hacer la matriz DAFO por ejemplo porque siempre tendemos a posponer las tareas más duras).

Para la **elección del nombre**, las mejores recomendaciones son las siguientes:

❏ Que sea descriptivo o evoque el producto o servicio principal

❏ Que sea fácil de recordar (para ello que el término sea corto es fundamental)

❏ Que sea fácil de escribir y pronunciar

❏ Que no se parezca a marcas o empresas ya existentes

❏ Que el dominio en internet esté disponible para su registro (o recompra en caso de precio razonable en **Sedo** http://www.sedo.com).

❏ Que no tenga significados o connotaciones negativas en otros idiomas

El último punto lo podemos ilustrar con los numerosos casos de **mala elección de nombres** que ocurren en todos los sectores: el modelo Laputa de Mazda, el GPS Ostia, Extintores Palma Peña puedes ver una buena recopilación de nombres desastrosos en **Masters of naming** (https://mastersofnaming.com/).

https://www.linkedin.com/company/561342?trk=nmp_rc_company

Para la **elección del nombre de dominio**, las mejores recomendaciones son las siguientes: que al igual que el nombre del negocio, sea fácil de escribir y deletrear, y para ello es fundamental que sea corto, sin guiones ni números (a no ser que forme parte del nombre comercial), que no dé lugar a confusión, y aunque hace años que los dominios que incluían alguna palabra clave dejaron de posicionar mejor, sí es un factor que ayuda a que los usuarios lo recuerden (puede referirse a tu sector o área geográfica si tu ámbito de influencia va a estar localizado). Cuando encuentres el nombre dominio perfecto (y con la extensión .com o .es preferiblemente, porque es más reconocible por los usuarios, no por ninguna otra razón), no esperes a mañana y regístralo cuanto antes, la máxima de internet aquí también es *first come, first served*, el que primero llega…

Si no se te ocurre ningún nombre, tienes algún generador de dominios *online* (en inglés) que puede ayudarte a encontrar tu nombre de dominio como **Dotomator** (http://www.dotomator.com/) o **Impossibility** (http://impossibility.org/).

3.3 Buscando socios y proveedores

Ahora que tenemos mucho avanzado, nos faltaría elegir la plataforma digital sobre la que montar nuestra tienda *online*, así como la elección de las formas de pago y la gestión del transporte. Aspectos a los que por su importancia dedicaremos los próximos dos capítulos.

Mientras tanto y siendo aplicable a ambos aspectos de tu e-commerce, trataremos en este apartado sobre las cuestiones que deberías tener en cuenta cuando selecciones a tus socios y proveedores, sean estos para diseñar o alojar tu e-commerce; gestionar los pagos a través de sus respectivos sistemas o pasarelas; vender tus productos como referidos o afiliados; entregar y recoger la mercancía.

¿Sabes cómo elegir tu proveedor tecnológico? Esta empresa será la que haga los cimientos de tu tienda, si son de mala calidad, estará a punto de caerse cuando tengas muchos clientes en ella. Siguiendo con el símil de la empresa constructora, igual que si fuera una tienda física querrías que hubiera un buen diseño de los espacios para que los clientes estén cómodos y puedan acceder fácilmente a los productos, que la decoración creara una experiencia de compra inolvidable, que no fallara la iluminación, o contara con medidas seguridad, para tu tienda *online* necesitarás contar con los servicios profesionales de varias empresas o una sola si ofrece un servicio integral de diseño y desarrollo de la tienda *online* (sea a partir de soluciones como Prestashop o mediante productos «llave en mano» como Shopify que veremos en detalle en el siguiente capítulo) además del necesario alojamiento o hosting (espacio en un servidor web en internet desde donde se accederá tu tienda *online*) y del registro de dominio en el que se mostrará tu e-commerce y por último, contratar también los servicios de marketing digital para promocionar nuestro e-commerce (aunque en el capítulo 8 daremos todas las claves para que puedas hacerlo tú mismo).

En resumen, lo siguiente que tendríamos que hacer ahora es: registrar el nombre de dominio si todavía no lo habíamos hecho (lo más habitual es hacerlo con la misma empresa de *hosting*) y contratar el alojamiento para instalar y desarrollar tienda (ej. Prestashop), o si optamos por una solución prefabricada o «llave en mano», contratarla y configurar la tienda *online* (ej. Shopify).

Cuando busques proveedor intenta no elegir el más económico, la infraestructura tecnológica (ej. servidores web) son las ruedas de tu vehículo en la carrera en la que vas a competir, no deberías contratar un hosting compartido con cientos de tiendas *online* que en días o épocas clave (ej. Black Friday, navidad, etc). no va a aguantar tanto tráfico y el servidor se va a colapsar dejando sin servicio a todos los que están allí (imagina un apartamento multipropiedad en el que intentan entrar todos los dueños en el mismo momento).

Garantizar que tu página siempre va a estar operativa, lista para vender y además será rápida (un factor que Google tiene en cuenta por cierto para el posicionamiento orgánico o SEO) es algo en lo que no deberías escatimar.

Si asumimos entonces que el precio no será tu principal criterio de selección, aquí tienes algunas preguntas que te ayudarán a seleccionar el mejor proveedor en cada área de las comentadas.

Registro de dominio y hosting

Hay infinidad de empresas, unas están especializadas en alojar Wordpress (opción a considerar si tu tienda estará desarrollada con Wordpress y WooCommerce como veremos en el siguiente capítulo), otras ofrecen preinstalados Wordpress, Prestashop y otros paquetes de software. Algunas están enfocadas a facturar sólo por los recursos que consumes (ej. espacio disco duro, transferencia) y otras ofrecen recursos ilimitados, tanto en cuotas mensuales como anuales.

A continuación tienes una **tabla comparativa** con 20 hostings de los más conocidos (Fuente: https://aulacm.com/mejores-hosting-web-alojamiento/):

Sea cual sea la que elijas finalmente, deberías comprobar antes si ofrecen estas opciones y de qué forma:

▷ ¿Tengo acceso total a la gestión del dominio (DNS)? (esto sería necesario para transferir el dominio sin complicaciones a otro registrador llegado el caso)

▷ ¿Con cuántos dominios estaré compartiendo servidor?

			Espacio	Transferencia
Webempresa	Popular	99,00€	2 GB	60 GB
Hostgator	Starter	95,00€	Ilimitados	Ilimitados
iPage	Starter	39,78€	Ilimitados	Ilimitados
Arsys	Avanzado	89,40€	10 GB	100 GB
GoDaddy	Deluxe	71,88€	Ilimitados	Ilimitados
SiteGround	GrowBig	95,40€	20 GB	25.000 visitas
1 & 1	Unlimited	11,88€	Ilimitados	Ilimitados
One.com	Profesional	26,64€	100 GB	Ilimitados
HostFusion	1 GB	67,20€	1 GB	15 GB
Hostinger	Sencillo	0,80€	10 GB	100 GB
HostEurope	Business	29,88€	125 GB	Ilimitados
cdmon	Junior	60,00€	2 GB	20 GB
BanaHosting	Deluxe	66,26€	Ilimitados	Ilimitados
Arvixe	Personal	63,40€	Ilimitados	Ilimitados
Blue Host	Plus	94,90€	Ilimitados	Ilimitados
Cyberneticos	Multidominio	57,24€	1 GB	10 GB
Loading	Argentum	94,8€	4 GB	120 GB
Gigas	VPS Nova	190€	30 GB	400 GB

▷ ¿Has comprobado la velocidad de carga de tiendas que están utilizando ese mismo proveedor?

▷ ¿Tiene el hosting los requisitos de la solución de tienda a instalar (ej: versión lenguaje PHP, base de datos MySql...)?

▷ ¿Qué opiniones hay publicadas en internet sobre este proveedor?

▷ ¿Se hacen copias de seguridad? ¿Incluidas en el coste del alojamiento o como servicio aparte?

Respecto al último punto, el disponer de un *backup* o **copia de seguridad** de nuestra tienda es muy recomendable porque permite restaurar los datos en caso necesario como después de un ataque informático, un borrado accidental, o un nuevo plugin o complemento que al instalarlo desconfigura la plantilla. Además también podríamos utilizarlo para importar los datos en otra instalación si cambiamos de proveedor (imagina que al cambiar de proveedor tienes que volver a crear todo de cero y perder además los datos de pedidos y clientes).

Desarrollo web y marketing

Una empresa o profesional puede ser muy buena desarrollando páginas web corporativas e intranets pero puede que no tengan gran experiencia en montar tiendas *online* o elaborar una campaña de promoción *online*, para elegir correctamente al proveedor en este ámbito debemos hacernos las siguientes preguntas:

▷ ¿Qué referencias recientes de trabajos o clientes tienen en ese ámbito?

▷ ¿Cómo será el soporte una vez puesta en marcha la tienda? ¿algún coste oculto?

▷ ¿Es posible hacer modificaciones posteriormente?

▷ ¿Qué opciones hay para la integración y exportación de datos?

En relación al último punto, cuando disponemos de datos de usuarios, clientes, artículos y pedidos, es muy **recomendable poder exportar esos datos** para trabajar con ellos en otras aplicaciones (ej: programa gestor de boletines electrónicos, programa de facturación, etc.). Lo ideal sería poder integrar automáticamente los pedidos de la tienda en nuestro programa de gestión, optimizaría nuestros procesos de facturación, gestión de almacén, etc.

Por último, a modo de **socios** o *partners* podríamos considerar entre otros, la figura de agencias certificadoras de sellos de calidad y sitios tipo *marketplace* (los cuales vimos en el capítulo 2 como modelo de negocio) –por supuesto cualquier organización o entidad que pueda aportar valor a tu negocio podría estar en este apartado (ej. centro tecnológico, departamento de universidad, asociación).

Los **sellos de calidad** desde luego no son imprescindibles ni obligatorios legalmente pero mejoran la imagen de la empresa y tu reputación *online*. Pueden ser un rasgo de diferenciación si tus competidores no los tienen (o una debilidad si todos los usan menos tú). De igual forma, dejará de tener importancia si se convierte en un estándar o algo que se da por hecho en cualquier e-commerce.

Algunos certificados o sellos de calidad son simples adhesiones a códigos de conducta pero otros implican la firma de un compromiso o contrato vinculante, además de un pago o cuota anual para su concesión y/o renovación, y que lógicamente tienen más valor al aportar más confianza y seguridad al comprador. Está comprobado además, un estudio del Observatorio Nacional de las Telecomunicaciones y de la Sociedad de la Información (Ontsi) mostró que un **48,7% de internautas tenía en cuenta antes de comprar** si la web está adherida a un sello o código de confianza.

El **proceso** para obtener y poder mostrar un sello de confianza en las páginas de tu e-commerce es básicamente el mismo: localizas la entidad que otorga el sello; lees las condiciones de obtención y criterios que se aplicarán; en caso de cumplir los requisitos solicitas el sello y pagas el servicio; en un breve plazo revisarán tu web y te darán una respuesta; en caso de obtenerlo te facilitarán un código html para insertar en tu web que hará que se muestre una imagen del sello con un enlace al certificado para que el usuario pueda comprobar si lo desea que el sello es real y no has descargado la imagen de otra web y las colocado allí de adorno (¿crees que esta situación podría darse?).

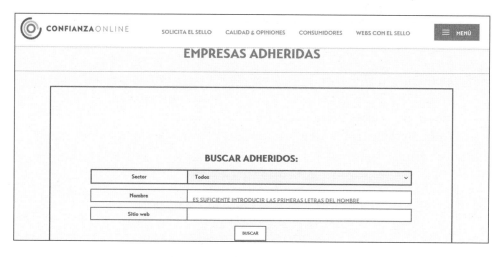

Los principales **sellos de calidad utilizados en España** ofrecen servicios de arbitraje para la resolución de conflictos entre el comprador y el comercio, así como verificación de comentarios de clientes. A continuación tienes una relación de algunos de los principales sellos con precios y planes.

Confianza online (https://www.confianzaonline.es/) Precio: Desde 325€/año según facturación

Al usar el sello de *Confianza online* también puedes usar el de *Ecommerce Europe Trustmark* que está reconocido en la eurozona.

▷ **Evalor** (https://www.evalor.es/)
Precio: Desde 9€/mes (Plan Básico)
eValor incluye sello *online* de confianza y un sistema de opiniones reales.

▷ **Opiniones verificadas** (https://www.opiniones-verificadas.com/)
Precio: Desde 59€ (Plan Silver para 800 pedidos mensuales)
Tienen más de 6000 páginas web y 20.000 tiendas.
Están asociados con **Ekomi** y muestran ahora también opiniones.

▷ **Ekomi** (https://www.ekomi.es) Precio: Desde 39€/mes
Reconocido internacionalmente en 26 países. Si vas a vender en el extranjero, es una buena opción a valorar. Esta plataforma recoge las opiniones de clientes reales en relación a un producto o servicio determinado.
Como valor añadido tiene que los resultados de búsqueda de Google, cuando muestran las valoraciones, muestran las de Ekomi.

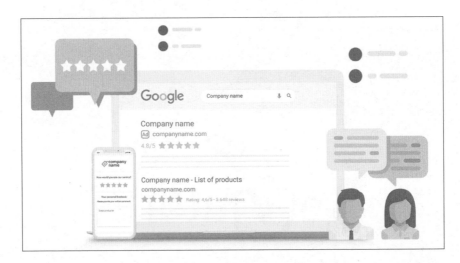

▷ **Trustedshops** (http://www.trustedshops.es/)
Precio: Desde 79€/mes (Plan Starter)
Reconocido a nivel europeo, otra opción más a considerar si vas a vender en el extranjero.

Si no te decides por ninguno de los anteriores o quieres conocer otras sellos de calidad, visita este enlace que tiene un buen análisis:
https://ignaciosantiago.com/sellos-de-calidad-confianza-web/

Por otra parte, también existen sellos y **certificaciones específicas** relacionadas por ejemplo con la política medioambiental, bienestar animal o para contenidos médicos. En el último caso, si vas a vender algún producto relacionado con la salud o de carácter sanitario, y mantener un blog con información relacionada sin duda deberías considerar alguno de estos sellos: Web Médica Acreditada (WMA), Sello del Programa de Acreditación de páginas Web Sanitarias (PAWS), Sello de Acreditación de Webs de Interés Sanitario (WIS), Sello Web Sanitaria Acreditada (SE-AFORMEC) y M21 Sello de Calidad (M21) – tienes una comparativa de todos ellos en https://www.elsevier.es/es-revista-revista-calidad-asisten-cial-256-articulo-analisis-comparativo-sellos-calidad-pagi-nas-S1134282X15001736

Lo aconsejable en términos generales sería tener un sello que fuera reconocible a los distintos niveles: internacional (ej. Trusted Shops - https://www.trustedshops.es/), nacional (ej. para México https://sellosdeconfianza.org.mx/) y regional (ej. para Murcia https://www.cecarm.com/sello-cecarm); y conocer si existe alguno específico de tu sector o tipo de producto.

Por cierto que en relación al **COVID-19**, también es posible obtener un certificado AENOR que podría ser un punto diferencial respecto a la competencia. Al igual que el resto de certificaciones de este tipo, tendrás que superar el proceso de evaluación donde se comprobará si las medidas adoptadas están en línea con la guía de directrices. Al final del proceso y en caso de conformidad, la empresa tendrá un Informe de auditoría del Protocolo de Medidas adoptadas por la organización frente al COVID-19, el Certificado AENOR de Protocolos frente al COVID-19 y la Licencia de uso de la Marca AENOR del Protocolo frente al COVID-19 que podrás mostrar en su e-commerce, publicidad, etc. (más información en https://www.aenor. com/certificacion/riesgos-y-seguridad/certificacion-de-protocolos-frente-al-covid-19).

En cuanto a la opción de alianzas en *marketplaces* como Amazon, el consejo sería que lo uses como un apoyo o complemento más en el negocio, pero nunca dependas demasiado de él, al igual que no es recomendable que la facturación dependa de un único cliente «grande», si pones todos los huevos en la cesta de un *marketplace* corres peligro de perder en la práctica el control tu negocio. Como vimos anteriormente, esta opción tiene sus ventajas e inconvenientes, entre los últimos puedes encontrar opiniones muy críticas de establecimientos hoteleros que se unen a Booking (leer post «Cómo funciona Booking»: https://www.irudilab. com/como-funciona-booking-los-chanchullos-de-un-negocio-muy-rentable/) o mayoristas en Amazon (leer artículo «El abrazo del oso de Amazon: así se queda con productos de éxito de sus proveedores» en https://www.elconfidencial.com/empresas/2020-07-25/amazon-logistica-retail-proveedores-denuncias_2692223/) – tal vez eso pueda ser una de las razones por las que PcComponentes, uno de los e-commerce que más vende en España (403 millones de euros en 2019) no haya estado interesado en vender a través de Amazon y prefiriera crear su propio *marketplace*.

⮌ **PALABRAS CLAVE:** AENOR, análisis DAFO, buyer persona, break-even (punto de equilibrio), certificaciones, channel conflict, competencia, *Confianza online*, COVID-19, diferenciación, dominio, hosting, innovación, inteligencia competitiva, matriz ERIC, mercado, naming, objetivos SMART, océano azul, océano rojo, outside the box, plan de negocio, SCAMPER, sellos calidad,

➤ Capítulo 4

Eligiendo plataforma digital

4 Eligiendo plataforma digital

4.1 Desarrollo página web basado en código abierto

En un escenario ideal en el que dispusiéramos de un gran presupuesto (cinco dígitos para empezar) para crear nuestro comercio *online*, contrataríamos los servicios de una empresa de software especializada en e-commerce que llevaría a cabo desde cero nuestro proyecto y en cuyo desarrollo y puesta en marcha se emplearían varios meses.

Esta opción, aparte de estar restringida a grandes empresas que pueden asumir estas inversiones (ej. Zara) estaría indicada para proyectos e-commerce muy complejos a nivel de configuración y actualización de catálogos muy extensos, con combinaciones de tarifas y necesidad de tener las existencias en tiempo real sincronizadas con las de los almacenes de varias tiendas físicas por ejemplo. Con estos requisitos el mantenimiento de la información no se haría manualmente como será nuestro caso (editando la ficha de producto cada vez que sea necesario) sino que necesitaría una perfecta integración con el sistema de información del negocio (ej. un ERP o sistema de gestión integral) así como los de contabilidad y los de logística para reducir los tiempos de gestión en los pedidos (imagina el caso de una ferretería o una librería con más de un millón de referencias y tres establecimientos físicos).

Dejando a un lado el presupuesto que implica un caso como el anterior, seguramente no quieres ni podrás esperar tanto tiempo para lanzar tu tienda *online* y empezar a recibir pedidos, ¿verdad?

Afortunadamente tenemos opciones de *open source* o código abierto como **Prestashop** o **Magento** para poner en marcha nuestra tienda *online* en mucho menor tiempo. Si se ha hecho un trabajo previo de análisis de los distintos elementos implicados (cosa en la que estás trabajando ahora mismo por otra parte), podrías tener tu e-commerce funcionando en 2-3 semanas máximo como norma general.

Con este planteamiento de utilizar un paquete *open source*, el software de la tienda es gratis, tanto su descarga como su uso (no está sujeto a licencia como en el caso del software comercial), solamente te costaría el *hosting* o empresa de alojamiento para ponerlo en la nube y en caso necesario, los servicios profesionales de una empresa o *freelance* para instalarlo y configurarlo si no tienes conocimientos bási- cos en esta área (algunos proveedores de *hosting* incluyen en sus planes de alojamiento, aplicaciones como Prestashop de forma preinstalada: https://www.ionos.es/soluciones-ecommerce/prestashop-hosting).

A continuación analizaremos las prestaciones de **Prestashop** que con más de 300.000 tiendas *online* a nivel global y un 24% de los e-commerce en España (Fuente: *Builtwith.com*) representa una de las mejores las soluciones a considerar para construir tu e-commerce (puedes ver algunos ejemplos en https://www.prestashop.com/es/ejemplos).

En los siguientes apartados tienes una lista de características –para la última versión 1.7– que te permitirá conocer y seleccionar funcionalidades para convertirlas en requisitos en tu futura tienda aunque finalmente decidas otra opción para desarrollar tu e-commerce (para consultar la lista completa, visita la web oficial https://www.prestashop.com/es/funcionalidades).

CATÁLOGO

FICHA DE ARTÍCULO

Además de fichas individuales de productos, puedes crear «packs» para realizar bundle *marketing* (varios productos relacionados vendidos en grupo).

También tienes la posibilidad de indicar productos relacionados para realizar acciones de *cross-selling* y *up-selling* (venta cruzada).

Las fichas pueden mostrar toda la información que necesites relacionada con el producto (incluidos archivos adjuntos como PDF), que puede ser tanto físico como digital para su descarga (en este último caso, podemos indicar el número de descargas permitidas o la fecha de validez del enlace). Todos los productos pueden ser personalizables (ej. mascarillas de tela) y dar la opción al cliente de cargar archivos con su logo o imagen.

El gestor de productos del catálogo incorpora un generador de combinaciones a partir de distintos parámetros como tallas y colores (esto evita introducir una a una todas las posibilidades, el gestor las calcula automáticamente por ti).

COMPARADOR DE PRODUCTOS

Permite a los clientes comparar fácilmente las características de varios productos de manera simultánea.

INFORMACIÓN DEL ESTADO DEL PRODUCTO

Posibilidad de definir un producto como de venta exclusiva en web, así como su estado (nuevo, *refurbished* o reacondicionado, segunda mano, *outlet*...).

MODO VISTA CATÁLOGO

Posibilidad de no mostrar los precios para transformar la tienda en catálogo y recibir presupuestos o solicitudes sobre el «catálogo *online*» (nuestro planteamiento siempre va a ser recibir el pedido junto con el pago para automatizar el proceso de venta en la nube pero para algunos proyectos que necesiten presupuestar tomando como base distintas opciones o contratar servicios con muchas variables puede ser una opción).

DEFINICIÓN DE PRECIOS POR UNIDAD DE MEDIDA

Posibilidad de definir precios por unidad de medida como kilogramos o litros (puedes crear las que necesites). En el caso de fruterías *online* esta opción sería fundamental.

GESTIÓN DE EXISTENCIAS

Hay una seguimiento de la gestión de las existencias y también un historial de stock que muestra todos los movimientos de productos (ventas, renovación de existencias...)

CANTIDAD MÍNIMA DE COMPRA

Es posible definir una cantidad mínima de productos para poder procesar el pedido (opción muy útil cuando los gastos de envío superan el coste por unidad).

CLIENTES

GEOLOCALIZACIÓN

Se puede limitar el acceso a la tienda a determinados países y mostrar los precios en función del país de origen de los visitantes. Si sólo vas a vender en España esta es una funcionalidad que te ahorrará recursos y tiempo evitando consultas e incluso pedidos que tendrías que anular y reembolsar (ej. un americano te ha comprado una silla de oficina).

En cuanto a los idiomas o localización de la página, Prestashop ofrece hasta 75 idiomas en los que podrás mostrar tus productos (también puedes modificar y personalizar las traducciones que vienen por defecto).

SERVICIO POSVENTA INTEGRADO

El *back-office* o parte de administración de la tienda *online* centraliza los mensajes de clientes recibidos a través del formulario de contacto y también se guarda el historial de los mensajes acerca de los pedidos (puedes crear mensajes predefinidos para distintas situaciones o cuestiones).

Esta opción te proporciona algunas ventajas de los sistemas CRM (*Customer Relationship Management*) y sin duda te permitirá ofrecer un mejor servicio de atención al cliente.

CUPONES DESCUENTO

Con esta opción podrás crear códigos o cupones de descuento para grupos de clientes y asociados también a categorías específicas del catálogo.

PEDIDOS

Prestashop tiene la opción de *one-page-checkout* o pedido en un paso que reduce la tasa de abandono al permitir que los clientes realicen un pedido en una sola página (está comprobado que cuántos más pasos o más pantallas, más posibilidades de que no se finalice el pedido).

También puedes habilitar la opción de *guest checkout* o invitado que permite al comprador realizar un pedido sin crear una cuenta de cliente (esta opción estaría indicada para productos o servicios que son adquiridos de forma muy puntual por los clientes como pudieran ser los artículos de ortopedia o trajes de novia).

Y finalmente como característica a destacar en relación a los pedidos, puedes convertir cualquier carrito en pedido desde el back-office (ej. si un cliente te llama o te escribe porque tiene alguna duda antes de finalizar el pedido; puedes localizar su carrito desde el panel de administración y confirmar el pedido desde ahí como si lo hubiera hecho él mismo).

REGLAS DE PRECIOS

Es posible definir reglas para aplicar distintos precios por divisas, países o grupos de clientes.

GESTIÓN DE IMPUESTOS POR ZONA, PAÍS Y REGIÓN

Se pueden configurar distintos impuestos por zona geográfica (ej. Europa), país (España) y región (ej. Canarias).

TRANSPORTE

ENTREGA

Prestashop puede integrarse con las agencias de transporte, así como simplificar la preparación y expedición de los paquetes (ej. impresión de etiquetas).
Respecto a la integración, hay módulos específicos para los principales transportistas como **Correos, UPS, FedEx**, etc. además de comparadores como **Genei** y plataformas de servicios integrales (*e-fulfillment*) como **Shipius**.

FECHA DE ENTREGA

Esta opción permite mostrar en el carrito una fecha aproximada de entrega, en función del transportista elegido.

CÁLCULO GASTOS DE ENVÍO

Es posible definir gastos de envío diferentes en función del tipo de producto y sus categorías. También se pueden crear escalas de precio y peso por cada transportista (ej. definir un coste de envío para un determinado peso y/o precio).
¿Ofreces la opción de envolver para regalo? También puedes añadir ese coste en el resumen del pedido.

DROPSHIPPING

Prestashop también se integra perfectamente con *dropshippers* como **AliExpress** o **BigBuy** (si necesitas refrescar en qué consistía este modelo de negocio, consulta el capítulo 2).
La relación de módulos o *addons* (complementos para tu tienda que tendrás que comprar aparte) de *dropshipping* está en https://addons.prestashop.com/es/443-dropshipping

MARKETING

Prestashop incorpora la gestión de metaetiquetas para optimizar el SEO o posicionamiento orgánico de cada ficha de producto o sección del sitio web. También con el gestor de envío de correo electrónico ayuda a la fidelización de clientes (ej. puede enviar un correo con los productos visualizados) y reduce la tasa de abandono de carritos (envía correos para intentar recuperar esa venta), así como recibir un correo en caso de disponibilidad de productos que estaban sin stock (todas estas opciones sólo son posibles si el usuario está registrado antes).

> **PROPUESTA RELACIONADA**
>
> Ahora que conoces todo lo que puedes hacer con **Prestashop**, prueba tú mismo sus funcionalidades y cómo podrías utilizarlas en tu proyecto e-commerce con su **demo** *online*: http://demo.prestashop.com/
>
> Navega y modifica elementos en el *back-office* (parte de administración de la tienda) y comprueba los cambios en el *front-office* (parte pública de la tienda).

Otras **opciones similares** a Prestashop que podrías considerar sería la solución de la compañía Adobe –la misma que tiene Photoshop entre otros productos– **Magento** (http://www.magento.com/es), aunque estaría recomendada para desarrollos más complejos y/o específicos, tiene una comunidad de usuarios menor (la versión en español de su web está directamente enfocada al mercado latinoamericano) y su curva de aprendizaje es mayor.

Dentro de las soluciones de *open source* sobre las que podemos desarrollar nuestro e-commerce consideraríamos también la opción de **WordPress + WooCommerce**

En este escenario, crearías un blog con el paquete de código abierto **Wordpress** (https://es.wordpress.org), que al igual que en el caso de Prestashop y cualquier paquete de *open source,* tendrías que descargarlo e instalarlo en tu proveedor de hosting (aunque seguramente te lo ofrezca ya preinstalado en tu panel de control y sólo tengas que hacer un par de clics – asegúrate eso sí que no es una versión demasiado antigua).

Una vez instalado tu blog Wordpress y una plantilla –recuerda que sería el equivalente a la fachada y escaparate de una tienda física– que habrás elegido entre las muchas opciones que hay disponibles (tanto gratuitas como comerciales) descargarías e instalarías ahora un complemento o extensión llamado **WooCommerce** (https://es.wordpress.org/plugins/woocommerce/) que añadiría funcionalidades y opciones para gestionar el proceso de venta desde tu blog, el cual se convertiría en la práctica con el uso de un tema o plantilla específica (generalmente todas son compatibles con la extensión Woocommerce) en una tienda *online* (idealmente aprovecharías la naturaleza nativa de Wordpress, un blog , para publicar contenidos relacionados con tu catálogo de productos y de este modo atraer visitas).

Algunas de las características de WooCommerce son:

- Gestiona páginas o fichas de producto, el carrito o cesta y el proceso de finalizar compra.
- Integra sistemas de pago seguro: Paypal, tarjetas de crédito y otras alternativas.
- Ofrece opciones de envío configurables, incluyendo tarifas planas e impresión de etiquetas.
- Realiza el cálculo automático de impuestos.
- Muestra el cuadro de mando o panel de indicadores clave de la tienda (pedidos, ventas, existencias, etc.).
- Dispone de aplicación móvil gratuita (Android e iOS) para la gestión de la tienda.

Por último, señalar que WooCommerce gestiona la venta tanto de productos físicos como digitales proporcionando las descargas a los compradores de tu infoproducto, y también puedes vender productos como afiliado de los principales sitios de *marketplaces*.

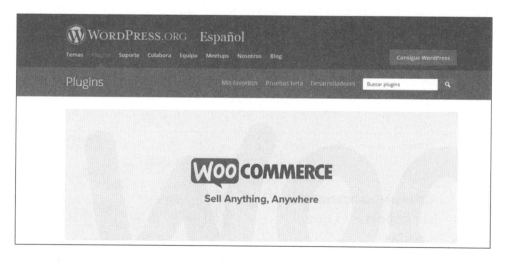

Por último, mencionar que una alternativa para dotar a tu blog Wordpress de funcionalidades e-commerce sería usar los **botones de compra Shopify** (en su plan Lite: https://www.shopify.es/lite), una solución para tener un completo comercio electrónico que vamos a analizar a continuación.

PROPUESTA RELACIONADA

Haz una búsqueda de **plantillas e-commerce para Wordpress** (ej. «wordpress plantillas e-commerce»); navega por los resultados filtrando aquellas relacionadas con tu sector o tipo de producto; y **selecciona dos plantillas que** te gusten y encajen con tu futuro e-commerce.

4.2 Soluciones llave-en-mano

Si el desarrollo de tu tienda *online* basado en paquetes *open source* del apartado anterior no es una opción porque necesitas arrancar ya (cuando decimos ya, es en lo que tardes, básicamente, en registrarte, crear tu catálogo y la forma de pago) este tipo de planteamientos «llave en mano» o prefabricados es tu solución.

En esta modalidad estás «alquilando» o pagando por el uso de una infraestructura, en este caso digital, a un proveedor del que depende el correcto funcionamiento de la tienda y que ofrece múltiples opciones de personalización (plantillas diseñadas específicamente para una temática o sector; activación o desactivación de funcionalidades, etc.) y módulos o complementos que puedas necesitar en tu proyecto de e-commerce.

Entre las soluciones disponibles en el mercado, **Shopify** (https://www.shopify.es/) es una excelente herramienta muy popular (más de un millón de tiendas activas) para empezar con una tienda *online* que con seguridad va a cubrir de sobra nuestras necesidades (puedes ver algunos ejemplos en https://www.shopify.es/ejemplos).

En el caso de que hubiera algo que no encaje al 100% con «nuestro sistema» seguro que habría una forma de resolverlo; por otra parte tienes 14 días de prueba gratuita (sin necesidad de dar los datos de tu tarjeta, sólo el e-mail) para comprobar y conocer el funcionamiento de tu nueva tienda *online*.

Si todavía dudas de la validez de usar este tipo de soluciones «llave en mano», no tienes más que visitar algunos **ejemplos de tiendas** realizadas con Shopify en https://mousee.com/blogs/el-rincon-de-shopify/ ejemplos-tiendas-shopify-en-espana donde encontrarás e-commerce españoles de éxito como la tienda de calzado Muroexe (http://www.muroexe.com); gafas de sol y alpargatas Miss Hamptons (https://misshamptons.com/); o accesorios para el verano Flamingueo (https://flamingueo.com/) entre otras (nota: en sus inicios también empezaron con Shopify sus negocios *online* Hawkers, Telepienso o Exin Castillos y por eso salen en la lista de ejemplos). Para los casos de éxito oficiales de webs internacionales: https://www.shopify.es/blog/50-tiendas-online-excepcionales-creadas-en-shopify

Entre las **características de Shopify** destacamos las siguientes por áreas:

GENERAL

La plataforma es *responsive*: está adaptada para *m-commerce* o comercio móvil, es decir, tus clientes visualizarán correctamente y navegarán por tu tienda sin ningún problema de resolución, tamaños o incompatibilidades del navegador de su *smartphone* o *tablet*.

Ofrece **soporte** técnico 24/7 donde puedes consultar a sus especialistas para que te ayuden a personalizar y configurar tu tienda. El soporte es 24 horas al día/siete días a la semana mediante correo electrónico, chat *online* y Twitter (@ShopifySupport).

También cuentas con el centro de ayuda con acceso a preguntas más frecuentes, tutoriales, guías, manuales y foros temáticos.

Facilita el **blog marketing** incorporar un sistema propio de publicación de blogs para publicar artículos y ayudar a generar comunidad de usuarios (ej. comentarios sobre productos).

Permite un alto nivel de **personalización** a nivel visual a través de las **plantillas** y elementos que las componen. Relacionado con el tema de la personalización, si tienes conocimientos o cuentas con colaboración externa, también puedes editar el **código HTML y CSS** de la tienda.

La tienda es multidioma, esto es, que puedes mostrarla en varios idiomas, con la opción de traducir tú mismo la plantilla para perfeccionar cada texto.

Puedes usar tu propio **nombre de dominio** que contribuirá a dar una buena imagen de marca (puedes usar el que ya tengas o registrar otro nuevo con ellos), siempre es más atractivo que usar la opción de subdominio ofrecida por defecto (ej. mi-tienda-sin-dominio-propio.myshopify.com).

Shopify dispone de una **app** propia para que desde tu *smartphone* puedas gestionar en tiempo real los pedidos y las notificaciones relacionadas (ej. envío de correo electrónico a clientes), así como el catálogo, añadiendo o modificando fichas de productos (ej. precio, existencias, etc.). Todos los datos de tu tienda están sincronizados y disponibles desde la app.

CARRITO DE COMPRA

Desde el primer momento puedes procesar **pagos con las tarjetas** Visa, Mastercard, Discover y American Express (cada transacción lleva una comisión de 2,4% + 0,25 € fijo por operación). Además del pago por tarjeta, Shopify admite hasta 100 pasarelas de pago, desde Bitcoin hasta Paypal (en el siguiente capítulo comentaremos los principales métodos de pago además del tema del transporte).

El **cálculo de los impuestos** se hace automáticamente usando la ubicación del cliente y la configuración que se establezca en relación a tipo de impuesto y ámbitos geográficos.

Respecto a la gestión del **transporte**, puedes establecer precios fijos por envío, por importe, por pesos o por localización de destino (e incluso puedes obtener **cotizaciones** de forma automática para los envíos de empresas como UPS y FedEx). También tienes la opción de configurar la tienda para que aplique **portes gratuitos** a partir de un importe mínimo determinado.

Shopify incorpora la función de **recuperar los carritos** abandonados al enviar automáticamente un correo electrónico a los clientes con un enlace a sus carritos de compra abandonados y animándolos a completar su compra (esta opción sólo podrá usarse en caso de clientes previamente registrados, ten en cuenta que Shopify ofrece la opción de compra sin registro o Invitado, en la que no es necesario crear una cuenta).

ADMINISTRACIÓN

Desde al área de administración podrás obtener una valiosa información de tus **clientes,** sus **pedidos** y sus **hábitos** de compra (ej. los clientes con el ticket más alto o con más pedidos), pudiendo categorizarlos en **grupos de clientes** en relación a su ubicación o histórico de compras. Esta funcionalidad es muy útil a la hora de segmentar y elaborar campañas puntuales o diseñar el boletín o *newsletter* de novedades que enviarás periódicamente a aquellos que estén suscritos (además puedes personalizar tus correos electrónicos con el diseño e idioma de tu elección).

Desde la gestión de pedidos podrás realizar **reembolsos** totales o parciales a los clientes usando el mismo método de pago y realizando automáticamente la actualización en las existencias del artículo.

MARKETING

La tienda Shopify optimiza la indexación en motores de búsqueda incorporando técnicas para mejorar el **SEO** o posicionamiento natural como la personalización de encabezados y títulos (etiquetas H1 y *title* en código fuente HTML), metatags y generación de mapas del sitio en archivos .xml (como veremos en el capítulo 8, estas técnicas han perdido eficacia práctica).

Facilita la creación y gestión de **códigos de descuento y cupones** (puedes configurarlos para categorías y artículos específicos, así como descuento fijo, porcentaje sobre el total o envío gratuito, entre otras posibilidades). También puedes crear **tarjetas regalo** que no es otra cosa que un código a insertar en el último paso del proceso de pedido.

En cuanto a las **redes sociales**, todas las plantillas incorporan enlaces para compartir la ficha de producto en distintas redes sociales como Pinterest, Instagram, Facebook, Twitter, y Tumblr. También tienes la posibilidad de **conectar directamente tu tienda Shopify con tu página en Facebook**, permitiendo a tus seguidores navegar por tu catálogo o ver una promoción y que puedan realizar la compra sin abandonar Facebook (para más información sobre esta opción: https://www.facebook.com/business/help/646757258759189).

Por último también ofrece la posibilidad de incluir **opiniones de producto** que por una parte incrementará la conversión debido a la «prueba social» (las opiniones proporcionan confianza al potencial comprador) –veremos esta y otras técnicas *growth hacking* en el capítulo 8- y por otra mejorará también el SEO.

CATÁLOGO DE PRODUCTOS

Shopify facilita la gestión de todo tu catálogo de productos (tanto físicos como digitales), organizándolo por categorías, promociones o colecciones (ej. artículos de un mismo proveedor o marca), además de incluir la información sobre existencias (ej. puede deshabilitar la venta de artículos cuando el stock sea cero).

Un artículo puede tener muchas variaciones relativas a tallas, colores o materiales, a las que se puede asignar su correspondiente código, variación de precio o peso (muy importante para calcular correctamente los portes).

La ficha de artículo admite varias imágenes y tiene unos campos como metaetiquetas y URL amigables (ej. «mitienda.com/hombre-polo-verde-mediano-lacoste» en vez de «mitienda.com/catalog/productinfo.php?id_category=345&id_product=3242») para optimizar el SEO o posicionamiento orgánico.

Si tu catálogo es muy grande para ir dando de alta los artículos uno a uno, puedes usar la utilidad importar/exportar a través archivos CSV (estos archivos de texto puedes generarlos desde una hoja de cálculo con una estructura determinada como nombre, descripción, precio base, descuento, tipo IVA, fabricante, código EAN).

HOSTING

Al tener la tienda alojada dentro de la plataforma Shopify tendrás ancho de banda ilimitado. Es decir, no te cobrarán más por un aumento de visitas en tu tienda que incremente el consumo de ancho de banda como podría suceder en un *hosting* contratado para alojar tu web realizada con Prestashop por ejemplo (esto debe ser una ventaja en cuanto a tranquilidad respecto a que no se va a quedar colgada la web en picos de tráfico como un *Black Friday* porque estás en un *hosting* compartido de los «baratos»).

Todas las tiendas incluyen un certificado SSL gratis de 256 bits para cifrar de forma segura (indicado por el icono del candado en el navegador) el contenido del sitio web (importante también de cara a la indexación por Google ya que las páginas web con SSL tienen más peso para el **SEO** o posicionamiento orgánico), la información de tarjetas de crédito y de las transacciones (ej. la recogida de datos personales del cliente). Esto también es una gran ventaja porque la mayoría de los proveedores de *hosting* cobran estos certificados SSL como un extra.

Al contratar esta modalidad de tienda donde pagamos por un servicio de forma mensual , estamos usando un **software como servicio** –SaaS (Software as a Service)– y esto tiene las ventajas –entre otras– de que las actualizaciones, parches de seguridad o mejoras en la infraestructura se aplican automáticamente en nuestra tienda *online*, sin que tengamos que hacer nada o cerrar nuestro negocio *online* temporalmente para realizar esas y otra tareas de mantenimiento en los servidores web (recuerda que tienda offline significa también pedidos «off»).

CUADRO DE MANDO

El cuadro de mando te muestra en tiempo real informes y estadísticas que te ayudaran a tomar la mejor decisión en todo momento. Para ello tienes un panel de control que te muestra un visión general del rendimiento de los artículos (ej. los más vendidos), pedidos y tráfico web (se integra con el sistema Google Analytics).

¿Recuerdas lo que era el *dropshipping*? Lo de la venta triangular en la que el *dropshipper* envía el pedido a tu cliente, pues tienes la posibilidad de hacerlo desde tu tienda Shopify con el extenso catálogo de **Aliexpress** (https://es.aliexpress.com/) a través del servicio de **Oberlo** (https://lp.oberlo.com/adw/social-es-adw), entre otras apps específicas de *dropshipping* como Ordoro, Inventory Source y eCommHub.

Finalmente sólo nos queda mencionar su **coste** que para el llamado **Plan Basic**, que tiene lo imprescindible para empezar a vender *online*, serían 29 dólares mensuales (más la comisión de 2,4% + 0,25 € fijo por cobro a través de tarjeta antes comentada) –puedes consultar todos los planes en su web: https://www.shopify.es/precios).

Existen otras **alternativas** de tienda «llave en mano» o en modo SaaS como **Xopie** (https://www.oxatis.es/solucion-comercio-electronico.htm) de Oxatis, **Palbin** (https://www.palbin.com/) o **Wix** (https://es.wix.com/ecommerce/tienda-online) con las que podrías comparar plantillas, planes y precios, aspecto este último que sería la principal diferencia entre las distintas opciones, ya que las funcionalidades básicas de un e-commerce todas las van a cubrir de forma segura y eficiente.

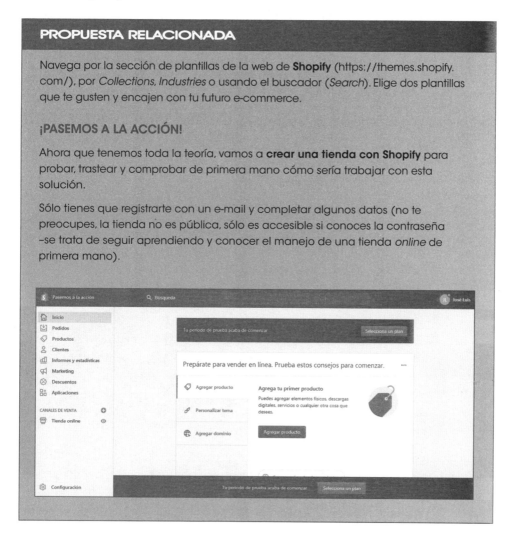

PROPUESTA RELACIONADA

Navega por la sección de plantillas de la web de **Shopify** (https://themes.shopify.com/), por *Collections, Industries* o usando el buscador (*Search*). Elige dos plantillas que te gusten y encajen con tu futuro e-commerce.

¡PASEMOS A LA ACCIÓN!

Ahora que tenemos toda la teoría, vamos a **crear una tienda con Shopify** para probar, trastear y comprobar de primera mano cómo sería trabajar con esta solución.

Sólo tienes que registrarte con un e-mail y completar algunos datos (no te preocupes, la tienda no es pública, sólo es accesible si conoces la contraseña –se trata de seguir aprendiendo y conocer el manejo de una tienda *online* de primera mano).

4.3 Dentro de una red social

¿Quién dijo que las redes sociales no sirven para nada? Que son una pérdida de tiempo, que nadie compra nada allí y otros comentarios derrotistas. Es cierto que lo más habitual, porque es lo que mejor funciona, es restringir su uso para acciones de **marketing de contenidos** como crear comunidad alrededor de un producto o empresa; promoción o campaña específica; o únicamente *branding* o hacer imagen de marca (veremos todo esto en detalle en el capítulo 8) pero aunque difícil –nunca dijimos ni diremos que vender *online* fuera fácil– vender también es posible en redes sociales.

De hecho, el uso de redes sociales en la compra y venta en línea de productos y servicios es lo que denomina *social commerce* o comercio social y es una variante de comercio electrónico. No obstante, nuestra actividad en redes sociales incluso si conseguimos un porcentaje de ventas por esta vía, siempre será un complemento a nuestro e-commerce desarrollado sobre una de las opciones anteriormente comentadas (paquete de software libre tipo Prestashop o solución llave en mano tipo Shopify).

La forma de conseguir la ansiada venta en redes sociales puede ser a través de un botón o enlace directo a Paypal publicado en una actualización, creando y manteniendo una página de empresa en Facebook (https://www.facebook.com/business/pages) –muy importante que no sea perfil personal como muchas veces ocurre- o utilizando los sistemas de publicidad patrocinada que cada red social ofrece (*Twitter ads, Facebook ads, Instagram ads* o LinkedIn *ads*) y que veremos más adelante en el capítulo dedicado a la promoción del e-commerce.

En cualquier caso, antes de lanzarnos a crear perfiles en redes sociales tendremos que identificar qué redes son las que me interesan para mi negocio, definir una estrategia y un plan de actuaciones que se detallaría en un SMP (*Social Media Plan*) o Plan de Social Media.

Cada red, Twitter, Instagram, Facebook, LinkedIn, Pinterest, tiene sus características, su público o perfil de usuario, sus reglas y códigos, así como su «tono» (ej. no se escribe ni en fondo ni en forma en Twitter igual que en Facebook).

PROPUESTA RELACIONADA

Visita los perfiles sociales de dos o tres competidores o negocios similares al tuyo (puedes buscar el nombre en el buscador de cada red o comprobar si los tienen enlazados en sus respectivas páginas web). Intenta hacer una pequeña ficha con la siguiente información: antigüedad del perfil; número de seguidores; fecha última actualización o frecuencia de las mismas (varias veces al día, semanal, irregular); tipo de contenido que publica (noticias de la empresa, novedades, enlaces a productos, memes, *off-topic*) y cuál tiene más interacciones (me gusta o favoritos, retuits, comentarios).

Cuando tengas toda esa información te servirá para tomar ideas sobre qué están haciendo en redes y qué es lo que mejor funciona en tu temática.

¡PASEMOS A LA ACCIÓN!

Vamos a poner en práctica la inteligencia de competitiva (concepto que vimos en el capítulo 3) creando un perfil en aquella red social donde nuestros competidores directos estén más activos y consiguiendo más interacciones. Esa nueva cuenta que crearemos no tiene por qué ser un perfil falso pero el nombre de la cuenta o perfil no debe ser identificable con nuestro e-commerce.

Una vez activa, seguiremos o nos haremos fans de la cuenta competidora para estar alerta de sus movimientos en redes, no se trata tanto de copiar o imitar sus acciones sino de tener otro punto de vista, otra forma de hacer las cosas en tu mismo campo, prever y anticiparse a posibles cambios que nos afecten.

⮑ PALABRAS CLAVE: Prestashop, Aliexpress, back office, Blog Marketing, CRM (Customer Relationship Management), dropshipping, e-fulfillment, front office, llave-en-mano, Magento, posicionamiento, SaaS, SEO, Shopify, Social Commerce, SMP (Social Media Plan), Wix, Woocommerce, Wordpress, open Source/Código Abierto

➤ Capítulo 5

Gestionando los pedidos

Gestionando los pedidos

En este capítulo veremos dos **procesos clave en el éxito** de tu tienda *online* y que están relacionados con la gestión de los pedidos: la **forma de pago** que permitirá cobrar de forma segura a los clientes y el **transporte** que posibilita la entrega final del producto.

En ambos casos, tienes una excelente **oportunidad de crear valor** para tu cliente, mejorar su experiencia de compra, ayudando a conseguir esa necesaria **diferenciación** que ya hemos comentado anteriormente así como fidelizarlo para que nos recomiende y vuelva a comprar en nuestro e-commerce.

También comentaremos todo lo que necesitas saber respecto a la **facturación** de dichos pedidos desde el punto de vista legal y documental.

5.1 Formas de pago

Gestionar eficientemente los pagos en tu negocio *online* es uno de los procesos críticos que debes asegurarte de que en primer lugar no van a fallar (no seas una de esos casos de tiendas *online* con pasarelas de pago mal configuradas o desactualizadas que después de conseguir lo más difícil, atraer al potencial cliente y convencerlo para que compre, no procesan correctamente el pago y ese pedido no se finaliza) y en segundo, no van a perjudicar la experiencia de compra de tu cliente (ej. admitiendo la transferencia como única forma de pago).

Hay decenas de formas de pago en Internet, siendo las más habituales en **España** la plataforma de pagos digitales **Paypal** (https://www.paypal.es) y el pago con **tarjeta a través de los TPV virtuales** facilitados por tu banco habitual (la contratación la haces con tu entidad pero la plataforma es **Redsys**: https://pagosonline.redsys.es/, la antigua SERMEPA).

En España, más del 70% de la población dispone de una **tarjeta de débito o crédito** como mínimo y las más utilizadas son Visa (68%), Mastercard (30%)

y American Express (2%). Las usan al menos el 52% de los compradores *online* y aunque en el caso de las tarjetas de crédito, podríamos pensar que el poder financiar las compras es un factor determinante para su uso, teniendo en cuenta que el ticket medio del comercio *online* es inferior a 200 euros, esta no sería la razón de su popularidad como medio de pago, sino más bien su familiaridad y confianza en el mismo.

Las otras dos opciones que podemos encontrar en un e-commerce como métodos de pago serían la **transferencia bancaria** y el **contrarreembolso** o pago a la entrega, aunque este último está en progresivo descenso llegando a un escaso 5% (Fuente: ECN-Informe Ingenico ePayments 2019) en beneficio de otros métodos de pago *online*.

Las **transferencias bancarias** suelen utilizarse por compradores poco habituados al comercio *online* y que desconocen o desconfían del resto de formas de pago propuestas (o importes superiores a los límites de pago con tarjeta habituales). Para el comercio presenta la ventaja de evitar las comisiones que soportaría con otros medios de pago como tarjetas y pasarelas como Paypal pero supone una comprobación y validación manual de pedidos que cuando hay decenas de ellos al día nos va a quitar tiempo de otras tareas más productivas.

Si además vamos a intentar ofrecer el mejor tiempo de entrega posible, este método de pago no nos va a facilitar el trabajo. Por otra parte, actualmente ya no es necesario esperar tres o cuatro días hasta que la transferencia del dinero llega a nuestra cuenta gracias a las transferencias SEPA (Zona Única de Pagos en Euros) inmediatas entre bancos de la eurozona que usan el sistema *TARGET instant payment settlement* (TIPS): https://www.ecb.europa.eu/explainers/tell-me-more/html/instant_payments.es.html (aunque unas entidades cobran por este servicio al emisor y entonces el usuario podría elegir la transferencia tradicional, que llega igual pero no tiene nada de «instant»).

En relación con el método de transferencia bancaria y en el reciente contexto de pandemia, ha habido un aumento en el uso del sistema de pagos con móvil **Bizum** (http://www.bizum.es), donde se pueden realizar pagos y cobros reflejándose de manera inmediata en las respectivas cuentas bancarias de emisor y receptor. Actualmente este sistema de pago tiene más de seis millones de usuarios y para utilizarlo es necesario tener una cuenta bancaria y activar el servicio, lo que puede hacerse desde la banca *online* o la propia *app* de la mayoría de los bancos –como curiosidad comentar que el BBVA aporta el 22% de los usuarios actuales de Bizum.

Bancos en los que puedes usar Bizum

Bizum fue inicialmente pensado para pequeños pagos de poco importe entre particulares (inicialmente hasta 500 y actualmente hasta 1.000 euros) pero actualmente no sólo se está generalizando en los comercios físicos al permitir pagar sin contacto, únicamente disponiendo de un teléfono móvil (no tiene nada que ver con el pago a través de NFC) sino también en las tiendas *online* a través de la versión para empresas (está previsto que en breve lo incorporen grandes empresas como Alsa, El Corte Inglés, Decathlon, Carrefour o Mercadona).

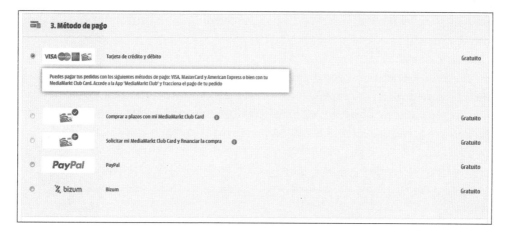

Formas de pago de la tienda online Media Markt.

En cuanto a las tarifas de Bizum, para el usuario particular sigue siendo gratuito en la práctica (aunque en las condiciones de contratación se reservan el derecho de cobrar 0,10 céntimos por operación en cualquier momento) y para los comercios tiene unos costes similares al de un TPV tradicional, comisiones por transacción más una cuota fija mensual.

En relación con los **pagos con móvil**, aunque no los hayamos incluido en la selección de principales métodos de pago en el comercio *online* para España, es indudable que está creciendo su uso y debemos conocer al menos la existencia de **apps** como **Twyp** (solución del banco ING), **Apple Pay, Google Pay** (anteriormente Google Wallet) o el menos extendido **Samsung Pay**, así como los denominados **eWallet**, monederos electrónicos o pasarelas de pago digitales, utilizadas por el 19% de los compradores españoles y por el 36% a nivel global, superando a las tarjetas (Fuente: Ingenico ePayments, 2019).

Para el caso de las apps asociadas al fabricante del terminal es necesario tener contratada una cuenta en alguno de los bancos adheridos para poder utilizar estos métodos de pago (y que el terminal tenga los requisitos técnicos para usar el método de pago como conectividad NFC). Los usuarios de estas apps pueden pagar sus compras a través del móvil en establecimientos físicos y *online*. Las apps usa información como la dirección de envío, datos de tarjetas almacenados en sus navegadores, *markets* y servicios asociados (ej. para Google Pay serían Chrome, Play Store y Youtube).

En el caso de otras apps tipo **eWallet** (no necesariamente asociadas a un fabricante de teléfonos), los usuarios pueden realizar sus pagos fácil y rápidamente en cualquier momento al tener en sus *smartphone* sus tarjetas vinculadas y seleccionar las más adecuada dependiendo del pago a realizar (para los comercios físicos también es una excelente manera de agilizar y simplificar el proceso de pago).

Algunas de las eWallet más utilizadas son: **Adyen** (http://www.adyen.com), **Sipay** (http://www.sipay.es), **Stripe** (https://stripe.com/es) y **Skrill** (https://www.skrill.com/es/).

Puesto que en este apartado sólo nos vamos a centrar en las principales formas de pago que un **e-commerce localizado en España** podría incorporar en su proceso de pedido, si necesitas conocer todas las posibilidades, puedes ver una excelente recopilación en **Cobraronline**: https://www.cobraronline.es

Por otra parte, si necesitas consultar los métodos de pago más usuales por país visita https://addons.prestashop.com/es/content/35-metodos-de-pago-online-preferidos-por-pais, podrás comprobar que cada país también es distinto en cuanto a las formas de pago y características de su comercio *online*.

Así en **Francia** tenemos que el principal método de pago es la tarjeta de crédito o débito, con un 85%, seguido de Paypal y eWallets (8%), y el gasto medio por consumidor es de 1.969 euros. En **Reino Unido** también predomina el pago con tarjeta (63%), seguido por pagos con Paypal/Wallets (23%) y transferencia bancaria (5%); y el gasto medio es de 1.157 euros. Y en **Alemania** sería un escenario bastante diferente a España y los anteriores, allí el pago con tarjeta es del 12%, siendo mayoritarias las domiciliaciones bancarias (SDD), Paypal y eWallets para un gasto medio es de 883 euros (Fuente: Ingenico Epayments 2019).

De cualquier modo e independientemente del país, cada método de pago de tiene sus **ventajas e inconvenientes**, unos ofrecen más seguridad a comprador (contrarreembolso) y vendedor (tarjeta) pero no son ágiles en la tramitación de pedidos (transferencia bancaria) o sus costes son elevados para el vendedor (tarjeta con TPV virtual de entidad bancaria).

Como cada e-commerce tiene sus características, habrá casos en los que para pocos pedidos de importes grandes (mayores de 300 euros por ejemplo) o cuando el tiempo de tramitación del pedido no sea un condicionante, la transferencia bancaria sea el medio de pago más aconsejable, pero si es una tienda cuyos artículos son de importes bajos (de 10 a 60 euros), con muchos pedidos diarios y gestión constante de *stock*, debemos integrar una forma de pago que permita automatizar en tiempo real la contabilización de esa venta y su procesamiento en otras áreas del negocio: facturación, almacén y logística.

Excepto para las formas de contrarreembolso y transferencia bancaria, el resto de métodos de pago serían **pasarelas de pago** o plataformas mediadoras. El funcionamiento de estos sistemas común y vamos a describir el **proceso** básico que tendría lugar cuando un usuario realiza la **compra online**.

En primer lugar, el cliente está realizando un pedido en un comercio *online* y elige el método de pago (ej. tarjeta). A continuación desde allí realiza una petición de realización del cobro al servidor web del mediador. Esta petición, redirección o delegación del proceso de pago puede realizarse por medio de una ventana emergente o *pop-up* (no es la opción idónea ya que a veces es bloqueada debido a la configuración del navegador), abriendo una nueva ventana que reemplace a la actual o desde la misma página si se usan servicios web y APIs desde módulos específicos para procesar pagos (ej. módulo Redsys para Prestashop).

En este último caso donde estamos recogiendo los datos de pago del cliente –y a veces incluso guardándolos para futuras compras previo consentimiento del usuario– es **requisito** contar con dos **certificados**.

Por una parte, un **certificado SSL** (Secure Socket Layer) en nuestro servidor web –cuando las páginas usan este certificado se accede usando el **protocolo HTTPS** (*HyperText Transfer Protocol Secure*, en español Protocolo de transferencia de hipertexto*) que aparece en la barra de direcciones del navegador y se muestra el icono del candado– emitido por una autoridad certificadora reconocida y con fecha válida (de ahí los mensajes que suelen aparecer en el navegador como alerta de seguridad cuando la fecha del certificado no es válida, esto es, que no el responsable del sitio web no ha pagado la renovación del mismo o no está actualizado) que garantizará al usuario que la transmisión de datos se realiza de forma encriptada y no es accesible aunque esa comunicación fuera interceptada por terceros, y por otro lado, la **certificación PCI DSS** (Payment Card Industry Data Security Standard) que previene la filtración de datos relacionados con las tarjetas.

Es necesario incidir en que todas las **partes implicadas en el proceso de pago** que recogen, almacenan o transmiten información del titular de la tarjeta (CHD) y/o datos confidenciales de autenticación (SAD) **deben tener una certificación PCI**.

A veces se piensa que sólo es cosa del proveedor de servicios de pago (ej. el banco que emite la tarjeta) pero también están obligados los comercios, sean físicos o e-commerce (insistimos, **siempre que recojan, almacenen o transmitan información sensible de las tarjetas** como titular, número de tarjeta, fecha caducidad, etc.).

Si eres un e-commerce que no tenga un gran volumen de transacciones puedes **obtener la certificación PCI** por medio de un **cuestionario de autoevaluación** de riesgos y medidas que se realiza anualmente (los grandes e-commerce deben pasar una auditoría externa por empresas como A2 Secure, SIA Grupo, Integrated Technology Systems y Atos Consulting) y realizar una comprobación mensual de los niveles de seguridad de la red.

La siguiente tabla recoge una descripción general de los **12 requisitos** de los estándares de seguridad de datos (DSS) de la industria de pago con tarjeta que formarían parte de ese **cuestionario de autoevaluación** en caso de que tu e-commerce tenga la obligación de cumplirlos (si es el caso sería aconsejable que visitaras el sitio web de PCI Security Standards Council https://es.pcisecuritystandards.org/minisite/env2/ ya que dispone de recursos para ayudar a las organizaciones con las evaluaciones y validaciones, cuestionarios, FAQs y guía de PCI para pequeños comerciantes):

Desarrolle y mantenga redes y sistemas seguros	1. Instale y mantenga una configuración de firewall para proteger los datos del titular de la tarjeta. 2. No usar los valores predeterminados suministrados por el proveedor para las contraseñas del sistema y otros parámetros de seguridad.
Proteger los datos del titular de la tarjeta	3. Proteja los datos del titular de la tarjeta que fueron almacenados 4. Cifrar la transmisión de los datos del titular de la tarjeta en las redes públicas abiertas.
Mantener un programa de administración de vulnerabilidad	5. Proteger todos los sistemas contra malware y actualizar los programas o software antivirus regularmente. 6. Desarrollar y mantener sistemas y aplicaciones seguros
Implementar medidas sólidas de control de acceso	7. Restringir el acceso a los datos del titular de la tarjeta según la necesidad de saber que tenga la empresa. 8. Identificar y autenticar el acceso a los componentes del sistema. 9. Restringir el acceso físico a los datos del titular de la tarjeta
Supervisar y evaluar las redes con regularidad	10. Rastree y supervise todos los accesos a los recursos de red y a los datos del titular de la tarjeta 11. Probar periódicamente los sistemas y procesos de seguridad
Mantener una política de seguridad de información	12. Mantener una política que aborde la seguridad de la información para todo el personal

Fuente: https://es.pcisecuritystandards.org/_onelink_/pcisecurity/en2es/mini-site/en/docs/PCI_DSS_v3-2_es-LA.pdf

Asumiendo que contamos con el certificado SSL y la certificación PCI DSS para proteger el intercambio de datos y proporcionar seguridad al sistema en su caso, **volvamos**

al proceso de pago donde lo dejamos: después de enviar la solicitud a la plataforma intermediaria se toman los datos pago (ej. datos de la tarjeta de crédito o débito), se validan los datos introducidos (tipo, número de tarjeta, fecha de validez y CSV o código de seguridad de tres dígitos que figura en el anverso de las tarjetas) y seguidamente se procesa el cobro (el cliente dependiendo de la plataforma puede ser requerido a introducir su PIN o bien recibe un SMS con una clave en su móvil para confirmar la operación).

Finalmente se devuelve al cliente a la página de la tienda –o se muestra una notificación si ha realizado este proceso de forma más transparente sin abrir una nueva ventana– con el resultado de la operación, mostrando un mensaje de confirmación del pago e instrucciones adicionales o en caso de algún error los pasos a seguir (ej. intentar realizar el pago de nuevo; anotar y enviar el código o mensaje de error; o utilizar una forma de pago alternativa).

En cuanto al responsable de la tienda o persona encargada de gestionar los pedidos, tendrá una notificación en el *back-office* o parte administrativa de su tienda *online* y recibirá asimismo un mensaje de correo electrónico informándole de la transacción y los detalles del pedido.

Durante todo el proceso de compra, **garantizar la seguridad y evitar la filtración de datos personales** es esencial y debe ser una prioridad. Así lo reconocen el 40% de los e-commerce internacionales y el 46% de los comercios *online* españoles, mientras que en el caso de los compradores, el 51% afirma estar preocupados por este aspecto (Fuente: informe IPSOS-Paypal).

De acuerdo con lo anterior queda patente que la pasarela de pago que usemos debe proporcionar seguridad tanto al comprador como al vendedor. Para ello se utilizan varias medidas de seguridad y antifraude como los certificados SSL y PCI DSS comentados anteriormente. Y no debemos olvidar que **la seguridad además es un aspecto que los clientes tendrán en cuenta** a la hora de comprar en nuestro e-commerce (según ese mismo estudio hasta el 25% de los clientes abandonaron una compra *online* porque les preocupaba la seguridad).

Igualmente importante que la seguridad es la **fiabilidad de la pasarela de pago**, que esté operativa 24x7x365 y que no falle. ¿Ocurre? A veces. ¿Cuándo? Pues igual que con los TPV físicos hay días que las líneas están saturadas o alguna incidencia técnica debida a mantenimiento o actualizaciones, en los TPV virtuales también hay un pequeño porcentaje de errores en el proceso de cobro.

Ante una situación como la anterior en la que no podamos cobrar con ese método en ese momento aprenderemos un par de cosas: la primera, que es necesario ofrecer al cliente **dos formas de pago como mínimo** por si falla una, y la segunda que todavía puede empeorar la situación, que **nunca se debe vaciar el carrito** sin haber realizado el cobro y guardado los datos del cliente y el pedido (en ocasiones no se procesa el pago y al volver a la tienda los artículos de la cesta ya no están, o aun peor, se ha realizado el cobro al cliente pero no se han grabado sus datos).

Algunas tiendas *online* no tienen previsto este caso –que la pasarela de pagos falle– y por defecto la tienda vacía el carrito, esto es, elimina los artículos, combinaciones y cantidades seleccionadas cuando envían los datos al TPV para procesar el cobro. Sea por un error de configuración o programación de la tienda, o porque se da por hecho que todo va a ir perfecto y no se van a necesitar más esos datos, no debemos permitirnos perder un solo pedido por este motivo (imagínate esta misma situación en tu supermercado físico con el carro hasta arriba, ¿volverías a hacer toda la compra o te irías furioso a compartir tu experiencia? ¿volverías otro día a comprar ahí?).

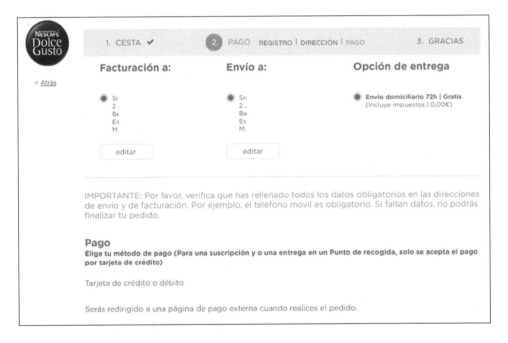

En Dolce Gusto sólo se admite un método de pago (NOTA: su TPV funciona perfectamente)

Como se deduce de todo lo anterior, cuantas más partes intervengan en la gestión de los datos, habrá más riesgos y más requisitos. Lo aconsejable si no es imprescindible que tu e-commerce recoja, almacene y transmita los datos de las tarjetas de tus clientes es que sólo lo haga tu **proveedor de pago**, y en consecuencia sólo tendríamos que asegurarnos antes de contratar sus servicios, que cuentan con la **certificación PCI DSS**.

El medio de pago actual que ofrece todo eso y que una tienda *online* debería tener es PayPal, que con 295 millones de usuarios en más de 200 países es además una de las formas de pago más conocidas y fiables que hay en el mercado, habiéndose convertido con los años en un imprescindible en una tienda *online*. En el caso de **España**, en cuyo mercado lleva más de 14 años ya es la segunda forma de pago en el comercio electrónico por detrás del pago con tarjeta, alcanzando durante el 2019 los **5 millones de usuarios activos** (Fuente: VI Estudio Anual de e-Commerce en España) y representando el **57%** de los métodos de pago empleados por los españoles en las compras *online* (Fuente: Observatorio CETELEM).

Puede que no sea el que cuente con las tarifas más económicas para el comercio pero para los clientes representa un **estándar para pagar en Internet** y si tu proyecto es como dicen por ahí *customer centric*, esto es, que piensas y estás orientado al cliente, debería ser tu primera opción como forma de pago.

Crear la cuenta en PayPal es gratuito y para tu e-commerce no sirve una personal, debes abrir una del **tipo Business** (https://www.paypal.com/es/business#explore-solutions) para lo que deberás tener forma jurídica (ej. autónomo, sociedad limitada, etc.) y tener una cuenta bancaria a nombre de la empresa, como principales requisitos.

La cuenta business tampoco tiene coste mensual (a diferencia de los TPV virtuales de los bancos) y únicamente cobran si tú lo haces también. PayPal tiene una **tarifa** variable de 1,9% a 3,4% que depende del volumen de ventas y una tarifa fija de 0,35€ sobre cada transacción (ej. vendes un artículo por 21€ y la comisión de Paypal sería de 1,06€ por el 0,71 por el 3,4% más el 0,35 fijo). También tiene comisiones adicionales si recibes pagos internacionales de entre el 0,4% y el 2% según el país de origen y del 3,5% o 4% por cambio de divisa entre las 25 con las que opera.

De acuerdo a la **política de uso** de PayPal (https://www.paypal.com/es/webapps/mpp/ua/acceptableuse-full) hay algunas **actividades prohibidas** (en principio son las mismas que están prohibidas por la ley como la venta *online* de medicamentos o armas, por mencionar sólo un par de ejemplos) y por otra parte, también requiere la aprobación previa para aceptar pagos por los siguientes servicios:

❏ Líneas aéreas y operadores programados y no programados de chárter/jet/taxi aéreo; cobrar donaciones como organizaciones benéficas o sin ánimo de lucro; operar con joyas, metales preciosos y piedras preciosas; actuar como emisor de dinero o vender tarjetas de prepago; vender acciones, obligaciones, valores, opciones, futuros (forex) o intereses de inversión en cualquier entidad o propiedad, o proporcionar servicios de depósito.

❏ Proporcionar servicios de uso compartido de archivos o acceso a grupos de noticias, o vender bebidas alcohólicas, productos de tabaco que no sean cigarrillos, cigarrillos electrónicos, y fármacos y dispositivos con receta.

❏ Actividades relacionadas con el juego u otras actividades que incluyan un precio de admisión y un premio, lo que incluye, sin limitación alguna, juegos de casino, apuestas deportivas, carreras hípicas o de galgos, deportes de fantasía, billetes de lotería, ciertos juegos de habilidad (con independencia de que se definan legalmente como juegos de azar) y otras empresas que faciliten el juego si el operador y los clientes se encuentran exclusivamente en jurisdicciones en las que dichas actividades de juego estén reguladas por la ley.

Lo habitual y lo que espera la mayoría de los usuarios es que un e-commerce ofrezca PayPal como método de pago a sus clientes. Podemos encontrarlo en las **principales tiendas online** de todos los sectores, como Informática-Electrónica (Mediamarkt, HP, PcComponentes), Videojuegos (Game, G2A, PlayStation Store, Vidaplayer), Transporte (Ryan Air, Iberia, Renfe, ALSA, Uber, Cabify, Blablacar), Ropa y complementos (Privalia, Hugoboss, Calvin Klein, Springfield, ZARA, MANGO, PULL&BEAR, Bershka, Stradivarius, Oysho, Hollister, Victoria's Secret, Deporte (Adidas, Puma, Nike), Comida a domicilio (Justeat, Telepizza), Viajes (Hotels, Airbnb), Supermercados (El Corte Inglés, DIA, Carrefour) y Hosting-Dominios (Hostgator, Webempresa).

Según la propia compañía, el 70 % de los comercios españoles ofrece PayPal como método de pago, el 67% de los compradores españoles es usuario de PayPal y para el 45% de ellos es su método de pago preferido.

Si decides unirte también a la solución para empresas de **Paypal**, como **vendedor** tendrás una serie de **medidas de protección contra el fraude** como en el caso de que alguien realizara un pago con una cuenta hackeada de otro usuario o un comprador que asegure que no ha recibido su artículo, la política de Protección del vendedor tiene una cobertura igual al valor total del pago, además del servicio de arbitraje en caso de que el cliente haga una reclamación por el producto recibido (siempre y cuando no se incurra en alguna de las excepciones de reclamaciones, cancelaciones o devoluciones porque el producto fuera distinto a lo ofertado, productos de descarga digital, tarjetas regalo, artículos prohibidos por las condiciones de uso o imposibilidad de remitir una prueba del envío y/o la entrega del artículo).

¿Es todo perfecto para tu negocio si usa Paypal? No hay nada perfecto y Paypal no es una excepción, el **cliente está muy protegido** y puede ocasionar que se bloquee el pago a tu cuenta si abre una disputa sobre el pedido, para lo que tiene un máximo de 180 días a partir del día de la compra o pago. Las causas más comunes para que un comprador abra una incidencia es que el artículo no llegara en condiciones, no se correspondiera con la descripción o llegara otro artículo distinto, faltaran artículos y hubiera daños en el transporte.

Asimismo, tu cuenta incluso puede ser **bloqueada por la hacienda americana,** la OFAC. Hay ocasiones en las que después de realizar una operación en Paypal, tanto si es de pago o de cobro, **la operación se queda cancelada y bloqueada, no pudiendo recuperar ese dinero,** que se queda literalmente embargado en una «*interest bearing blocked account*», en una cuenta temporal que creará Paypal para el efecto de retener allí el dinero mientras se resuelve esta situación.

Por otra parte, la cuenta de Paypal pasa a estado limitada por lo tampoco puedes enviar o recibir dinero, ni siquiera cerrarla, entre otras opciones (¿recuerdas la recomendación que hacíamos de tener al menos dos métodos de pago habilitados en el e-commerce?).

La causa de este bloqueo es la Oficina de Control de Activos estadounidense u **OFAC** (Office of Foreign Assets Control), un organismo dependiente de la Oficina de Terrorismo e Inteligencia Financiera del Ministerio de Hacienda de EE.UU. que administra y aplica sanciones económicas impuestas por Estados Unidos contra diferentes países o individuos. Estas sanciones están basadas en la política exterior y los objetivos de seguridad nacional del país y son utilizadas para prevenir que los países, entidades e individuos utilicen el sistema financiero estadounidense para propósitos que van en contra de la política de EE.UU. y sus objetivos de seguridad nacional.

La OFAC obliga a cualquier empresa americana (Paypal lo es aunque tenga una sede domiciliada en la europea Luxemburgo) a bloquear operaciones y pagos en base a una serie de criterios, la mayoría de consulta pública, como lista de países, personas y empresas prohibidas.

Hasta marzo de 2015, fecha en la que le ponen la multa de 77 millones de dólares a Paypal y firman un acuerdo de colaboración, Paypal no bloqueaba estos pagos, pero desde entonces tus pagos o cobros tienen muchas más posibilidades de ser bloqueados a causa de «falsos positivos» provocados por usar una palabra relacionada con un **término prohibido en cualquier texto** que se incluya en la operación: título y descripción del artículo, nombre del vendedor o comprador, nota o comentario, direcciones de facturación y envío (el caso de bloqueo denunciado por usar «Cuba» comentado en https://www.techdirt.com/articles/20160817/13505935266/paypal-stops-payment-just-because-payees-memo-included-word-cuba.shtml ilustra muy bien esta situación) – una circunstancia similar también puede darse en Bizum (ver artículo sobre bromas en los conceptos https://verne.elpais.com/verne/2020/01/30/articulo/1580383964_918795. html) .

Para consultar lista de países y programa de sanciones en general (en inglés) puedes visitar Sanctions Programs and Country Information (https://www.treasury.gov/resource-center/sanctions/Programs/Pages/Programs.aspx) y si quieres consultar la lista de personas bloqueadas o *Denied person list* (puedes descargarla en txt en https://www.bis.doc.gov/dpl/dpl.txt y una vez abierto, buscar la cadena «ES» para localizar los españoles).

Señalar también que Paypal no puede desbloquear la cuenta a petición tuya, se limitará a informarte de que el dinero se ha bloqueado por alguna causa relacionada con las directrices de la OFAC y te remitirá a que contactes directamente con la OFAC para desbloquear el dinero.

El procedimiento a seguir es enviar una solicitud a la OFAC para el «*Release of Blocked Funds*», proporcionando toda la información sobre la operación bloqueada (datos de comprador y vendedor, artículos, ID de pedido, etc., así como documentos relacionados con la identificación del responsable de la cuenta de Paypal).

Este formulario está disponible para completar online e imprimir:https://www.treasury.gov/resource-center/sanctions/Documents/license.pdf y también tiene una versión *online*: https://licensing.ofac.treas.gov/Apply/Introduction.aspx

También hay un teléfono de información o hotline de la OFAC: 1–800–540–6322 aunque deberías consultar antes esta sección «When should I call the OFAC Hotline? (https://www.treasury.gov/resource-center/faqs/Sanctions/Pages/directions.aspx) para decidir si es necesario llamar para resolver tu cuestión (en principio deberías saber inglés, no indican si atienden en español).

Si crees probable que se diera el caso descrito arriba o sabes a ciencia cierta que vas a realizar operaciones prohibidas o limitadas por la OFAC, puedes solicitad un permiso o licencia en este enlace: http://www.treasury.gov/resource-center/sanctions/Pages/licensing.aspx. En principio estaría destinado a empresas y ciudadanos estadounidenses pero dado que esta regulación afecta a cualquier usuario de Paypal, sería aconsejable asegurarnos si conviene realizar este trámite o no.

Para prevenir quedarnos temporalmente sin forma de cobrar en nuestro comercio online, sea por la OFAC o por cualquier otra causa externa, es aconsejable contar también con un **TPV virtual** de una entidad bancaria como pasarela de pago, siendo entonces la segunda opción a incorporar en los métodos de pago disponibles en nuestro e-commerce (y así tendríamos los dos métodos de pago que recomendábamos antes ofrecer como mínimo al usuario).

Además, muchos usuarios que optan por el pago con tarjeta están más cómodos usando un TPV virtual de una entidad bancaria que Paypal, a pesar de ofrecer éste procesar el pago mediante tarjeta sin necesidad de estar registrado o abrir cuenta en Paypal (como sucedía al principio y algunos usuarios todavía mantienen esa creencia) –esa es la razón por la que recomendamos Paypal como primera opción aunque el pago con tarjeta o TPV sea la forma de pago más utilizada en el comercio *online*.

Por otra parte, la **elección del TPV virtual** dependerá principalmente de dónde tengas abierta la cuenta bancaria del negocio, ya que irá asociada como producto adicional a ese cliente ya existente y podrías en el mejor de los casos negociar mejores condiciones respecto a tarifas por ejemplo –es habitual que te cobren una cuota mensual aunque no haya transacciones, a diferencia de otros métodos como Paypal donde no se cobra un mínimo, sólo sobre las transacciones que haya.

Además existe siempre un factor impredecible en la contratación, instalación y puesta en marcha del TPV virtual y es que no siempre en la oficina bancaria conocen el producto (muchos entienden que quieres otro terminal de TPV físico para la tienda), no es una contratación inmediata porque entre otras cosas pueden pedir documentación relacionada con la tienda *online* (ej. dominio donde se instalará el TPV virtual), y no olvidemos que es un proceso con intervención humana (a diferencia de la contratación en Paypal o similares) en el que dependes al final de que el departamento informático del banco te remita la documentación técnica y los archivos para instalar en el servidor.

Pero ¿por qué no todas las tiendas *online* ofrecen Paypal? ¿o por qué unas ofrecen unas plataformas y no otras? Pues por las distintas tarifas que cada proveedor, plataforma o pasarela de pagos aplica a esos cobros, ya comentamos que Paypal no es la más plataforma más barata. La reputación, la seguridad en las transacciones y las garantías que ofrece a ambas partes –entre otros servicios– tiene un precio (aunque si tenemos en cuenta que el 22% de los usuarios abandona la compra porque su método de pago preferido no estaba disponible, puede que consideremos el ofrecer Paypal como una forma de no perder a nadie por esa razón, siempre será mejor vender y pagar la comisión de Paypal que ver los datos de carritos abandonados, ¿verdad?).

Otra razón puede ser la **localización de tus clientes**, en algunos países unas plataformas son más conocidas y usadas que otras, no debes dar por hecho por ejemplo que Paypal es siempre la más utilizada por los compradores, en **Latinoamérica** se usan servicios como **Mercadopago** (http://www.mercadopago.com/), principalmente en Argentina; **Payoneer** (https://www.payoneer.com/es/) o **PayU** (https://corporate.payu.com/) disponible para Argentina, Brasil, Chile, Colombia, México, Panama y Perú –además de otros muchos países (puedes ver una relación de métodos de pago que integran por país en https://productcatalog.payu.com/).

Como en otras ocasiones, una forma de ahorrar tiempo investigando es ir directamente a las tiendas *online* más populares del país de donde proceden tus clientes y ver qué métodos de pago están ofreciendo y cuáles están priorizando frente al resto, si es el caso.

En resumen, es recomendable **ofrecer distintos métodos** de pago al comprador, su experiencia de compra será mejor. Por otra parte, debemos saber **qué método de pago es el que más nos conviene** a nosotros y **priorizar** unos frente a otros.

Por ejemplo, si vamos a utilizar un modelo de suscripción (ej. suministro mensual de un pack gourmet o cursos *online*), **Paypal** nos permitiría automatizar todos esos pagos recurrentes y ahorrarnos mucho tiempo.

De igual modo, a las compras mediante **contrarreembolso** se le suele añadir un recargo de unos 5 € extra y también informar de que los pagos mediante **transferencia** no garantizan la existencia de stock en el momento del envío (usando el sesgo cognitivo que todos tenemos de aversión a la pérdida y del que veremos otros ejemplos en el capítulo 8 cuando comentemos el *growth hacking*) o que los gastos de comisión bancaria en concepto de transferencia en caso de devolución se le repercutirán al cliente.

Lo que **no se puede hacer por ley** (dedicaremos el siguiente capítulo a conocer toda la legislación que nos afecta) es **cobrar un recargo** por el uso de un determinado medio de pago que sea **mayor al coste que tiene para el vendedor** (es decir, para nuestra venta anterior de 21€ en que pagábamos a Paypal 1,06€ de comisión no podemos cobrarle un 1,10€ adicionales para recuperar ese coste).

Antes de acabar este apartado, haremos unos comentarios sobre la moneda virtual **Bitcoin** (http://es.wikipedia.org/wiki/Bitcoin) como forma de pago en tiendas *online*. Si bien algunas tiendas *online* como Dell, Overstock, Expedia o Destinia, o la española Telepienso o Deportes Pineda lo incorporaron en su día (puedes consultar una lista en https://btcmarket.es/tiendas-online-2/) , el uso de Bitcoin o cualquier otra moneda virtual en el comercio electrónico **no pasó de ser una estrategia de marketing** para proyectar imagen de negocio innovador, hacer algo de ruido y atraer la atención de algún medio.

Actualmente Bitcoin y demás siguen sin ofrecer ventajas destacables a comprador o vendedor, de hecho la percepción popular de este tipo de sistemas de pago es que se utilizan para pagar o cobrar servicios y productos ilícitos e ilegales (operaciones en la denominada *dark web*, ataques *ransomware*, narcotráfico, etc.).

Si después de todo consideras la posibilidad de ofrecer Bitcoin u otra criptomoneda, existen módulos específicos como **Bitpay** (https://bitpay.com/) para las principales soluciones e-commerce (**Prestashop, Magento** y **WooCommerce** incluidas), aunque la opción más rápida para **incorporar una moneda virtual como forma de pago**, sería usar la forma de pago ya existente de transferencia bancaria e incluir un texto similar a este:

> *«Mándanos tus bitcoins con el cambio actualizado al día que hagas tu pedido a: 1Gdg4h6wWQAsDgMQGcsUdCdjC63fhh17uu (para ver el cambio más actualizado ve a https://es.coinmill.com/BTC_EUR.html).»*

Y ya que hemos mencionado tres de las soluciones e-commerce más habituales, acabamos este apartado reseñando que existe en el mercado una gran oferta de módulos o complementos específicos para integrar las distintas pasarelas de pago en **Prestashop** y las demás opciones de software libre como **Magento o WooCommerce** que comentamos en el capítulo anterior. Desde las más comunes como **Paypal** o **Redsys** (para el TPV virtual del banco), pasando por **Bitcoin** y *e-wallets* como **Skrill**, hasta las más recientes como **Google Pay, Apple Pay** y **Bizum**.

No nos olvidamos tampoco de las soluciones «llave en mano» como **Shopify** que incorpora certificación de las normas PCI que comentamos antes y dispone de hasta 140 pasarelas específicas por región, incluyendo **PayPal, Stripe, Square, Amazon Pay, Apple Pay** o **Google Pay**. Por otra parte, si tu negocio está ubicado en Latinoamérica deberás además usar pasarelas de pago como Alipay, 2Checkout o Skrill, entre otras, para transferir el dinero a plataformas de pago como **Payoneer** y poder retirarlo finalmente a una cuenta bancaria, una tarjeta prepago, un *eWallet* o desde un cajero (en la práctica, esto no afecta a la experiencia de compra de tu cliente y la forma de procesar su pago, se trataría del configurar el camino que recorre el dinero del cliente a través de las distintas fronteras, divisas y y tipos de cambio, hasta que llega a ti).

PROPUESTA RELACIONADA

Visita tres tiendas *online* de tus competidores más directos o tres de los principales e-commerce de tu sector. ¿Qué métodos de pago ofrecen a los compradores? ¿En qué orden? Ten en cuenta que podrás encontrar esa información en el apartado específico de formas de pago, en las condiciones generales de compra o tendrás que iniciar un pedido hasta llegar al paso de la elección del método de pago.

¡PASEMOS A LA ACCIÓN!

De acuerdo con todo lo que ahora sabes de los principales métodos de pago utilizados en el comercio *online* y después de haber analizado cuáles están utilizando los e-commerce relacionados con tu proyecto, ¿qué métodos de pago ofrecerás a tus compradores?

5.2 Facturación

Cualquier operación mercantil, tanto en negocio físico como *online*, en la que se entregue un bien o se preste un servicio se debe **formalizar en una factura** emitida por el vendedor (si bien en determinados casos el ticket de venta puede sustituir a la factura convencional).

De ahí se deduce por si todavía lo dudabas, que al tener la obligación de facturar, tendrás que estar dado de alta como autónomo o ser una **persona jurídica**: SL (Sociedad Limitada), SLU (Sociedad Limitada Unipersonal) o SLNE (Sociedad Limitada Nueva Empresa), como tipos de sociedad más habituales en el ámbito del e-commerce.

Por otra parte, las tiendas *online* están obligadas a emitir al cliente una factura en formato electrónico como un archivo PDF, aunque si el cliente lo solicita expresamente tendríamos que enviársela impresa, esto es, la factura en formato papel de toda la vida (esta factura en formato electrónico no está relacionada con la factura electrónica con el formato facturae de la AEAT y que determinadas empresas está obligadas a emitir y aceptar).

Los datos que debe incluir una factura en formato electrónico son:

- Número y serie (ej. la serie sería muy útil en caso una empresa con distintos negocios *online*).
- Fecha de emisión y fecha de la operación (si es distinta de la de emisión)
- Nombre y apellidos, razón o denominación social y domicilio del emisor y del receptor
- NIF del emisor y del destinatario si es necesario
- Descripción de los productos entregados o servicios prestados (referencias, descripción y cantidades)
- Impuestos aplicados

Relacionado con el último requisito de la lista anterior, dependiendo del origen de nuestro comprador o cliente, aplicaremos o no el **IVA** (Impuesto sobre el Valor Añadido –o Agregado en Latinoamérica, VAT para *Value Added Tax* en inglés). Las principales situaciones que podrían darse en nuestro negocio e-commerce son tres dependiendo de si nuestro comprador vive en España, un país de la Unión Europea o fuera de la UE.

Para la primera situación, que nuestro cliente resida en **España,** aplicaríamos en la factura el tipo de **IVA correspondiente** al producto o servicio. Estos tipos son el general del 21% para todo lo que no esté especificado en el resto de tipos (ej. ropa o servicios profesionales); el reducido del 10% (relacionado con la alimentación y que no esté en el superreducido); y el superreducido del 4% (frutas y verduras, pan, leche, huevos, así como prensa, libros y medicamentos – el último podríamos obviarlo porque actualmente no se pueden vender medicamentos por internet en España). Respecto a los libros, señalar que los libros electrónicos a efectos tributarios tienen el tipo del 4% porque se consideran producto informático y no «libros» (sí, es así y tampoco este es el lugar para el debate...).

En la siguiente tabla tienes un resumen con los **tipos de IVA en España** y una selección de productos y servicios que podrían venderse *online* (en caso de duda, siempre puedes consultar la lista de tipos reducidos en https://www.boe.es/buscar/act.php?id=BOE-A-1992-28740#a91).

TIPOS DE IVA	PRODUCTOS Y SERVICIOS (selección aplicable en e-commerce)
General **21%**	Calzado, ropa, alcohol, peluquería y estética, servicios veterinarios, cine y teatro
Reducido **10%**	Agua, aceite, carne, óptica, reparaciones, recogida y eliminación de residuos, transportes, hostelería, actividades deportivas
Superreducido **4%**	Pan, cereales, harina, frutas y verduras, leche, huevos, quesos, revistas y libros, cuadernos escolares

En el caso de **Latinoamérica**, Uruguay y Argentina son los países con un tipo de IVA más alto (22% y 21% respectivamente), seguidos de Colombia y Chile (19%), Perú y República Dominicana (18%), Brasil (entre el 17% y el 19%), México (16%), Honduras y Nicaragua (15%), Bolivia, Costa Rica y El Salvador (13%), Ecuador, Guatemala y Venezuela (12%), mientras que Paraguay (10%) y Panamá (7%) con tendrían los tipos más bajos (puedes consultar la relación de tipos de IVA o VAT en todo el mundo en https://www.avalara. com/vatlive/en/vat-rates/international-vat-and-gst-rates.html).

La segunda posibilidad es que nuestro cliente resida en un **país de la Unión Europea (UE)**, en este caso las empresas y autónomos que exportan e importan productos o servicios dentro de la Unión Europea no están obligados a cobrar el IVA, siendo entonces la factura **intracomunitaria sin IVA**.

Esta situación favorece la relación comercial entre socios intracomunitarios y hace a los negocios más competitivos al no tener que añadir el IVA a la factura. No obstante, antes de empezar a facturar sin IVA es obligatorio que ambas partes estén inscritas en el **ROI**, que en este caso no se refiere al retorno de la inversión (Return of *Investment*) sino al **Registro de Operadores Intracomunitarios**. Una vez inscrito en el ROI, formarás parte del censo **VIES** (Sistema de Intercambio de Información sobre IVA) y tendrás un código de **NIF-IVA** que deberás incluir en tus facturas (y que sirve también para comprobar la validez de los mismos en https://www.agenciatributaria.gob.es/AEAT.sede/procedimientoini/ZZ09.shtml).

Recapitulamos lo anterior, **si haces operaciones de B2B-Business to Business**, esto es, vendes a empresas en vez de o además de consumidores finales, **puedes elegir entre facturar con IVA o sin IVA**, es opcional aunque recomendable, pero **si vas a emitir facturas intracomunitarias sin IVA entonces sí es obligatorio** antes estar **inscrito** en el denominado **ROI**, y además que el **comprador también** lo esté (en caso contrario, simplemente le facturarías con IVA).

Para **solicitar el alta como operador intracomunitario** tendrás que usar el modelo 036 de la Agencia Tributaria y marcar la casilla 582 de alta y completar la584 con la fecha prevista para la primera operación –es obligatorio estar inscrito antes de facturar y el proceso puede tardar hasta tres meses (para más información consulta la GUÍA PRACTICA DE LA DECLARACIÓN CENSAL DE ALTA, MODIFICACIÓN Y BAJA EN EL CENSO DE EMPRESARIOS, PROFESIONALES Y RETENEDORES en https://www.agenciatributaria.es/static_files/ AEAT/Contenidos_Comunes/La_Agencia_Tributaria/Portal_censos/ Empresas_y_profesionales/Guia_censal.pdf).

D) Registros						
Solicita inscripción/baja en el Registro de devolución mensual	579	Alta	580	Baja		
Solicita alta/baja en el Registro de operadores intracomunitarios	582	Alta	583	Baja	584 Fecha	

Algunas de las combinaciones que podríamos encontrarnos en este contexto de compraventas intracomunitarias entre comercios y compradores tipo empresa (B2B) o tipo particular (B2C-Business to Consumer), así como tipos de productos y servicios, se resumen en esta tabla:

¿QUÉ VENDO Y A QUIÉN?	¿QUÉ HAGO?
Productos a particulares en otro país	Se aplica el IVA de España si no se ha superado un total de ventas anuales en ese país (hay que consultar los límites de cada país que podrían estar entre 35.000 y 100.000 euros). Si se ha superado el límite anual de ventas en ese país, se aplica el IVA correspondiente del país del destino (para este caso tendrás que figurar registrado como operador intracomunitario en el país del cliente).
Productos a empresas y profesionales en otro país	No se aplica IVA siempre que ambas partes estén inscritas en el ROI (en caso contrario, se aplica el IVA de tu país).
Servicios a particulares en otro país	Se aplica el tipo de IVA correspondiente de España (excepto para servicios de telecomunicaciones, radiodifusión, televisión y electrónicos que se aplica el IVA correspondiente al país del cliente).
Servicios a empresas y profesionales en otro país	Se emite una factura sin IVA (el receptor de la factura tendrá que liquidar el impuesto en su país a través de la inversión del sujeto pasivo, esto es, pasándole a él la obligación de repercutir y declarar el IVA de esa transacción).

En cuanto a la **liquidación del IVA intracomunitario**, se realiza a través del modelo 349 de la Agencia Tributaria indicando los importes de las compras y las ventas intracomunitarias que hayas realizado (en la declaración trimestral con el modelo 303 así como la anual del modelo 390, deberás informar del IVA devengado y soportado de estas operaciones).

Si lo que quieres es **recuperar el IVA de tus exportaciones en la UE**, deberás entonces rellenar el modelo 360 (se puede hacer hasta el 30 de septiembre del año siguiente al que se emitió la factura, la cuantía mínima anual es de 50€ y si la cantidad a devolver es inferior a 400€ también se puede presentar la devolución mensual.

Pasamos ahora a tratar la tercera y última situación que podríamos encontrarnos vendiendo *online* y es que nuestro cliente resida **fuera de la UE**. Este es el caso más sencillo de gestionar porque directamente **no se aplica el IVA** (aunque sí puedes deducirte el IVA soportado en relación a los gastos de esa transacción). Por otro lado, si compras productos o servicios a un proveedor extracomunitario, por regla general deberás pagar el tipo de IVA correspondiente que tendría en España.

En el caso anterior en el que el destinatario no reside en territorio español sujeto a la aplicación del IVA (península e Islas Baleares) se recogen en las **reglas de localización del IVA** de la Agencia Tributaria y que trataremos con más detalle en el siguiente capítulo «Cumpliendo la ley» dedicado a la legislación afecta a nuestro e-commerce.

5.3 Transporte

El cliente *online* quiere que la entrega de su pedido sea **segura, cómoda, flexible** y sobre todo, **rápida** (asimismo, el concepto de seguridad se ampliaría con las medidas higiénicas aplicadas en el contexto de la **COVID-19**: desinfección y manipulación del paquete, medidas de prevención o entrega sin contacto físico con el repartidor).

No es de extrañar por tanto que sólo el 25% de las empresas se crean preparadas para afrontar las exigencias de la logística en el comercio electrónico. Es un proceso complejo, en el que intervienen muchos elementos y por tanto, se multiplican las posibilidades de que haya fallos e incidencias como pérdidas, roturas y retrasos.

Si nuestro e-commerce no vende productos digitales (ej. ebook) en los que el producto se compra y se obtiene en unos segundos, necesitaremos entonces de un proveedor logístico que lleve el producto a mi cliente desde el punto A al punto B. Dicho así parece simple pero todavía no hemos detallado la casuística que podría darse desde que el cliente realiza el pedido hasta que lo tiene en sus manos.

¿Y si el punto A no es mi almacén sino que tengo varias tiendas físicas o almacenes y hay que tener esa información en tiempo real para saber dónde será mejor que el transportista recoja el paquete teniendo en cuenta las existencias y la distancia del punto de entrega? ¿Y si el punto A ni siquiera sabemos dónde está o no lo gestionamos nosotros porque estamos trabajando con un *dropshipper*? ¿Y si el punto B puede ser cambiado en cualquier momento por el cliente?

Todas las preguntas anteriores estarían pensadas por cierto para un solo artículo, considéralas ahora con un pedido de varios artículos de distintos proveedores (alguno tipo *dropshipper*) sujetos además a disponibilidad o fechas de caducidad, además de que algunos van envueltos para regalo. Se complica aún más, ¿verdad?

Es por todo eso que **elegir bien nuestra agencia de transporte** constituye una decisión importante en la planificación de nuestro e-commerce, contribuye decisivamente a la experiencia del cliente, contribuye a la imagen de nuestro negocio y por supuesto, tiene un impacto en nuestros costes y por tanto en la rentabilidad.

Por tanto, debemos analizar y conocer en detalle las tarifas de nuestros socios-proveedores en esta área del negocio. Asimismo, estas agencias de transporte deberían ofrecernos **servicios de valor añadido** como poder hacer un seguimiento del pedido en tiempo real, informar o avisar de todas las fases del proceso de entrega a vendedor y cliente, así como la opción **elegir horario y lugar de entrega**, ofreciendo por ejemplo los llamados «**puntos de conveniencia**» o lugares de recogida alternativos (que puede ser desde una de las oficinas del servicio postal, un comercio asociado o un sistema de taquillas tipo «Stop&collect» ubicadas en un centro comercial o una estación de servicio) que permiten al comprador ahorrar tiempo y le dan total libertad para recoger su pedido sin la obligación de estar en casa en un horario determinado y aunque también se suele ofrecer el envío a otra dirección como el lugar de trabajo, no todos los compradores podrían usar esta alternativa.

De hecho, proporcionar opciones de **trazabilidad y seguimiento**, junto con los plazos de entrega, son los aspectos más valorados por los responsables de tiendas *online* a la hora de seleccionar un proveedor de logística en comercio electrónico.

Todas las empresas de transporte tienen distintos planes de envío, dependiendo de frecuencias, tamaños y pesos (recuerda que una almohada pesa poco pero tiene mucho volumen), garantías, etc. Algunas tienen bonos o paquetes de sobres prefranqueados que nos permiten una mayor agilidad a la hora de enviar la mercancía al reducir el tiempo de preparación del paquete, mientras que otras están especializadas en cierto tipo de envíos (ej. alimentación en frío) o con más implantación (almacenes, oficinas y repartidores) en unas zonas que en otras.

Lo aconsejable sería seleccionar dos agencias y trabajar una temporada con ambas (no hay obligación de indicar en tu e-commerce qué agencia entregará el pedido y aunque lo indiques no es un factor crítico que vaya a hacer abandonar la compra al usuario) y hacer un control de calidad «externo»: comprobar si realmente cumplen lo que ofrecen en cuanto a plazos y tiempos, la satisfacción de los clientes, número de incidencias o quejas, etc. (en cualquier caso, recuerda que siempre es recomendable tener identificado y disponible un segundo proveedor de reserva para cualquier proceso externo del que dependamos de un tercero).

En algunos casos, los márgenes en los gastos de transporte que se establecen se usan para compensar los descuentos que se hacen sobre los artículos (ej. el euro que le quito al precio del artículo quedaría repercutido entonces sobre los gastos de envío que los tengo establecidos como fijos en vez de calcularlos objetivamente sólo teniendo en cuenta la tarifa para ese tipo de artículo). No entraremos a valorar esta práctica pero ten en cuenta que no tendría mucho recorrido en el medio-largo plazo y por otra parte, tu negocio se basa en vender productos, no en enviarlos, para eso ya están las agencias de transporte.

En relación a esa repercusión de los gastos de envío en el precio final del producto, puedes incorporar un **calculador de portes** pero al principio sería más recomendable establecer **pocos tipos de tarifas** (ej. nacional, zona euro y zona no euro) para no hacer pensar al cliente (principio KISS de usabilidad). El comprador no debería perder tiempo en un formulario eligiendo su continente, país y región para calcular los gastos de envío, que por otra parte, nunca debería acercarse o superar al precio del artículo (si esto sucede, intenta venderlo en lotes o hacer *cross-selling* o venta cruzada al combinarlo con otros productos asociados). Esto es una obviedad, pero sorprendentemente en muchas tiendas (ej. parafarmacia, ferretería, entre otras), los gastos de envío superan al precio del artículo.

Por otra parte, cuando la tienda tenga suficientes pedidos podrás analizar de dónde provienen tus clientes y ajustar las tarifas para esa localización. Relacionado con los destinos podemos mencionar que un 74% de las tiendas *online* vende únicamente en España, un 21% da servicio a otros países de la Unión Europea y un 5% no tiene restricciones geográficas. Finalmente, un 54% realiza menos de 500 envíos al mes, mientras que un 27% gestiona entre 500 y 1.000 envíos mensuales y un 19% supera el millar de envíos (Fuente: Informe TIPSA 2019 sobre logística en e-commerce).

También debes tener en cuenta que legalmente –como veremos en el siguiente capítulo– **el plazo de devolución** es de **14 días** y el **cliente** podrá **asumir los costes de devolución**, siempre y cuando sea informado **claramente sobre las condiciones** de devolución de los productos (quedan excluidos los productos digitales y aquellos productos hechos a medida como alguna ropa, muebles, etc.).

Aunque sabemos que para ser **competitivos** tu e-commerce siempre entregará los pedidos **antes de 72 horas**, no olvides que ley también establece que el **tiempo máximo de entrega será de 30 días** desde la operación de venta, pasado este tiempo el comprador podrá renunciar al contrato y exigir la devolución íntegra del importe.

Para esa **evaluación inicial** de agencias y para casos en los que tu producto está sujetos a variaciones en tamaño y peso en cada pedido, sería recomendable usar un **comparador online** de agencias de transporte como **Packlink** (http://www.packlink. es), **Enviosimple** (http://www.enviosimple.com), **Genei** (http://www.genei.es) o **Sendiroo** (http://www.sendiroo.es) para esos primeros envíos (en el sitio web tendrías que estimar y cobrar entonces unos gastos mínimos que fueran igual a superiores a la cotización real que obtendrás).

Para seleccionar el transportista de nuestro comercio *online*, podríamos empezar comparando los planes de las grandes empresas de logística: **Seur, DHL, MRW, Correos** y **Nacex** (entre las cinco controlan más del 70% del negocio logístico del e-commerce).

Tanto si vas a valorar trabajar con una de las grandes como si pides presupuesto a empresas locales de transporte, deberías valorar los siguientes aspectos:

PLANES DE PRECIOS / TARIFAS

Deberías comprobar si pueden ser negociables y bajo qué condiciones (obviamente tu poder negociador no será el mismo con 2 pedidos diarios que con 30).

HORARIOS Y PUNTOS DE ENTREGA

Deberías confirmar si ofrecen horarios extendidos o elección de franjas horarias de entrega, así como si entregan en puntos de proximidad o puntos de conveniencia.

ENVÍO INTERNACIONAL

Deberías saber si realizan envíos internacionales tanto en zona intracomunitaria como fuera de la UE, en qué plazos y frecuencia.

Tal vez en la primera etapa de tu negocio *online* no tengas previsto vender fuera del territorio nacional pero deberías adelantarte y tener localizado al menos una agencia que pueda enviar tus pedidos donde estén tus clientes (evita la situación en la que pierdas un pedido del extranjero porque ni siquiera sepas qué decirle a esa persona que está interesada en tu producto y te ha escrito por el formulario de contacto para preguntarte si le puedes enviar X a su localidad y cuánto le costaría). Aquí también se aplica el *«better safe than sorry»* de los ingleses (necesitarás comunicarte en inglés con la mayoría de tus clientes extranjeros por cierto).

COBRO DE PEDIDOS CON CONTRAREEMBOLSO

Si vas a ofrecer este medio de pago que vimos en el apartado anterior, algunas empresas que contemplan este servicio son: **Correos** (http://www.correos.es/ss/Satellite/site/informacion_cliente-1349170529746-1363201014175/includeTemplate=COR_DetalleGuiasAyuda-sidioma=es_ES), **Seur** (http://ayuda.seur.com/faq/puedo-enviar-contra-reembolso/) y **UPS** (https://www.ups.com/es/en/Home.page).

LOGÍSTICA INVERSA

Deberías saber si ofrecen servicios de logística inversa para recoger las devoluciones de pedidos de tus clientes (sabemos que esto no va a suceder porque todo será perfecto en tu e-commerce pero solamente por si acaso, ten previsto cómo gestionar ágil y cómodamente la devolución de la mercancía).

En relación a las **devoluciones**, estas suelen realizarse desde el propio domicilio del comprador. Debes tener en cuenta que las devoluciones pueden convertirse en un **proceso crítico** de cara al cliente si no minimizamos o resolvemos su incidencia, podemos perjudicar gravemente su fidelización y gran parte del éxito de las tiendas *online* radica en el LCV (Life Customer Value) o valor de la relación que tiene en el tiempo con nuestra empresa, es decir, es necesario que los clientes vuelvan a comprar a nuestra tienda, y **gestionar bien una devolución es fundamental** para ello. Evitemos que la devolución sea más costosa que los propios gastos inherentes a la recogida del paquete.

En cualquier caso, **estadísticamente hay pocas incidencias** en las entregas (el 65% de las tiendas *online* tiene menos de un 3% de incidencias) y las más habituales están relacionadas con los retrasos en la entrega (34%), seguidas por robos, golpes y roturas (20%), siendo el de alimentación el sector con más incidencia (Fuente: Tendencias en Logística e-Commerce 2014).

La mayor parte de las incidencias se generan en el momento de la entrega al cliente o en lo que se denomina la «**última milla**», gran parte de la solución pasa por flexibilizar los puntos de recogida y horarios de entrega (¿hasta las 22:00h? ¿festivos?).

Para que la experiencia del comprador sea lo más satisfactoria posible, es esencial gestionar eficientemente esa «última milla», el último tramo en el que pueden ocurrir la mayor parte de las incidencias y se convierte en algo **crítico para la experiencia de compra** del cliente (si todo va bien no podemos asegurar que el cliente hará una valoración positiva o escribirá un comentario positivo, pero si hay algún problema en la entrega ¿crees que no dirá nada a nadie en ninguna red social, blog o páginas relacionadas con consumidores?).

Los riesgos a los que las agencias de transporte se enfrentan más a menudo en esta «última milla» son: problemas de movilidad en zonas urbanas (atascos, calles peatonales, sitios de descarga, accesos); cumplimiento del compromiso en los tiempos de entrega; y además es un proceso económicamente ineficiente (la mayoría de los paquetes son pequeños) y con un gran impacto medioambiental (el transporte origina alrededor del 20% de las emisiones de CO_2 a la atmósfera).

Para minimizar esos riesgos y optimizar la gestión en la entrega, mejorando también la experiencia de nuestro cliente, las agencias realizan una distribución capilar organizando las rutas de reparto para cubrir el mayor número de entregas en el menor tiempo posible y evitando las zonas problemáticas debido al tráfico por ejemplo. También incorporan vehículos eléctricos o usan medios alternativos como triciclos para entornos urbanos, y cada vez más se ofrecen puntos de entrega o recogida alternativos. De hecho, el 70% de las tiendas *online* ya disponen de **puntos físicos de recogida** (tiendas físicas o puntos de conveniencia), y este método ya es elegido por uno de cada cuatro compradores españoles (Fuente: Observatorio Ecommerce).

Algunas de las empresas especializadas en la gestión de la última milla son: **Citibox, Mox, Koiki, Kubbo, Paack, Revoolt, Scoobic** y **Stuart**.

En resumen, el trabajo no termina cuando se realiza el cobro en la tienda *online*, todos los procesos son importantes y pueden ser una oportunidad para lograr diferenciarnos, el transporte no es una excepción y por ello debemos asegurarnos que nuestros clientes reciben su pedido en el plazo estipulado o antes incluso, así como que están satisfechos con su compra, volverán a nuestra tienda y también nos recomendarán a sus contactos.

PROPUESTA RELACIONADA

En las tres tiendas *online* de tus competidores más directos o tres de los principales e-commerce de tu sector que visitaste para analizar los medios de pago que ofrecían, ¿qué opciones de envío ofrecen a los compradores? ¿envío exprés en 24h, recogida en tienda o punto de conveniencia, otras?

¡PASEMOS A LA ACCIÓN!

Elige unos de tus productos estrella y teniendo en cuenta sus características de peso, requisitos de transporte, etc. así como la localización principal de tus potenciales compradores (nivel local, provincial, nacional o internacional), calcula sus gastos de envío con varias de las empresas de transporte (utiliza uno de los comparadores para ahorrar tiempo) y selecciona las dos mejores.

De acuerdo con todo lo que ahora sabes de los principales métodos de pago utilizados en el comercio *online* y después de haber analizado cuáles están utilizando los e-commerce relacionados con tu proyecto, ¿qué métodos de pago ofrecerás a tus compradores?

➲ **PALABRAS CLAVE:** apps, bizum, censo VIES, certificación PCI DSS , certificado SSL (Secure Socket Layer), contrareembolso, devoluciones, ewallet, facturación, logística inversa, , NIF-IVA, OFAC, principio KISS , protocolo https, punto de conveniencia, Redsys, ROI (registro de operadores intracomunitarios), SEPA, TIPS (target instant payment settlement), pasarela de pago, Paypal, TPV virtual, transferencia bancaria, última milla

➤ Capítulo 6

Cumpliendo la ley

6 Cumpliendo la ley

¡Espera! Antes de que te saltes este capítulo, decirte que tienes razón: los temas legales son aburridos y puedes dejarlos para el final, pero recuerda siempre que es **imprescindible conocer y cumplir las leyes** en el ámbito del comercio electrónico.

No incluir en tu negocio *online* datos o información que debe estar visible y accesible; recoger y usar datos de usuarios o clientes de forma incorrecta; no indicar correctamente los precios; aplicar erróneamente los impuestos; o no avisar del uso de cookies (puede que tu sitio web las use y ni siquiera lo sepas) puede tener graves consecuencias en forma de sanciones económicas.

¿Sigues ahí? Bien Cuanto antes empecemos, antes terminaremos y sabremos qué leyes nos afectan y qué implica su cumplimiento. ¡Vamos allá!

6.1 LSSICE, LOPDGDD –y otras

Si nuestro negocio *online* –o la parte del mismo que explotamos en este medio– está en **España**, está afectado por las siguientes leyes y normativas:

- **Ley 34/2002** (https://www.boe.es/buscar/act. php?id=BOE-A-2002-13758) de 11 de julio, de Servicios de la Sociedad de la Información y de Comercio Electrónico (LSSICE).

Esta ley española regula las comunicaciones comerciales por vía electrónica, la información que hay que facilitar al usuario antes, durante y después de la contratación así como las infracciones y su sanción.

La LSSICE comprende compras, contratación de servicios, subastas de artículos, gestión de compras en grupo, envío de información comercial y vídeo bajo demanda, siempre y cuando se realicen utilizando la vía telemática.

Esta ley tiene 45 artículos agrupado en 7 títulos, varias disposiciones y un anexo. El contenido de cada título es básicamente el siguiente:

Título I. Disposiciones generales, en las cuales se especifica el objeto de la Ley así como su ámbito de aplicación.

Título II. Prestación de servicios de la Sociedad de la Información. Se detallan aspectos como el principio de libre prestación de servicios así como las responsabilidades de estos prestadores, obligaciones, el régimen de responsabilidad y los códigos de conducta.

Título III. Comunicaciones comerciales por vía electrónica. Regula el uso de las TIC en las comunicaciones comerciales, posibilidades y limitaciones.

Título IV. Contratación por vía electrónica. Regula los aspectos de las contrataciones a través de las TIC.

Título V. Solución judicial y extrajudicial de conflictos. Regula los mecanismos a imponer en caso de que surjan conflictos, ya sea por vía judicial o a través de otros medios

Título VI. Información y control. Explica qué fuentes se pueden usar para solicitar información sobre deberes y derechos, así como el mecanismo para la comunicación de resoluciones relevantes. Indica también quién y cómo realizará el control para que se cumpla la legislación y establece un deber de colaboración con estos organismos de control.

Título VII. Infracciones y sanciones. En este apartado se tipifican las actitudes que se consideran infracciones así como la cuantía de las sanciones correspondientes.

- **Reglamento (UE) 2016/679** (https://eur-lex.europa.eu/legal-content/ES/TXT/?uri=CELEX%3A32016R0679) del Parlamento Europeo y del Consejo, de 27 de abril de 2016, relativo a la protección de las personas físicas en lo que respecta al tratamiento de datos personales y a la libre circulación de estos datos y por el que se deroga la Directiva 95/46/CE (Reglamento general de protección de datos). Esta normativa europea entró en vigor en mayo del 2018 y se caracteriza por haber tenido en su redacción siempre presente la defensa de los derechos e intereses de los usuarios.
- **Ley Orgánica 3/2018** (https://www.boe.es/eli/es/lo/2018/12/05/3), de 5 de diciembre, de Protección de Datos Personales y Garantía de los Derechos Digitales (LOPDGDD).

La LOPDDGDD desarrolla el anteriormente mencionado REGLAMENTO (UE) 2016/679 relativo a la protección de las personas físicas y el tratamiento de sus datos personales, así como el marco normativo que ya era de aplicación desde el 25 de mayo de 2018 en aplicación del Reglamento General de Protección de Datos.

Esta ley desarrolla aspectos como las bases del tratamiento; la ampliación de los derechos ARCO (Acceso, Rectificación, Cancelación y Oposición), el requisito de nombrar un Delegado de Protección de Datos; las nuevas obligaciones para los encargados del tratamiento de datos; el registro de actividades y evaluación de riesgos; las previsiones sobre el deber de información; y el principio de privacidad en el diseño de los procesos que estén relacionados con los datos personales.

- **Real Decreto Legislativo 1/2007** (https://www.boe.es/buscar/act. php?id=BOE-A-2007-20555), de 16 de noviembre, por el que se aprueba el texto refundido de la Ley General para la Defensa de los Consumidores y Usuarios y otras leyes complementarias.
- **Directiva 2011/83/UE** (https://www.boe.es/doue/2011/304/ L00064-00088.pdf) del Parlamento Europeo y del Consejo de 25 de octubre de 2011 sobre los derechos de los consumidores, en la que se introdujeron novedades en relación a las devoluciones

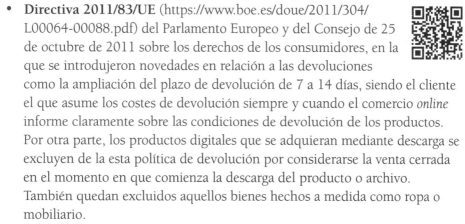

como la ampliación del plazo de devolución de 7 a 14 días, siendo el cliente el que asume los costes de devolución siempre y cuando el comercio *online* informe claramente sobre las condiciones de devolución de los productos. Por otra parte, los productos digitales que se adquieran mediante descarga se excluyen de la esta política de devolución por considerarse la venta cerrada en el momento en que comienza la descarga del producto o archivo. También quedan excluidos aquellos bienes hechos a medida como ropa o mobiliario.

También se reguló que la comisión que se cobre por el uso de un determinado medio de pago al realizar la compra nunca podrá ser superior al coste que tiene para el vendedor el uso de dicho medio de pago; y que el tiempo máximo de entrega fuera de treinta días desde la operación de venta, pasado este tiempo el comprador podrá renunciar al contrato y exigir la devolución íntegra del importe.

Buscando una especial protección del consumidor, se introdujeron bastantes indicaciones en relación al derecho de desistimiento así como respecto a la información mínima a incluir en los contratos *online*; especificación de si el contrato se somete a la legislación de la Unión Europea en materia de protección de consumidores; o la mención expresa del responsable de garantizar el ejercicio de esos derechos.

En cuanto a la protección del vendedor, si el cliente ejerce el derecho de desistimiento, la empresa puede retrasar el reembolso (excepto cuando se establezca lo contrario en las condiciones) al cliente hasta recibir la devolución del artículo y comprobado que se ha realizado en las condiciones establecidas (ej. embalaje original con etiquetas y perfecto estado).

Algunas excepciones para rechazar el derecho de desistimiento son que el servicio se haya prestado completamente o su prestación se haya iniciado con el consentimiento expreso del comprador; y que hayan vencido los plazos establecidos para ejercer dicho derecho.

Para ejercer el derecho de desistimiento tiene que existir una notificación expresa e inequívoca por parte del cliente de la decisión de finalizar el contrato. Dicha comunicación debe dirigirse a la empresa vendedora y en ella debe figurar el nombre completo, dirección, teléfono y/o correo electrónico del consumidor.

Todo lo anterior se traduce y resume en la obligación de tener accesibles de forma «permanente, fácil, directa y gratuita» con la información que corresponda, las siguientes secciones:

- Un **Aviso legal** donde se muestre nuestra **denominación social, dirección, NIF/CIF, correo electrónico** y/o cualquier otro dato que contacto, **datos registrales** y en el caso de realizar una actividad regulada, los datos relacionados o su número de colegiado si pertenece a **un colegio profesional.**
- Una **Política de privacidad y Protección de datos** donde se informe de cómo se van a tratar los datos personales de los usuarios o clientes; **quién es el responsable** de ese tratamiento, la **finalidad** de los mismos, si habrá **cesiones o transferencias** de datos con otras empresas o entidades, el **plazo** en el que se conservarán los datos, así como los **derechos** que asisten al usuario (ARCO: Acceso, Rectificación, Cancelación y Oposición) y posibles **implicaciones** que tendrían la aceptación o no aceptación de alguna opción.

En caso de recopilar algún dato personal y tratarlo con alguna finalidad (ej. enviar un aviso cuando el producto vuelva a estar disponible), de acuerdo con el reglamento europeo RGPD que entró en vigor en 2018 (antes de esa fecha había más libertad y «flexibilidad» para usar los datos personales) tendremos que **obtener el consentimiento del usuario**, el cual debe ser **libre** (no puede estar condicionado a un descuento por ejemplo), **específico** (una finalidad, un consentimiento; no se puede pedir para poder emitir la factura y luego usar los datos para acciones de marketing), **informado** (para qué se solicita el consentimiento, quién es el responsable del tratamiento; cómo se van a tratar los datos y cuáles son los derechos que tiene el usuario) e **inequívoco** (el método para dar el consentimiento debe ser claro y fácil de entender).

- Una **Política de cookies** que sólo podría obviarse en caso de no utilizarlas pero que no será lo habitual dada su utilidad, tanto para mejorar la experiencia del usuario en el sitio web como para proporcionar información analítica sobre el tráfico y la navegación.

Pero ¿qué son las populares cookies? Pues archivos de texto con información enviada por una página web que se generan en el navegador del usuario y se almacenan en su equipo, de forma que el sitio web pueda consultar la actividad previa del usuario o por ejemplo saber qué tiene guardado en su cesta o carrito de la compra, en el momento de añadir artículos o después de abandonar la página y volver a visitarla días después.

Otra función de las cookies muy habitual es la de ayudar en la identificación de los usuarios (ej. cuando un usuario introduce su nombre de usuario y contraseña, estos datos se guardan encriptados en una cookie de sesión para que no tenga que estar introduciéndolas cada vez que cambia de página). El usuario se identificó al inicio y podrá tener esa sesión válida durante un tiempo determinado. Por cierto que las cookies no identifican solo a una persona, sino a una combinación de computador-navegador-usuario (ej. guardan información sobre el tipo y versión de navegador así como la dirección IP del usuario).

De igual forma, también son muy útiles para vender más y mejor: a través de ellas podemos obtener información sobre los hábitos de navegación del usuario para mejorar la conversión por medio de técnicas que veremos más adelante como el llamado remarketing (esto puede causar problemas de privacidad y es una de las razones por la que las cookies tienen sus detractores y en cualquier caso, como estamos tratando en este apartado, el usuario debe ser informado de qué tipo de cookies se van a utilizar, qué tipo de información podrán almacenar y para qué finalidad, con el objetivo final de que el usuario acepte el uso de todas o algunas de ellas.)

Dada su importancia, asumimos que tendremos que utilizarlas en nuestro sitio web, así como los mecanismos para mostrar el conocido «aviso sobre cookies» mediante una ventana o capa *popup*, aviso claramente visible o cualquier tipo de notificación al usuario que permita rechazar o aceptar, todas o algunas de las cookies que usaremos en nuestro sitio web según el caso.

Un **ejemplo** típico de texto haciendo referencia a la Política de Cookies sería este:

TU PRIVACIDAD ES IMPORTANTE PARA NOSOTROS

Nosotros y nuestros socios utilizamos tecnologías, como las cookies, y procesamos datos personales, como las direcciones IP y los identificadores de cookies, para personalizar los anuncios y el contenido según sus intereses, medir el rendimiento de los anuncios y el contenido y obtener información sobre las audiencias que vieron los anuncios y el contenido. Haga clic a continuación para autorizar el uso de esta tecnología y el procesamiento de sus datos personales para estos fines. Puede cambiar de opinión y cambiar sus opciones de consentimiento en cualquier momento al regresar a este sitio.

Y un **modelo** para la Política de Cookies propiamente dicha (destinada para sitios web usando cookies propias técnicas necesarias para el funcionamiento de la tienda *online* y con Google Analytics como método de análisis web):

POLITICA DE COOKIES

Nuestro sitio web utiliza cookies propias y de terceros. Una cookie es un pequeño archivo de letras y números que se instala en su equipo. Estas cookies permiten distinguirlo de otros usuarios de la página web y nos ayuda a brindarle una buena experiencia al navegar por nuestro sitio web, así como mejorarlo. Nuestro sitio incluye funcionalidades proporcionadas por terceros.

Desactivar estas cookies probablemente impida las funciones ofrecidas por estos servicios. Usted puede eliminar y bloquear todas las cookies de este sitio, pero partes del sitio no funcionará correctamente.

Los tipo de cookies según el plazo de tiempo que permanecen activas son:

- *Cookies de sesión: diseñadas para recabar y almacenar datos mientras el usuario accede a una página web. Se suelen emplear para almacenar información que sólo interesa conservar para la prestación del servicio solicitado por el usuario en una sola ocasión (por ejemplo, una lista de productos adquiridos).*
- *Cookies persistentes: Son un tipo de cookies por las que los datos siguen almacenados en el terminal y puede accederse a ellos y ser tratados durante un periodo definido. Tienen fecha de borrado. Se utilizan por ejemplo en el proceso de compra o registro para evitar tener que introducir nuestros datos constantemente.*

Según quien sea la entidad que gestione el equipo o dominio desde donde se envían las cookies y trate los datos que se obtengan, podemos distinguir:

- *Cookies propias: Son aquellas que se envían al dispositivo del usuario gestionadas exclusivamente por nosotros para el mejor funcionamiento del sitio.*
- *Cookies de terceros: Son aquellas que se envían al dispositivo del usuario desde un equipo o dominio que no es gestionado por nosotros sino por otra entidad, que tratará los datos obtenidos.*

Durante la navegación por este sitio se pueden instalar en tu dispositivo las siguientes cookies:

- *Cookies de registro: Cuando el usuario entra en nuestra web e inicia sesión se instala una cookie propia y temporal para que pueda navegar por su zona de usuario sin tener que introducir sus datos continuamente. Esta cookie desaparecerá cuando cierre sesión.*

- *Cookies de análisis: Sirven para estudiar el comportamiento de los usuarios de forma anónima al navegar por nuestra web. Así podremos conocer los contenidos más vistos, el número de visitantes, etc. Una información que utilizaremos para mejorar la experiencia de navegación y optimizar nuestros servicios. Pueden ser propias pero también de terceros. Entre éstas últimas se encuentran las cookies de Google Analytics*
- *Cookies publicitarias de terceros: El objetivo es optimizar la exposición de anuncios publicitarios. Para gestionar estos servicios utilizamos la plataforma de Google que almacena información sobre los anuncios que han sido mostrados a un usuario, los que le interesan y si visita la web del anunciante.*
- *Cookies de personalización de terceros: El objetivo es personalizar el contenido web y hacerte recomendaciones en base a tus intereses. Para ello, podremos utilizar cookies de terceros y la plataforma de personalización provista por nuestros socios operadores de telecomunicaciones, que tendrán acceso a la dirección IP desde la que navegas y que, en caso de que seas cliente de ese operador, nos ayudaría a personalizar las recomendaciones sobre productos de tu interés. Además, almacenarán información sobre los productos que han sido mostrados y los que le interesan a cada usuario para mejorar constantemente las recomendaciones.*

Configuración, consulta y desactivación de cookies
Usted puede permitir, bloquear o eliminar las cookies instaladas en su equipo mediante la configuración de las opciones del navegador instalado en su ordenador:

- *Chrome, en http://support.google.com/chrome/bin/answer.py?hl=es&answer=95647*
- *Safari, desde http://support.apple.com/kb/ph5042*
- *Explorer, desde http://windows.microsoft.com/es-es/windows7/how-to-manage-cookies-in-internet-explorer-9*
- *Firefox, desde http://support.mozilla.org/es/kb/habilitar-y-deshabilitar-cookies-que-los-sitios-we*

Todo lo relativo a las cookies de Google, tanto analíticas como publicitarias, así como su administración y configuración se puede consultar en:

- *http://www.google.es/intl/es/policies/technologies/types/*
- *http://www.google.es/policies/technologies/ads/*
- *https://developers.google.com/analytics/devguides/collection/analyticsjs/cookie-usage*

Si decide deshabilitar las Cookies no podremos ofrecerle algunos de nuestros servicios como, por ejemplo, permanecer identificado o mantener las compras en su carrito, o mejorar su experiencia de compra.
El listado anterior de cookies no es exhaustivo y pueden ser actualizado en cualquier momento por lo que es aconsejable consultar periódicamente nuestra política de cookies.

- Unas **Condiciones generales de contratación** que recoja toda la información sobre el proceso de pedido, precios, descuentos, ofertas, plazos de entrega, gastos de envío, devoluciones, garantías así como cualquier otra información de interés (cómo ejercer el derecho de desistimiento, si la empresa está adherida a algún código ético de conducta o sistema de arbitraje, etc.).

Respecto a los precios, no es opcional indicar los impuestos aplicados y gastos de envío, es obligatorio por ley (todavía hay alguna web por ahí –decimos el pecado pero no el pecador– que sólo en el momento final del proceso de pedido aparecen entonces los impuestos y los gastos de envío.

PROPUESTA RELACIONADA

Revisa los cuatro puntos anteriores de las principales leyes y normativas junto con los datos a incluir en tu sitio web en relación a cada una de ellas y elabora un esquema a modo de *checklist* o lista de comprobación para tu actual o futuro e-commerce.

¡PASEMOS A LA ACCIÓN!

Si te falta algún apartado de la lista, visita alguna web de referencia que lo tenga, copia su texto y haz los ajustes pertinentes. Sólo te queda actualizar ese nuevo apartado en tu web o enviar el texto a tu empresa de desarrollo web o *webmaster* para que lo incluya lo antes posible.

En el caso de ofrecer **servicios online** y por tanto implicar la formalización de **contratos de prestación de servicios**, es obligatorio facilitar al usuario previamente al proceso de contratación, información sobre:

- Los pasos o trámites que se seguirán para la contratación *online*.
- Si el documento electrónico del contrato se va a almacenar y si será accesible.
- Los medios disponibles para identificar y corregir errores en la introducción de datos.
- Las lenguas en las que podrá formalizarse el contrato.
- Las condiciones generales del contrato (incluyendo información sobre el plazo y la forma de ejercer del derecho de desistimiento).

- Medios de confirmación de la celebración del contrato por vía electrónica (ej. notificación por e-mail del recibo del pedido realizado con copia del contrato; mensaje SMS de confirmación con enlace a la documentación del contrato; o documentación por correo ordinario).

Una última observación respecto a la aceptación del usuario de las condiciones de compra y contratación, así como el resto de políticas y términos legales. A pesar de que es un hecho comprobado que sólo un pequeño porcentaje de usuarios (el 12% según la OCU https://www.ocu. org/organizacion/prensa/notas-de-prensa/2018/privacidad070318) lee las condiciones antes de aceptarlas o dar su conformidad (ej. condiciones de uso al instalar una app o registrarse en una página web) –tampoco ayuda que se muestren en letra diminuta y grandes bloques de texto que desincentivan su atenta lectura y comprensión– esto no justifica la mala práctica del uso de casillas o *checkboxes* previamente marcados y que impliquen la aceptación por defecto de los términos de uso o de la cesión de nuestros datos a empresas asociadas para envío de publicidad personalizada de acuerdo a nuestro perfil.

Además sería denunciable porque está claramente regulado por el **artículo 15 del Real Decreto 1720/2007:**

«Si el responsable del tratamiento solicitase el consentimiento del afectado durante el proceso de formación de un contrato para finalidades que no guarden relación directa con el mantenimiento, desarrollo o control de la relación contractual, deberá permitir al afectado que manifieste expresamente su negativa al tratamiento o comunicación de datos.En particular, se entenderá cumplido tal deber cuando se permita al afectado la marcación de **una casilla claramente visible y que no se encuentre ya marcada** en el documento que se le entregue para la celebración del contrato o se establezca un procedimiento equivalente que le permita manifestar su negativa al tratamiento.»

Y tampoco sería una opción a considerar la redacción del texto de forma que cuando marque la casilla sea cuando el usuario en vez de dar el consentimiento expreso, esté realizando el rechazo expreso (ej. Marque esta casilla de verificación para no recibir publicidad por cualquier vía en cualquier momento de nuestra empresa).

La Agencia Española de Protección de Datos (https://www.aepd.es/) pone a disposición de empresas y profesionales (responsables o encargados del tratamiento) la herramienta **Facilita** –antigua Evalua- para facilitar su adecuación al RGPD (Reglamento General de Protección de Datos): https://servicios.aepd.es/Facilita

Facilita es una aplicación *online* gratuita en la que a través de distintos cuestionarios en permite al usuario valorar su situación en relación a los requisitos del tratamiento de datos personales o si es aconsejable un posterior análisis de riesgos (los datos facilitados no son conocidos en ningún caso por la AEPD y se eliminan una vez usada la aplicación).

Está dirigida a empresas que traten datos de bajo riesgo (aquellos relacionados con **clientes, proveedores** o **recursos humanos**), esto es, no estaría indicada para los que manejan los de alto riesgo como los siguientes: datos de salud física o mental; datos que revelen origen étnico o racial; datos de opiniones políticas o religión; datos de afiliación sindical (excepto cuotas sindicales); datos genéticos; datos biométricos dirigidos a identificar de manera unívoca a una persona; datos de salud física o mental; datos relativos a la vida sexual o a la orientación sexual; datos relativos a condenas o infracciones penales; y datos relacionados con la geolocalización.

PROPUESTA RELACIONADA

Haz una lista del tipo de datos que gestionas en tu empresa y escribe junto a cada uno la finalidad que tienen.

¿Tienes alguno que se incluya en el grupo de alto riesgo?

En cualquier caso, la herramienta te presentará unos cuestionarios previos para identificar el tipo de datos que tratas y si al ser todos de bajo riesgo, puedes usar entonces la herramienta para generar los informes.

Pantalla herramienta Facilita (formulario 1)

Una vez completados los formularios, se generan distintos documentos adaptados a la empresa en cuestión, cláusulas informativas que debe incluir en sus formularios de recogida de datos personales (ej. formulario de contacto), cláusulas contractuales para anexar a los contratos de encargado de tratamiento, el registro de actividades de tratamiento, y un anexo con recomendaciones sobre las mínimas medidas de seguridad a tener en cuenta.

El uso de esta herramienta no implica en ningún caso el cumplimiento automático del RGPD, es una ayuda para saber en qué situación estamos y qué medidas deberíamos adoptar.

PROPUESTA RELACIONADA

Vamos a probar la herramienta comentada Facilita (https://servicios.aepd.es/Facilita) para tener un informe de cómo somos en este momento de cumplidores respecto al tratamiento de datos personales según el RGPD. Guarda los documentos generados, aplica lo antes posible los cambios y las recomendaciones sugeridas por Facilita y cuando los tengas implementados, vuelve a realizar del diagnóstico.

Antes de finalizar este apartado, puede que te hayas preguntado qué ocurre si realizas **ventas en el extranjero**. Pues realmente no habría ningún cambio si la actividad principal de tu negocio se realiza en España y por tanto la legislación principal que debe cumplir es la arriba comentada (para Latam, consultar la legislación específica de cada país).

En términos generales y en el ámbito de la Unión Europea, todos los países deben desarrollar el Reglamento (UE) 2016/679 mediante sus correspondientes leyes nacionales (LSSICE para el caso de España). No obstante, en caso de ventas regulares en otros países y especialmente si hacemos operaciones con otras empresas (B2B – Business to Business), sería aconsejable contar con asesoramiento legal y fiscal especializado.

Mientras decides si lo necesitas o no, aquí tienes una recopilación de enlaces relacionados con la **protección de datos en distintos países** por si necesitas consultarla en el futuro.

Alemania	Gesetz gegen Unlauteren Wettbewerb (UWG) http://www.iuscomp.org/gla/statutes/BDSG.htm
Australia	Spam Act 2003, Act No. 129 of 2003 http://www.comlaw.gov.au/Details/C2011C00080
Austria	Telecommunications Act 2003 http://www.rtr.at/en/tk/TKG2003
Bélgica	Etat des lieux en juillet 2003, July 4, 2003 http://www.privacy.fgov.be/publications/spam_4-7-03_fr.pdf
Canadá	Anti-Spam Legislation (CASL) http://fightspam.gc.ca/eic/site/030.nsf/eng/home

EEUU	CAN-SPAM Act http://www.business.ftc.gov/documents/bus61-can-spam-act-compliance-guide-business
España	Agencia Española de Protección de Datos http://www.agpd.es
Francia	Normas de Commission Nationale de l'Informatique et des Libertés (CNIL) para email marketing (Oct. 14, 1999) http://www.cnil.fr/dossiers/conso-pub-spam/fiches-pratiques/article/la-prospection-commerciale-par-courrier-electronique/
Holanda	Dutch Telecommunications Act and Dutch Data Protection Act. (Art.11.7) http://www.dutchdpa.nl/downloads_overig/jointruling_opta_cbp_tellafriendsystems.pdf
Iberoamérica	Red Iberoamericada de Protección de Datos http://www.redipd.org/
Italia	Personal Data Protection Code (legislative decree no. 196/2003) http://www.garanteprivacy.it/garante/document?ID=311066
Reino Unido	The Privacy and Electronic Communications (EC Directive) Regulations http://www.comlaw.gov.au/Details/C2011C00080
Suecia	Swedish Marketing Act (Swedish Code of Statutes, SFS 1995:450) http://www.government.se/sb/d/8383/a/50314 Personal Data Act (Swedish Code of Statutes, SFS 1998:204) http://www.government.se/content/1/c6/01/55/42/b451922d.pdf

Para terminar incluimos a continuación otras leyes que también están **relacionadas con el comercio** y por tanto, con una tienda en internet:

▷ Ley 7/1998, de 13 de abril, de Condiciones generales de contratación (http://www.boe.es/aeboe/consultas/bases_datos/doc.php?id=BOE-A-1998-8789)

▷ Ley 7/1996, de 15 de enero, de Ordenación del Comercio Minorista (http://www.boe.es/aeboe/consultas/bases_datos/doc.php?id=BOE-A-1996-1072)

▷ Ley 25/2007, de 18 de octubre, de conservación de datos relativos a las comunicaciones electrónicas y a las redes públicas de

comunicaciones (https://formacion-online.inteco.es/curso/
content.php?cid=2553)

▷ Ley 59/2003, de 19 de diciembre, de firma electrónica (http://
www.boe.es/aeboe/consultas/bases_datos/doc.
php?id=BOE-A-2003-23399)

▷ Ley 47/2002, de 19 de diciembre, de reforma de la Ley 7/1996,
de 15 de enero de Ordenación del Comercio Minorista, para la
transposición al ordenamiento jurídico español de la Directiva
97/7/CE, en materia de contratos a distancia, y para la adaptación
de la Ley diversas Directivas comunitarias (http://www.boe.es/
aeboe/consultas/bases_datos/doc.php?id=BOE-A-2002-24811)

6.2 Fiscalidad

En cuanto a la **normativa fiscal**, deberías conocer la existencia de las **reglas de localización del IVA** para entrega de bienes y servicios prestados por vía electrónica,
de telecomunicaciones y de radiodifusión y televisión, aplicables a partir del 1 de
enero de 2019, que te afectarían si vendieras productos informáticos en soporte material (ej. CD o USB), tu negocio fuera una agencia de viajes o prestaras servicios
electrónicos en otros países (ej. cursos de idiomas).

Cuando el vendedor y el cliente proceden de distintos países, las reglas de localización establecen si la operación está sujeta o no a IVA (u otro tipo de gravamen),
teniendo en cuenta además de si es una entrega de bienes o una prestación de servicios, de qué tipo y cuantía de la transacción (y dependiendo además del país donde
resida el negocio y dónde se realice la operación, habrá que aplicar unas reglas u
otras).

EJEMPLO (Fuente: AEAT): Una empresa establecida únicamente en España (Madrid) presta servicios electrónicos a clientes nacionales. En junio de 2019 presta
servicios a consumidores finales establecidos en Alemania por importe de 5.000
euros.

Estos servicios se localizan en el territorio español de aplicación del impuesto ya
que los servicios prestados a clientes comunitarios distintos de los nacionales no
superan los 10.000 euros. No obstante, la empresa podrá optar por tributar en Alemania, registrándose y presentando sus declaraciones del IVA correspondiente a estos servicios en España mediante el servicio de Mini Ventanilla Única (MOSS).

El referido **MOSS (Mini one-stop shop)** tiene como finalidad reducir la carga
fiscal indirecta derivada de considerar que el servicio se localiza en el Estado de establecimiento o residencia del consumidor final y no en el del prestador (como ocu-
rría hasta 2015).

Este sistema exime a empresarios y profesionales de identificarse y darse de alta en cada Estado. Para ello, deben registrarse previamente en el servicio y entonces podrán presentar sus declaraciones de IVA en su Estado de Identificación, para el caso de España, en la **Sede Electrónica** de la Agencia Estatal de Administración Tributaria: https://www.agenciatributaria.gob.es/

Asimismo, la Agencia Tributaria también tiene una herramienta *online* o **localizador** (https://www2.agenciatributaria.gob.es/soporteaeat/Formularios.nsf/Localizador) para consultar cómo afecta la localización en la prestación de servicios y entrega de bienes.

Este localizador indica dónde se localiza y tributa en el IVA en la prestación de un servicio o entrega de un bien, quién debe declarar el IVA devengado en la operación o cómo se declara en caso de no estar sujeta (o exenta en el caso de un bien) en el territorio de aplicación del impuesto español y si en la factura se debe o no repercutir IVA.

En temas fiscales siempre se debe contratar un asesoramiento profesional y especializado –idealmente en comercio electrónico ya que tendrá experiencia con otros negocios *online* y conocerá las reglas y procedimientos a seguir.

6.3 COVID-19

Durante el confinamiento como consecuencia de la declaración del estado de alarma en España el pasado 14 de marzo (Real Decreto 463/2020) se permitió la actividad del comercio electrónico (también el de venta telefónica o por correspondencia). Es por ello que los negocios que tuvieron un **canal online** aunque fuera muy básico o estuviera infrautilizado hasta entonces, tuvieron una clara **ventaja competitiva** frente a otros comercios que solo explotaban el punto físico de venta.

Los negocios con actividad *online* no obstante deben aplicar algunas recomendaciones respecto a la organización y la comunicación que en la práctica suponen **informar en su página web** de posibles o previsibles situaciones relacionadas con:

- Aplicar las normas de higiene para embalajes y paquetes recomendadas de la GUIA DE RECOMENDACIONES PARA EL DESARROLLO DE LA ACTIVIDAD COMERCIAL A DISTANCIA ABASTECIMIENTO DE ZONAS RURALES SIN LOCALES COMERCIALES (https://www.mincotur.gob.es/es-es/COVID-19/Documents/guia_para_el_desarrollo_de_la_actividad_comercial_a_distancia_y_en_zonas_rurales.pdf)
- Cambios en la disponibilidad de los artículos
- Modificaciones en los plazos de entrega («establecer plazos de entrega veraces acordes a la situación» según la guía del Ministerio) y horarios para que los clientes gestionen sus expectativas

- Mejorar la información sobre el estado de los pedidos
- Ampliación de los plazos para cambios, devoluciones y ejercicio del derecho de desistimiento (14 días en circunstancias «normales»).
- Informar si afecta en algún modo a las condiciones de la garantía

---

PROPUESTA RELACIONADA

El movimiento se demuestra andando: mostremos a nuestros clientes en un vídeo cómo preparamos un pedido cumpliendo todas las medidas higiénicas como la desinfección de la mesa de preparación y material utilizado y la desinfección del paquete antes de su entrega a repartidores o a clientes.

El vídeo lo publicaríamos en YouTube y desde allí lo compartiríamos en el resto de redes o canales que utilicemos.

Por otra parte, nuestro negocio debería cumplir también el PROTO-COLO Y GUÍA DE BUENAS PRÁCTICAS DIRIGIDAS A LA ACTIVIDAD COMERCIAL EN ESTABLECIMIENTO FÍSICO Y NO SEDENTARIO publicado por el Ministerio de Economía y Turismo (https://www.minco-tur.gob.es/es-es/COVID-19/Documents/Protocolo_y_Guia_de_buenas_practicas_para_establecimientos_de_comercio.pdf).

En la guía hay medidas generales y también recomendaciones específicas para sectores de alimentación, textil, calzado, joyería, relojerías y similares, tecnología, telefonía y cultura, muebles, cerámica, baños, cocinas y reformas, sombreros y toca-dos, y gasolineras.

Entre las medidas generales o de común aplicación, hay algunas que podríamos comunicarlas a nuestros clientes, la información nunca sobra y podríamos destacar que estamos garantizando su aplicación tanto con nuestros trabajadores como con colaboradores/proveedores (ej. transportistas), asegurándonos que se cumplen todos los protocolos de seguridad recomendados o que en el caso de devolución de pro-ductos, el establecimiento cuenta con un proceso de tratamiento y/o desinfección de los mismos, antes de ponerlos de nuevo a la venta.

Ya que tenemos que cumplir la ley, hagamos como muchos negocios y publiquemos nuestro «**Plan de actuación frente al COVID-19**» en la web, nuestras redes sociales y por supuesto también en algún lugar visible de nuestro establecimiento físico.

Nuestro cliente no pensará que simplemente estás cumpliendo legalmente con tu obligación sino que estás tomando parte activa en la gestión de esta situación, en definitiva, que tu empresa se preocupa de la seguridad de sus clientes y eso le gusta a todo el mundo (¿te suena por cierto esta práctica de grandes empresas de comuni-car acciones como si fueran por iniciativa propia cuando tan sólo están cumpliendo exigencias legales?).

Por otra parte, también podemos **convertir esta amenaza en una oportunidad** al regalar con la compra del producto o servicio a partir de un mínimo algún producto útil relacionado con la prevención ante la COVID-19 (ej. mascarilla). No sólo estaríamos dando un valor añadido e incrementando las probabilidades de conseguir la venta sino conectando emocionalmente con nuestro cliente a través de un elemento común (efectos del coronavirus) y transmitiendo valores de responsabilidad y compromiso.

PROPUESTA RELACIONADA

¿Qué artículo o servicio relacionado con la prevención de la COVID-19 podríamos incluir en una oferta o promoción de alguno de nuestros productos o servicios? ¿Cuál sería el coste y duración de esta campaña?

➲ **PALABRAS CLAVE:** AEAT, AEPD, Aviso legal, cookies, COVID-19, derechos ARCO, IVA, localizador, LOPDGDD, LSSICE, Privacidad, Protección de datos, Recargo de Equivalencia, Reglamento UE , MOSS (Mini One-stop shop)

➤ Capítulo 7

Captando, atendiendo y fidelizando al cliente

Captando, atendiendo y fidelizando al cliente

El uso del gerundio en los títulos obedece a una razón: todo debe ser dinámico, transmitir que todo es un proceso vivo, que estamos haciendo algo, realizando acciones que contribuirán en el éxito de nuestro e-commerce. Dentro de esas acciones están las relacionadas con la forma y el medio que elegimos para comunicarnos e interactuar con nuestros usuarios y clientes, así como socios, proveedores y trabajadores.

En este capítulo comentaremos una selección de **herramientas de comunicación** y las principales **redes sociales** que pueden ayudarnos a captar, atender y fidelizar a nuestros clientes.

Recordemos que **cada comunicación e interacción** que realicemos, constituye una **oportunidad** para que seamos el comercio elegido por el comprador, ya que aparte del principal factor del precio, también influyen en su decisión de compra **cómo le hagamos sentir** a través de la **profesionalidad** y **transparencia** del comercio, valores que podemos y debemos **transmitir** en cada una de nuestra comunicaciones.

7.1 Herramientas de comunicación

Los tipos de comunicación que podemos establecer con nuestro clientes podemos clasificarlos en **síncrona**, si esa comunicación se realiza en tiempo real o **asíncrona**, si tiene lugar en forma diferida.

Las herramientas que vamos a comentar no están destinadas a realizar un único tipo de comunicación –a excepción del envío de *newsletter* o boletines por correo electrónico– sino que dependiendo del uso que le demos y en algunos casos de la configuración que hagamos de esa herramienta, **podremos hacer ambos tipos de comunicación** con los usuarios, en ese mismo momento cuando está conectado o más tarde, o incluso combinar canales (ej. el cliente recibe por correo electrónico el *newsletter* con un enlace al Whastapp del comercio para chatear).

Por otra parte, las comunicaciones que podemos realizar pueden tener diferentes **objetivos** según los destinatarios. A través de las herramientas que comentaremos a continuación podemos, entre otras cosas, anunciar una campaña (ej. Black Friday); avisar de una venta *flash* o de tiempo muy limitado (ej. Día del Libro); dar acceso a un contenido (ej. vídeo explicativo para la limpieza de un artículo); comunicar la incorporación al catálogo de una nueva categoría, marca o proveedor; incentivar la participación en concursos, sorteos y retos (ej. publicación en una red social usando el producto); realizar una encuesta (ej. encuesta de satisfacción después de recibir el pedido); informar de próximos eventos y novedades; atender a consultas y solicitudes de clientes; gestionar incidencias; e incluso lo que más queremos, confirmar y procesar pedidos (ej. enviando por Whatsapp un enlace de pago por Paypal).

Esas comunicaciones que hagamos con ellos las vamos a agrupar en tres necesidades comunicativas: llamar su atención para **captarlos** como clientes; **atender** y resolver sus cuestiones respecto a nuestros productos, proceso de compra o incidencias (algunas de las funciones que haría un SAT-Servicio de Atención al Cliente tradicional); y ayudar que su experiencia de compra y relación con nuestra empresa sea lo más satisfactoria y seamos siempre su primera opción cuando necesite volver a comprar o recomendar nuestra tienda *online*, esto es, **fidelizar** (no olvidemos además que cuesta 5 veces menos fidelizar a un cliente que captarlo).

Para optimizar cada tipo de comunicación (captar, atender y fidelizar) comentaremos a continuación algunas aplicaciones y canales que nos harán más ágil, fácil y eficiente esta labor.

i.   Mensajería instantánea

No vamos a explicarte qué es y cómo funcionan las aplicaciones de mensajería instantánea como **Whatsapp**, ya que no estarías leyendo un libro sobre e-commerce. Baste recordar que todas tienen un funcionamiento similar: se envían y reciben mensajes entre dos o más destinatarios a través de medios electrónicos (ej. una web o una app) y también se pueden realizar acciones como reenviar mensajes y adjuntar archivos o imágenes.

Lo que sí comentaremos son las ventajas que ofrece la versión de **Whastapp Business** o **Whatsapp para empresas** (disponible desde 2017) y especialmente cuando se usa su versión web (http://web.whatsapp.com).

De una forma sencilla, Whatsapp para empresas te permite tener una relación más directa y fluida con tus clientes, podrás **gestionar decenas de mensajes** ágilmente gracias a tener **respuestas predefinidas** y la **automatización** de algunos mensajes (ej. primer mensaje de saludo o bienvenida), así como funcionalidades que te facilitan mantener muchas conversaciones al mismo tiempo o enviar una misma comunicación a varios contactos (también se pueden enviar mensajes de audio).

Si estás pensando que todo eso ya lo puedes hacer con la aplicación de Whatsapp «normal» para **particulares** (ej. envío masivo e incluso autorespuestas con apps como *Autoresponder for Wa* en el caso de Android), es cierto, pero aparte de que vas a perder algunas de las características de Whatsapp empresas, corres el **riesgo de perder la cuenta** por infringir los términos de uso de Whatsapp donde la práctica de envío masivo de mensajes se considera una **violación de las condiciones de uso** (https://faq.whatsapp.com/general/security-and-privacy/unauthorized-use-of-automated-or-bulk-messaging-on-whats-app).

Otro punto a favor de Whatsapp Business como herramienta de comunicación además de su **popularidad**, tanto a nivel global con más de 1.000 millones de personas en 80 países como a nivel nacional con el **86% de población** española con acceso a un *smartphone*, es la próxima integración con las funciones d**e mensajería de Facebook Messenger** e **Instagram** –recordemos que Facebook adquirió Instagram en 2012 y Whatsapp en 2014– contribuyendo aún más a su uso y creando más posibilidades de explotación para la publicidad de productos y empresas.

Entre las **opciones** que puedes utilizar de **WhatsApp para empresas** destacamos (puedes consultar todas las opciones y cómo configurarlas en https://faq.whatsapp.com/):

❏ Crear el **perfil** de tu negocio con los principales datos de contacto (página web, dirección, e-mail) y disponer de un **enlace directo** (ej. https://wa.me/3412345678) al perfil de empresa desde donde los usuarios podrán contactar contigo y que compartirás o mostrarás con un icono de chat en tu página web, en tu página de Facebook u otros canales (ej. podrías incluirlo en tu *newsletter* o boletín de novedades que envías por e-mail)

❏ Usar las **actualizaciones de estado** de perfil para informar de novedades, campañas, ofertas, concursos, cambios de horario o realizar una encuesta

❏ **Etiquetar** contactos para organizarlos en listas como «Nuevos clientes» o «Pedidos pendientes» (a diferencia de los grupos aquí los integrantes de esa lista no pueden ver quién forma parte de ella)

❏ **Mostrar un catálogo** de productos o servicios con imágenes y textos descriptivos (en este vídeo de la compañía lo explican muy bien: https://www.youtube.com/watch?v=s8Gp6SgTKUM)

❏ **Adjuntar** (al igual que en la versión para particulares) archivos y de distintos formatos (ej. un PDF con el manual de instrucciones) y elementos del catálogo ya creados (ahorras tiempo de buscar las fotos en la galería de imágenes, accedes a tu sección de catálogo y las compartes desde allí)

❏ Enviar **mensajes personalizados** para cada grupo (la segmentación en las comunicaciones comerciales siempre es muy importante ya que a mayor segmentación, mayor efectividad)

❏ Definir **comunicaciones automatizadas** con una extensión máxima de 200 caracteres y a las que se pueden añadir *emojis*, para crear **mensajes de bienvenida** para aquellas personas que nos contactan por primera vez; informar a los clientes cuándo no estés disponible (llamados **mensajes de ausencia** y solamente se activarán si tu teléfono tiene conexión a internet en ese momento) y crear **respuestas rápidas** para despedidas, contestar solicitudes o preguntas frecuentes (pueden ser activadas con palabras, abreviaturas o atajos de teclado).

❏ Consultar las **estadísticas** para mejorar la gestión de las comunicaciones (número de mensajes enviados, entregados, recibidos y leídos).

❏ Enviar **mensajes traducidos** en casi 100 idiomas por medio de GBoard de Google

Algunas de las **ventajas** que nos proporciona el uso de Whatsapp para empresas son que **mejora notablemente el ratio de apertura** de las comunicaciones (un e-mail puede acabar en la bandeja de *spam* o correo no deseado pero un mensaje de Whatsapp suele leerse siempre y sin que pase mucho tiempo desde que se recibe), es muy **probable que se genere una conversación** –la sincronía en la comunicación siempre será mejor para transmitir la información y generar confianza en el receptor– y por tanto lo hace mucho **más efectivo** respecto a la conversión o consecución del objetivo que tenía esa comunicación.

Para crear esas conversaciones, además de algunos de los métodos ya comentados como **incluir el enlace directo a nuestra cuenta de Whatsapp** en distintos canales, podemos usar anuncios de Facebook Ads o Instagram Ads (plataformas de publicidad que comentaremos en próximo capítulo) cuya llamada a la acción sea que el usuario inicie en ese momento una conversación por Whatsapp (ej. para reservar un artículo o solicitar más información).

Otra ventaja que está prevista **próximamente** es incorporar la opción de **realizar pagos** desde Whatsapp (no está incluida en el capítulo 5 como forma de pago porque todavía no es una realidad pero podrías tener que considerarla también en unos meses).

Algunos **casos de éxito** de uso de **Whatsapp business** para **captar clientes y fidelizar** son los de **Bifrutas** donde había un sorteo de una moto y la forma de participación era enviando la foto del ticket de compra de dos productos; y para el segundo caso de fidelización, **Cacaolat** y su campaña «Buscando a Pepi» donde se sorteaba un lote de productos entre las personas que encontraran a Pepi en vallas publicitarias y enviaran una foto via Whatsapp.

Para **empezar a utilizar Whatsapp para empresas** solamente tienes que descargar la app de **Google Play** o de la **App Store** y asociar un número de teléfono en exclusiva para utilizarlo. Después tendrás que indicar el nombre de la empresa, la categoría o sector y una imagen, a continuación ya podrás seguir configurando tu perfil de empresa (en este vídeo corto de la compañía tienes toda la información: https://www.youtube.com/watch?v=x10pBd2Rg4A).

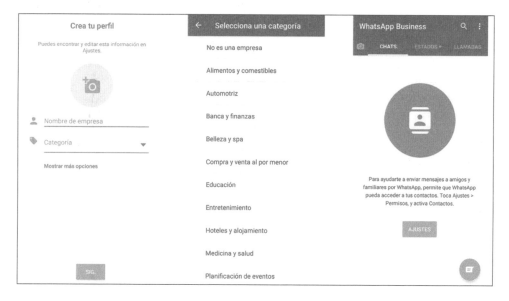

En caso de que desees **convertir tu cuenta personal a empresa**, deberás que seguir estos pasos:

1. **Crea una copia de seguridad de tu cuenta de WhatsApp Messenger**. Antes de transferir una cuenta de a WhatsApp Business, es recomendable crear una copia de seguridad. De lo contrario podrías perder tu historial de chats. En Android pulsa sobre el icono de los tres puntos en vertical y luego Ajustes. En iPhone ve a Configuración > Chats > Copia de seguridad, Guardar o Realizar copia ahora. Una vez que la copia de seguridad esté completa, continua con el siguiente paso.

2. **Descarga y ejecuta la aplicación WhatsApp Business**. Descarga gratis la aplicación desde Google Play Store o Apple App Store. Localiza el ícono de WhatsApp Business en la pantalla de inicio y ejecuta la app.

3. **Revisa las Condiciones del servicio.** Lee (o no) las Condiciones del servicio de WhatsApp Business y luego pulsa en «Aceptar y continuar».

4. **Regístrate:** WhatsApp Business identifica automáticamente el número que estás usando en WhatsApp Messenger. Para continuar, indica tu número de empresa.

5. **Transfiere tu cuenta:** Mantén la aplicación WhatsApp Business abierta y el teléfono encendido hasta que se complete el proceso de transferencia. Aunque la transferencia ocurre de forma automática, es posible que se te pida que restaures la copia de seguridad. Toca Continuar o Restaurar. Luego, en su caso, toca Siguiente.

6. **Autoriza el acceso a tus contactos y fotos.** Puedes añadir contactos a la aplicación WhatsApp Business desde la libreta de contactos de tu teléfono. También puedes permitir el acceso a las fotos, los vídeos y otros archivos del teléfono.

7. **Crea una cuenta:** Ingresa el nombre de la empresa, selecciona una categoría de empresa y elige una foto del perfil.

8. **Crea tu perfil de empresa.** Pulsa ahora en Explorar > Perfil de empresa. Allí, podrás añadir información importante sobre la empresa, como la dirección de empresa, la descripción, el horario y demás.

Cuando uses esta fantástica herramienta de comunicación recuerda estos **consejos** que te harán ofrecer un mejor servicio y alcanzar tus objetivos:

❏ Sé conciso y busca la eficiencia: intenta resolver su consulta lo antes y mejor posible

❏ Usa mensajes cortos, directos y que hagan fluir la conversación

❏ Cuida tu lenguaje y ortografía (estás transmitiendo ahí también una imagen de la empresa, no hace falta que seas miembro de la RAE pero usa el corrector ortográfico si es necesario) y NO USES MAYÚSCULAS TODO EL TIEMPO PORQUE LA LEGIBILIDAD ES PEOR CUANDO TODO ESTÁ ESCRITO ASÍ (además, según las reglas no escritas de la netiqueta o cómo comportarse en internet, es como si gritaras)

❏ Encuentra el tono adecuado, ni demasiado formal o corporativo ni demasiado informal o coloquial (puedes ser desenfadado y divertido porque así lo es tu marca pero nunca dejes de proyectar una imagen profesional).

❏ Usa emoticonos o emojis para darle emotividad y sentimiento en algún momento a la conversación pero no abuses ni uses emojis poco comunes que no se entenderían o peor aún, podrían malinterpretarse.

❏ Recuerda también que la conversación se queda registrada, hay situaciones en las que una queja o una solicitud poco habitual puede hacernos perder los nervios y escribir algo de lo que nos acabemos arrepintiendo (y acabe ese pantallazo de la conversación retuiteado ad infinitum)

Otra herramienta similar a **Whatsapp**, aunque menos extendida en uso («sólo» 200 millones de usuarios a nivel global) sería **Telegram** (https://telegram.org/), también podemos encontrar otras como **Signal** (https://signal.org/es/) o **Wire** (https://wire.com/en/) pero que al ser tan minoritarias no sería aconsejable incorporarlas para comunicarnos con nuestros clientes. De igual forma tampoco dedicamos espacio a comentar la app de mensajería para **Snapchat** que aunque en progresivo aumento, en España únicamente tiene unos 4 millones de usuarios, el 70% mujeres (Fuente: Statista).

ii. Soporte *online*

En este apartado se encuentran aquellas aplicaciones web denominadas *Helpdesk* o de soporte al usuario. Son esos *widgets* o cuadros en la esquina inferior derecha (es la ubicación más habitual) de tu pantalla que te ofrece hablar con un agente o vendedor bien que ya está conectado o bajo solicitud (lo habitual es dar la sensación de que ya está ahí conectado pero no, lo que hace es notificar al agente que hay un usuario que necesita atención y no siempre hay alguien disponible para atender esa petición por lo que el resultado puede ser frustrante para el usuario). Desde esa misma pequeña ventana de la aplicación se puede solicitar chatear con alguien de la tienda (comercial, soporte, facturación), dejar un mensaje para que te contacten o respondan más tarde (aquí tendríamos el uso asíncrono de la herramienta) o acceder a enlaces relacionados como FAQs (Preguntas Más Frecuentes).

Hay muchas aplicaciones de este tipo, siendo **Zendesk chat** (https://www.zendesk.com/chat/) –anteriormente conocido como Zopim– una de las más habituales ya que tiene un plan gratuito que resulta más que suficiente para la mayoría de los e-commerce.

Desde Zendesk afirman que tomar la iniciativa y comunicarte por chat con tus clientes **incrementa tres veces las probabilidades de que los usuarios realicen la compra**, es bastante razonable ya que mejora la experiencia de compra de forma notable: el usuario realiza el proceso más rápido porque tiene un asistente que lo guía por el proceso de pedido y resuelve cualquier cuestión que le surja; se puede detectar cuándo es probable que necesite esa ayuda y ofrecérsela mediante la programación de *triggers* o disparadores que basados en el comportamiento del usuario, muestre el *widget* o ventana cuando transcurran diez segundos en una determinada sección (ej. una ficha de producto, la elección del método de pago) –sin realizar ninguna acción; la atención no está limitada a la ventana de chat, los agentes pueden derivar la asistencia a una llamada telefónica, un correo electrónico o mensajes en redes sociales; y todo ello sin salir del e-commerce ni interrumpir el proceso de compra (siempre es una ayuda opcional orientada a mejorar la experiencia del usuario).

Otras **características** que ofrece Zendesk chat son:

❏ **Web Widget**: los clientes pueden solicitar ayuda por medio del chat, un formulario o buscar ellos mismos las respuestas entre las Preguntas Más Frecuentes

❏ **Formularios** previos al chat y en modo de desconexión (todavía no hay ningún agente conectado): los usuarios pueden dejar su consulta y datos de contacto para cuando haya un agente conectado o disponible

❏ **Lista de visitantes**: desde el panel de control se puede ver qué páginas están viendo los visitantes en ese momento y ofrecerles ayuda o información complementaria en ese momento (sería el equivalente de «¿puedo ayudarle en algo?» del comercio físico)

❏ **Calificación del soporte**: el usuario puede calificar la asistencia recibida y dejar comentarios y sugerencias

❏ **Envío de archivos**: se pueden enviar archivos a través del chat (ej. un manual, una imagen con una captura de pantalla, etc.)

❏ **Chatbot**: Zendesk puede a través su API (forma de conectar distintas aplicaciones software) integrarse con *bots* basados en IA (Inteligencia Artificial) y automatizar mucho más la asistencia –vamos a ver estos elementos dentro de este capítulo.

El proceso para **empezar a usar esta herramienta** en tu tienda *online*, es registrarte en su web, configurar algunos aspectos como si vas a mostrar siempre disponible, mensajes predeterminados, etc. Una vez configurado lo básico (que obviamente puedes cambiar en cualquier momento) te facilitan un pequeño código HTML para insertar en tu sitio web (podrías elegir insertarlo sólo en las páginas de producto o en la sección de contacto por ejemplo). Esta labor podrías hacerla tú mismo editando con el bloc de notas el archivo «header» de tu sitio web y actualizándolo en el servidor por FTP o, si no sabes a qué nos referimos con lo anterior, usar los módulos o complementos específicos que tendrás seguramente disponibles en tu panel para activar en caso de Prestashop o soluciones tipo Shopify (en cualquier caso, siempre podrás comentarlo con la persona o empresa que te puso en marcha la tienda *online*, recuerda que no es una modificación, solamente se trataría de insertar un par de líneas de código).

Otras herramientas similares son **LiveAgent** (https://www.liveagent.com/) y **Olark** (https://www.olark.com/)

iii. Videollamadas

Si prestas servicios a través de internet relacionados con la asesoría (ej. coaching, psicología, consultor) o la formación (ej. clases de fitness, idiomas, instrumento musicales) necesitarás usar en algún momento herramientas que te permitan transmitir y conectar en directo (mediante videollamada y/o chat) con tus usuarios, clientes o seguidores.

La mayoría de este tipo de herramientas permiten además grabar esas emisiones para editarlas y/o publicarlas posteriormente en tu canal de vídeos, incorporarlas como contenido a tus sesiones o cursos de formación o simplemente enviarlas a aquellas personas interesadas que no pudieron asistir a la transmisión en directo de ese contenido.

Entre las muchas opciones que tenemos para realizar videollamadas mencionaremos **Hangouts** (https://hangouts.google.com/) de Google, **Skype** (https://www.skype.com/es/) de Microsoft y **Zoom** (https://zoom.us/es-es/meetings.html).

Aunque todas estas herramientas –junto con otras como **Jitsi** (https://jitsi.org/) , **Whereby** (https://whereby.com/) o más específicas para peritos y servicios técnicos como **GoToAssist** (https://get.gotoassist.com/es-es/seeit)– han experimentado un gran aumento de usuarios a causa de la pandemia y la necesidad de realizar teletrabajo y videoconferencias entre trabajadores, socios, profesores y alumnos, entre otros, **Zoom** es la que más ha crecido en usuarios.

Zoom pasó de diez millones de usuarios en diciembre de 2019 a 200 millones en marzo de 2020 y al hacerse tan popular en tan poco tiempo –era la aplicación que usaban la mayoría de los gobiernos para comunicarse con los representantes políticos– pues también empezaron a surgir problemas de **vulnerabilidades** como el robo de datos y ejecución de archivos en ordenadores de los usuarios con Windows con versiones anteriores a la 4.6.9, así como otros relacionados con la **privacidad** como la asociación interna que hacía entre nombres de usuarios y las direcciones de correo con perfiles de LinkedIn; que se podían localizar en internet grabaciones de videoconferencias privadas; o que la aplicación para iOS compartía con Facebook datos como la IP, el tipo de dispositivo, el sistema operativo, la ubicación y la hora de la conexión.

HANGOUTS

La primera opción debería ser **Hangouts** ya que una de sus ventajas –al igual que **Skype**– es que no necesitan descargar ni ejecutar nada en sus versiones web (las descargas son de sus respectivas app si el usuario va a usarla con su teléfono móvil o tableta por ejemplo). Los usuarios solamente deben tener una cuenta de correo en Gmail o Microsoft (en cualquiera de los dominios de hotmail,msn, o outlook).

En cuanto a la versión clásica de **Hangouts** debes conocer que evolucionó a un servicio profesional como **Meet** (http://meet.google.com), la solución dirigida a empresas o entidades como centros educativos que tienen servicios contratados en **Gsuite**, el grupo de herramientas ofimáticas, comunicativas y colaborativas de Google para mejorar la productividad en las empresas (el Plan básico de Gsuite es de 5,20 euros por usuario y mes).

Las diferencias son notables en cuanto a funcionalidades si consultamos la tabla **comparativa** entre la versión clásica de Hangouts y Meet.

Las **diferencias** principales que destacaríamos entre la **versión clásica (Hangout) y la profesional (Meet)** –aparte del coste ya que la primera es gratuita y la segunda no– son referentes al número de usuarios que pueden conectarse simultáneamente (25 frente 100), la posibilidad de grabar la emisión (solamente con Meet), el envío de mensajes de texto durante la videollamada (disponible para la versión web pero no la móvil en Hangouts) o la forma de conectarse a la reunión o evento (en Meet se comparte la dirección o URL y en Hangouts hay que introducir los datos en Calendar y realizar las invitaciones a los participantes).

	Videollamadas de la versión clásica de Hangouts	Meet
Número de participantes en una videollamada	Hasta 10	• G Suite Basic hasta 25 y G Suite para Centros Educativos: hasta 100 • G Suite Business: hasta 150 • G Suite Enterprise y G Suite Enterprise para Centros Educativos: hasta 250
Plataformas compatibles	• Android • iOS • Navegador Chrome, Safari e Internet Explorer (con complementos) • Hardware de Google Meet y Chromebox y Chromebase para reuniones	• Android • iOS • Navegador Chrome, Mozilla Firefox, Apple Safari, Microsoft Internet Explorer 11 (con complementos) y Microsoft Edge • Hardware de Google Meet y Chromebox y Chromebase para reuniones
Unirse a una videollamada	• A través de navegadores y aplicaciones móviles • Gmail y Calendar • Hardware de Google Meet, Chromebox y Chromebase para reuniones • Complementos de Microsoft Outlook 2007, 2010 y 2013	• A través de navegadores y aplicaciones móviles • Google Calendar • URL de enlace o código de reunión • Mediante llamada • Hardware de Google Meet y Chromebox y Chromebase para reuniones
Enviar mensajes en videollamadas	Solo en la versión web	A través de navegadores y aplicaciones móviles
Mostrar documentos o toda la pantalla	Puedes mostrar toda la pantalla o solo una ventana concreta en reuniones	Puedes mostrar toda la pantalla o solo una ventana concreta en reuniones
Participantes externos	El acceso a las videollamadas se gestiona mediante una combinación de invitaciones y permisos de Calendar.	Permite dar acceso a las videollamadas a cualquier participante mediante un enlace único
Unirse a una reunión llamando a un número de teléfono	Los participantes no pueden acceder mediante una llamada telefónica a una videollamada	Las ediciones de G Suite Basic, G Suite Business, G Suite Enterprise y G Suite Enterprise para Centros Educativos admiten números internacionales
Marcar números externos	Se pueden hacer y recibir llamadas gratuitas en Estados Unidos y Canadá	Se admiten llamadas desde la mayoría de los países a números de Estados Unidos y Canadá
Grabar reuniones	No se pueden grabar reuniones	Solo en G Suite Enterprise o G Suite Enterprise para Centros Educativos
API de informes	17 métricas de informes diferentes	Más de 50 métricas de informes diferentes
Ver presentaciones en dispositivos móviles	Contenido de baja resolución	Contenido de alta resolución; se puede pellizcar la pantalla para acercar la imagen en la aplicación móvil
URLs de reunión	URL editables de reunión	URL únicas de reunión

Para **iniciar una conversación** en Google **Hangouts**, sigue estos pasos:

En ordenador	Android	iPhone/ipad
1. Ve a http://hangouts. google.com o abre Hangouts en Gmail.	1. Abre la aplicación de Hangouts.	1. Abre la aplicación de Hangouts.
2. Haz clic en Nueva conversación > Nuevo grupo.	2. En la parte inferior, toca Añadir > Nueva conversación > Nuevo grupo.	2. En la parte inferior, toca Añadir > Nuevo grupo.
3. Escribe o selecciona los nombres, los números de teléfono o las direcciones de correo electrónico de las personas que quieras añadir.	3. Escribe y selecciona los nombres, números de teléfono o direcciones de correo electrónico de los miembros del grupo.	3. Escribe los nombres, los números de teléfono o las direcciones de correo electrónico de las personas que quieras que participen en tu conversación.
4. Para iniciar una conversación en grupo o una videollamada, haz clic en Mensaje o Videollamada.	4. Pulsa en el icono de Listo.	4. Pulsa en el icono de Listo

Puedes **añadir personas a la conversación** de dos maneras, enviando un enlace de invitación o añadiéndolo usando su nombre, número de teléfono o correo electrónico.

Para enviar un enlace de invitación sigue estos pasos: 1) Abre la aplicación de Hangouts; 2) Selecciona una conversación en grupo; 3) En la parte superior, toca Más (icono de los tres puntos) > Personas; 4) Selecciona «Unirse mediante enlace» y todas las personas del grupo verán que has activado la unión a esa videollamada mediante enlace (para desactivar el enlace solamente hay que seleccionar de nuevo la opción «Unirse mediante enlace»). Después de esto, cualquier persona puede unirse al grupo mediante el enlace (cuando se incorpora una persona al grupo, todos sus miembros ven que se ha unido y los miembros nuevos también pueden ver el historial de la conversación).

Para añadir a alguien por su nombre, número o correo electrónico, sigue estos pasos: 1) Abre la aplicación de Hangouts; 2) Selecciona una conversación en grupo; 3) En la parte superior, toca Más (icono de los tres puntos) > Personas > Añadir personas; 4) Escribe un nombre, un número de teléfono o una dirección de correo electrónico; y 5) Pulsa en Listo.

SKYPE

En lo que respecta a Skype, el funcionamiento es similar a cualquier servicio de videollamada. La elección final de un sistema u otro dependerá de si alguna funcionalidad es crítica para nosotros como el número de usuarios simultáneos, el tamaño de los archivos adjuntos, la complejidad de la aplicación o si necesitamos grabar las sesiones por ejemplo.

Principales características Skype de Microsoft	
Llamadas de audio de calidad y videollamadas de alta definición.	Para llamadas individuales o grupales.
Mensajes inteligentes	Reacciona al instante a cualquier mensaje con reacciones divertidas o usa @menciones para llamar la atención de un participante en particular.
Pantalla compartida	Comparte fácilmente presentaciones, fotos o cualquier elemento de la pantalla durante una llamada con la integración de la pantalla compartida.
Grabación de llamadas y subtítulos en directo.	Graba llamadas de Skype para capturar momentos clave de la videollamada.
Skype Translator	Usa la traducción y la generación de subtítulos en tiempo real para no perderte nada de la conversación en llamadas, las videollamadas y los mensajes instantáneos.
Llamadas internacionales con Skype To Go	Contacta con cualquier persona en el mundo aprovechando tarifas de llamadas internacionales (sujetas a tarificación y planes de ahorro para destinos específicos con las suscripciones de Skype.) para números móviles y fijos.
Conversaciones privadas	Mantén en privado tus llamadas confidenciales mediante el cifrado de seguridad.
Multidispositivo	Puedes usarlo en todos tus dispositivos: teléfono, ordenador, tableta, versión web, Alexa y Xbox.
Mejora tu productividad	Organiza un videollamada con un máximo de 50 usuarios, graba las llamadas, habilita los subtítulos en directo o simplemente habla por el chat.
Reuniones online con un solo clic	Puedes crear una reunión o unirte a una con un solo clic y sin necesidad de iniciar sesión ni descargar la aplicación Skype.
Conectividad absoluta	Puedes conectarte desde cualquier lugar con tus socios, clientes y proveedores (siempre que tengas conexión a internet).
Obtener un número de teléfono local	Los números de Skype están disponibles en 26 países y regiones. Puedes contratar una tarifa plana para recibir llamadas entrantes ilimitadas. Responde a las llamadas desde el equipo, la tablet o el smartphone.
Enviar SMS desde Skype	Envía mensajes de texto directamente desde Skype en cualquier momento y desde cualquier lugar con Skype.
Efectos de fondo	Puedes personalizar el fondo de tus videollamadas.
Enviar archivos	Puedes compartir fotos, vídeos y otros archivos de hasta 300 MB con solo arrastrar y soltar los archivos en la ventana de la conversación.
Desvío de llamadas y buzón de voz	Si no vas a estar disponible puedes desviar las llamadas o configurar el buzón de voz de Skype para que el usuario deje su mensaje.
Identificación de llamadas	Con esta función puedes mostrar tu número de teléfono móvil o tu número de Skype cuando llames a números fijos y móviles desde Skype.
Skype Connect	Haz llamadas de Skype con Skype Connect a través de tu sistema PBX con SIP (centralitas que utilizan el protocolo IP).

Para ayudarte en tu decisión y siempre con el consejo de que uses por ti mismo cada herramienta y pienses en la experiencia que tendrá tu usuario, a continuación tienes un resumen de lo que puede ofrecerte Skype como sistema de videollamadas:

Sea cual sea la herramienta de videollamadas que vayas a usar para comunicarte con tus usuarios y clientes (Hangout, Skype, Zoom, Whatsapp…), aquí tienes unas **recomendaciones** que son válidas para **cualquier herramienta** y que te ayudarán a **mejorar su alcance y efectividad**:

❑ Elige la herramienta pensando en el **perfil de tu usuario** (¿es poco conocida y le generará desconfianza o inseguridad en su utilización? ¿tiene que instalar ejecutables, la configuración inicial es compleja y posteriormente debe reiniciar el equipo? ¿tienes que proporcionarle muchas indicaciones o instrucciones para que configure o ejecute la aplicación?).

❑ Asegúrate que la herramienta **no tiene requisitos técnicos** relacionados con el sistema operativo, navegador o dispositivo (lo ideal es que el usuario pueda conectarse tanto desde su ordenador como desde su teléfono móvil o tableta).

❑ Informa adecuadamente de **cuándo** se va a realizar la videollamada o transmisión del evento usando el formato de **hora UTC** para que no haya confusión si van a conectarse asistentes de países con zona horaria distinta (el formato UTC de Tiempo Universal Coordinado –antiguo GMT– para España-Madrid es UTC+1 por lo que al indicar la hora mostraríamos «17:00 PM UTC+1»).

❑ Informa de **qué es necesario** tener instalado o comprobado previamente (altavoces, micrófono si se va a necesitar) así como las **normas** a seguir (ej. introducir previamente un código o palabra clave para acceder a la transmisión, dejar el micrófono desactivado o en modo *mute* hasta que el ponente o moderador lo indique, etc.).

❏ Haz un **recordatorio** a los asistentes o inscritos del evento por la vía de comunicación más directa que tengas con ese grupo (ej. podría ser un simple e-mail pero también un mensaje de Whatsapp), la fecha y hora de su realización, así como a los posibles interesados si es un evento en abierto y estás difundiéndolo a través de tus redes por ejemplo.

❏ Diseña si es posible la **estructura** de la videoconferencia y la **planificación** del tiempo dedicado a cada parte (no queremos que se haga soporífero y los usuarios se desconecten o salgan de la videollamada), deja poco espacio a la improvisación en la medida de lo posible.

❏ **Cuida los detalles** del escenario y la puesta en escena: elige fondos planos si puedes (si las videollamadas van a ser algo habitual, consigue una pantalla de fondo aunque sea virtual: https://backgroundsbyikea. com/es), selecciona el enfoque y distancia adecuados, proporciona una buena iluminación, así como asegúrate de que se capta correctamente y con suficiente volumen y calidad el sonido, haz la videollamada en una zona lo más alejada posible de ruido externo (maquinaria, tráfico, parque infantil). Haz alguna prueba y ensayo previo.

iv. Bots

Los **bots** son asistentes virtuales que hacen uso de la tecnología de **IA** (Inteligencia Artificial) de forma que puedan imitar el comportamiento humano y conversar e interactuar con los usuarios mediante un chat (de ahí lo de *chatbot*) o correo electrónico (ej. interpretan los correos recibidos y son capaces de proporcionar una respuesta a la consulta realizada).

Un ejemplo de esta tecnología en el entorno doméstico serían los **asistentes virtuales** Alexa de Amazon, Siri de Apple, Jarvis de Facebook, Bixby de Samsung, Google Assistant o Cortana de Microsoft.

También es posible que te suenen otros bots como los que usan algunos bancos y compañías *fintech* para dar asesoramiento sobre productos financieros e inversiones; **Mahoudrid**, el bot de **Mahou** que hace de guía por Madrid en Facebook (https:// www.facebook.com/mahoudrid); el gatito de **Kitty Bus** (https://datos.gob.es/es/aplicaciones/kitty-bus-madrid); la ahora desaparecida Anna de IKEA (aunque se ha mudado a Twitter y en japonés: https://twitter.com/IKEA_jp_Anna); o más reciente, los bots en Whatsapp de la Organización Mundial de la Salud (número +41798931892) y del Gobierno español (número +34 600 802 802) sobre el coronavirus: **Hispabot-Covid19.**

En el entorno del comercio *online*, los **chatbots** pueden realizar desde tareas sencillas como localizar un producto determinado de forma similar a un buscador avanzado pero cuyos filtros y parámetros de la búsqueda se configuran a través del procesamiento de lenguaje natural o **PNL** (ej. el usuario le pregunta al *bot* «¿qué móvil hay con NFC por menos de 200 euros?»), contestar preguntas que son predecibles y figuran agrupadas internamente como las tradicionales FAQs (Preguntas Más Frecuentes), tomar la iniciativa y ofrecer ayuda específica (ej. el bot detecta que lleva bastantes segundos en el paso de elección de forma de pago y lanza al usuario una pregunta tipo «¿Sabías que con Paypal puedes pagar con tu tarjeta de crédito o débito sin necesidad de registrarte?»), tomar datos de los usuarios o guiar al visitante paso por paso en un proceso determinado.

Durante el 2020, se prevé que el 50% de las medianas y grandes empresas hayan incorporado algún servicio de *chatbot* y para el 2022, el 70% del personal administrativo interactuará a diario con plataformas de conversación (Fuente: Gartner) –y estas previsiones eran antes del escenario configurado por la pandemia-confinamiento-teletrabajo. Por otra parte, el desarrollo cada vez más avanzado de esta tecnología permitirá en un futuro cercano proporcionar ese mismo servicio también en soporte audio y/o audiovisual a través de un avatar.

De momento este tipo herramientas están siendo utilizadas principalmente por grandes sitios web con mucha información y muchos visitantes, como forma de ahorrar tiempo y recursos. Se estima que **evitan el 75% de apertura de tickets** de soporte o solicitudes al resolver la cuestión en ese momento (ej. la asistente LOLA en la Universidad de Murcia resuelve hasta el 90% de las consultas) en gestiones de bajo nivel (ej. preguntas de datos específicos tipo «¿qué horario tiene la tienda?») y reducir los procesos con intervención humana ahorrando personal y dedicando el existente a consultas más complejas o específicas. No obstante, cualquiera puede incorporarlas en su negocio *online*, hay más de 2.000 proveedores en el mercado y algunas de estas opciones son incluso gratuitas (ej. https://www.hubspot.es/products/crm/chatbot-builder).

Como decíamos hay muchas soluciones disponibles para integrar esta herramienta comunicativa en tu sitio web y gestión del correo electrónico, unas más complejas que otras y por tanto con una curva de aprendizaje mayor (además tendrás que saber inglés en casi todos los casos para acceder a la información, instrucciones y soporte de las aplicaciones).

Algunas de estas herramientas son: **Mobilemonkey** (https://mobilemonkey.com/), **Snatchbot** (https://es.snatchbot.me/), **Chatcompose** (https://www.chatcompose.com/) y especialmente para su integración entre otros con **Facebook Messenger**, **Botsify** (https://botsify.com/) y **Chatfuel** (https://chatfuel.com/), esta última utilizada entre otras por Adidas, Netflix, JustEat, Lego o British Airways (para conocer y comparar chatbots por precios, países y características por categorías como e-commerce además de consultar opiniones de usuarios, visita https://www.chatbots.org/).

En cualquier caso, **implantar un** *chatbot* exigirá un tiempo de dedicación y recursos a la selección e introducción de los datos y cómo se van a relacionar entre sí para después de procesarlos con las reglas que hayamos establecido, es decir, tenemos que **diseñar el modelo** de conversación o flujo previsible del diálogo que tendrá lugar entre el usuario y el *bot*, y además que proporcionen una **respuesta relevante** y como hemos dicho en veces anteriores, mejoren la experiencia del usuario (si el resultado final va a ser bot que use un saludo distinto dependiendo de la hora del día y poco más, mejor que sigas usando un soporte *online* tipo **Zendesk chat** o **Whatsapp para empresas**).

En el caso de Zendesk chat además puede integrarse con los siguientes chatbots:
Ada Support (https://www.ada.support/integrate/zendesk-chatbot)
Los bots de Ada pueden atender las necesidades de grandes organizaciones mundiales. Sus chatbots hablan inglés con fluidez y admiten más de 100 idiomas adicionales (incluido el **español**).
Aivo (https://www.aivo.co/integrations/zendesk)
Aivo crea bots para organizaciones de todos los tamaños. Su AgentBot puede atender con fluidez a clientes en **español**, portugués e inglés. Son ideales si necesitas integraciones de texto y voz o si requieres IA para tu solución omnicanal.
Netomi (https://www.netomi.com/platform/integrations/zendesk)
Netomi resuelve automáticamente más del 50 % de los tickets de correo electrónico, chat, redes sociales, mensajería y voz. Empresas de EE.UU., Canadá, Europa, Latinoamérica y Asia utilizan Netomi en muchos idiomas diferentes.
BotXO (https://www.botxo.ai/zendesk-integration/)
BotXO se dedica al diseño de chatbots y asistentes virtuales para negocios con sede en Europa. Sus bots ofrecen a los clientes soporte automatizado las 24 horas de todos los días en danés, sueco, noruego, francés, alemán, **español** e inglés.

Por último, **no olvides informar** siempre al usuario de que está interactuando con un asistente virtual o un bot conversacional, así podrá gestionar sus expectativas mejor y no sentirse frustrado cuando se dé cuenta de ello si pensaba desde el inicio que estaba hablando con una persona o si no puede resolver su duda o procesar una determinada solicitud, al fin y al cabo, los *bots* no sustituyen –de momento– a un agente humano y pretenden ser un servicio de ayuda pero debemos ser –tanto responsables de los negocios como los usuarios- realistas en cuanto a los límites de estas herramientas.

v. Newsletter

Antes de recoger, almacenar y enviar un solo correo electrónico con el boletín o newsletter debemos asegurarnos tal, y como vimos en el capítulo 6 de legislación, de haber incluido en nuestra **Política de Privacidad** en relación a la finalidad del tratamiento de los datos personales, que se utilizaría el e-mail del usuario para remitirle boletines comerciales y publicidad, así como que sus datos se conservarían mientras la persona interesada no manifieste su oposición o retire su consentimiento (además de las cosas que hayas detallado como enviar notificaciones de seguimiento del pedido o avisar de la disponibilidad de un producto por ejemplo).

Sin haber redactado ni enviado todavía ningún correo ya tendríamos que tener previsto dos procesos esenciales: el denominado «**opt-in**» para que el usuario se suscriba a nuestras comunicaciones comerciales y su contrario, el «**opt-out**» para cancelar en cualquier momento (de ahí que se deba incluir siempre un enlace en el pie de cada comunicación para que el usuario pueda darse de baja o informarle del procedimiento para hacerlo).

Relacionados con ambos momentos de alta y baja, en el primero lo habitual es realizar el denominado «**double opt-in**», que sería una confirmación del usuario de que ha sido él o de que realmente quería suscribirse a las comunicaciones (de lo contrario, en la práctica podríamos estar suscribiendo a nuestros boletines a cualquiera solamente sabiendo su e-mail e introduciéndolo en el formulario de suscripción), de esta forma no sólo aseguramos el consentimiento expreso sino también la validez del correo electrónico facilitado por el usuario (la exactitud y actualización de la información es uno de los parámetros de calidad de cualquier base de datos).

En cuanto al segundo momento, cuando nos van a abandonar, se suele aprovechar primero para intentar hacerle cambiar de opinión (exponiendo que dejará de recibir las ofertas o las promociones; ofreciéndole cambiar la periodicidad de las comunicaciones o las preferencias de suscripción en cuanto a categorías de productos por ejemplo) y en último lugar, si la decisión es irrevocable, obtener información de la razón por la que quiere darse de baja (demasiada frecuencia; poca relevancia; boletines muy repetitivos o aburridos, etc.), este *feedback* nos ayudará a evitar más bajas futuras y mejorar nuestras comunicaciones.

El gestionar bien las suscripciones a través de estos procedimientos no sólo nos cubrirá las espaldas respecto a infracciones legales sino que hará más efectivas nuestras comunicaciones por esta vía, ya que estaremos seguros de que todos los destinatarios —o gran parte de ellos— están interesados en recibir nuestro boletín y tenemos como ya promulgaba el gurú del marketing Seth Godin en su libro Permission Marketing —mucho antes de que el RGPD europeo obligara a tener el consentimiento del receptor- el privilegio (y no el derecho) de enviarles mensajes a esos destinatarios.

MAILCHIMP

Con más de 15 millones de usuarios y mil millones de correos electrónicos diarios, **Mailchimp** (http://www.mailchimp.com) es una de las herramientas más conocidas para gestionar automáticamente las dos fases anteriormente comentadas de alta y baja, y por supuesto todo lo que ocurre entre medias: diseño y elaboración del boletín, gestión y segmentación de los destinatarios, creación de campañas y seguimiento de los envíos, así como informes de los mismos con analítica de tasa de recepción, apertura– y acción (entre otra información útil que te ayudará a mejorar tus comunicaciones).

Las principales **características** de Mailchimp son:

❏ Está claramente diseñado como herramienta de ventas y enfocado al comercio electrónico. La mayoría de las soluciones de tienda *online* tiene un módulo específico o integración de forma que puedas importar los datos de tus clientes directamente en Mailchimp y gestionar las comunicaciones fácilmente (también se integra con Wordpress y otros CMS o gestores de contenido).

❏ Su plan gratuito, el *Plan Free*, suele ser suficiente en los inicios de cualquier e-commerce y ofrece la mayor parte de funcionalidades aunque más limitadas (ej. límite mensual de 10.000 correos y 2.000 destinatarios frente a los 500.000 envíos y 50.000 destinatarios del siguiente *Plan Essentials*).

❏ Informes detallados e integrados con redes sociales, información de geolocalización, mapas de clics y Google Analytics (herramientas de análisis que comentaremos en el capítulo 9).

❏ Baja curva de aprendizaje en su manejo, es muy intuitivo, incorpora muchas plantillas, permite arrastrar y soltar, así como poner en marcha una campaña muy rápidamente (aunque la web está en inglés, hay soporte y ayuda en español: https://mailchimp.com/es/help/create-an-account/).

Para **registrarte en Mailchimp** no necesitas facilitar datos de facturación pero antes de empezar a utilizarlo, debes tener creada la dirección de correo electrónico que se asociará con la cuenta (también deberás facilitar una dirección física del negocio) así como aceptar los términos de uso.

Los pasos a seguir son los siguientes:

1. Ve a la página de registro de Mailchimp (https://login.mailchimp.com/signup/) y haz clic en Sign Up Free (Regístrate gratis).
2. Escribe tu correo electrónico, nombre de usuario y contraseña, y haz clic en Get Started! (¡Empezar!).
3. Aparecerá un mensaje de confirmación. Revisa tu bandeja de entrada para acceder al correo electrónico de activación de la cuenta y así completar la configuración de la misma.
4. Abre el correo electrónico de activación de cuenta y haz clic en Activate Account (Activar cuenta).
5. En la pantalla Confirm Humanity (Confirma que eres un humano), marca la casilla I'm not a robot (No soy un robot) y haz click en Confirm Signup (Confirmar registro).

Después de introducir los datos de empresa (correo electrónico, dirección física, etc.,), sigue las instrucciones para finalizar el proceso e inicia sesión en tu nueva cuenta de Mailchimp. Finalmente, no olvides consultar la **guía de primeros pasos**: https://mailchimp.com/es/help/getting-started-with-mailchimp/

Otras **alternativas** a Mailchimp son **GetResponse** (https://www.getresponse.es/) y **Mailjet** (https://es.mailjet.com/), y también hay otras que además de email marketing incorporan la opción de realizar campañas de **envío de SMS** como **Mdirector** (https://www.mdirector.com/), **Acumbamail** (https://acumbamail.com/) o **Mailify** (https://www.mailify.com/es).

Como siempre cuando tenemos varias herramientas para elegir, debemos analizar qué funcionalidades o características serían requisitos para nuestros objetivos, comparar planes y precios, leer opiniones y como casi todas ofrecen un período de prueba, aprovecharlo antes de tomar la decisión final.

Por último, recordamos que para **aumentar la tasa de respuesta** se puede incluir el enlace directo a nuestro Whatsapp Business o de empresa (¿a que es más probable y sencillo que el receptor del e-mail conteste o realice una pregunta vía Whatsapp que lo haga respondiendo ese correo?).

No podemos finalizar este apartado sin indicar un par de **cosas que debes evitar** a toda costa: enviar comunicaciones a destinatarios que no han autorizado expresamente la recepción de las mismas o que ya se han dado de baja; y enviar indiscriminadamente la misma comunicación a todos los contactos sin realizar ninguna segmentación por intereses o perfil.

7.2 Redes sociales

Hay cientos de redes sociales aunque probablemente conozcas y seas usuario activo de media docena únicamente. La razón es que todo es cuestión de prioridad y por eso sólo estás en aquellas redes que te aportan algo, te informan o te divierten principalmente. Y dado que no todos estamos en las mismas redes sociales ni las utilizamos para lo mismo, cuando pensemos en usarlas para nuestros **objetivos empresariales** (captar, atender y fidelizar clientes), debemos también tener en cuenta cómo es nuestro cliente potencial (el *buyer persona* que definimos en el capítulo 3) y en qué redes sociales es más activo. Es por ello que **ninguna red social en particular es mejor que otra** para comunicarse con los clientes: todas son útiles y a la vez, ninguna. Todo dependerá de si dónde vayas hay alguien que podría estar interesado en lo que quieres comunicar.

Lo que queremos transmitir es que antes de abrir un perfil o una cuenta en una red social de las más populares o generalistas tipo **Facebook, Instagram** o **Twitter**, o redes profesionales como **LinkedIn**, deberás comprobar antes si el perfil medio de tu cliente es usuario activo de alguna de esas redes (ej. si ofreces servicios de consultoría *online*, objetivamente LinkedIn es una buena opción pero si tu e-commerce está dedicado a accesorios para automóviles, Facebook e **Instagram** –incluso **Pinterest**– serían mejores plataformas para mostrar tus productos e interactuar con tus clientes) antes de establecer una cuenta «oficial» de la empresa en alguna red social, esto además nos servirá para conocer mejor a nuestro cliente y optimizar el diseño de nuestra oferta, así como conocer en qué plataformas de publicidad patrocinada lanzar nuestras campañas (hablaremos de los distintos sistemas como Facebook Ads, Twitter Ads y LinkedIn Ads en el capítulo 8).

Teniendo en cuenta esta recomendación previa, estas son las **principales redes sociales a nivel mundial** por número de usuarios activos mensuales en **2020** (insistimos en que la red más popular no tiene por qué ser la más adecuada para los objetivos de tu negocio): **Facebook** (2.449 millones de usuarios), **YouTube** (2.000 millones), **Instagram** (1.000 millones).

En **España** las redes sociales más populares en 2020 son **YouTube, Whatsapp, Facebook, Instagram y Twitter**. Las redes sociales son utilizadas por más de 29 millones de usuarios (86% de la población) –a nivel mundial hay 3.800 millones de usuarios en alguna red social– y podemos identificar tres grupos de edades: entre 16 y 30 años; entre 40 y 55 años y entre 56 y 65 años (Fuente: ActualidadECommerce e informe Global Digital Overview de Hootsuite-We are social). Por otra parte, el 40% de los usuarios tiene estudios hasta secundaria y el 46% tiene estudios universitarios; y el 64% trabaja por cuenta ajena (Fuente: informe IAB con Elogia).

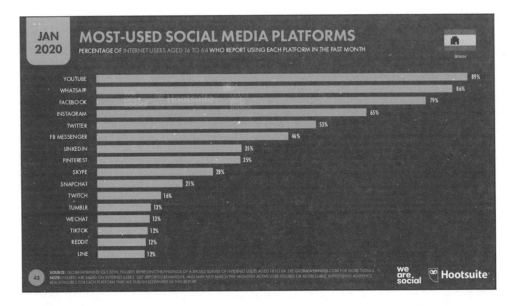

Pero antes de continuar, definamos **qué es una red social** exactamente. Una red social es una plataforma digital a la que se accede en un sitio web o una app y que conecta personas de intereses o características comunes (afición, búsqueda de pareja, negocios, etc.) y a través de la cual se intercambian mensajes o se generan contenidos. De acuerdo a lo anterior el concepto de red social abarcaría tanto a **Facebook** como a **Whatsapp**, **YouTube** o **Spotify**.

En cuanto a las **características** propias de las redes más conocidas a continuación tienes una descripción general que te proporcionará una visión global de **cómo y para qué puedes usar cada red social** desde el punto de vista siempre empresarial, para aumentar tu visibilidad de marca o *brand awareness* entre los potenciales clientes, para promocionar tus productos y servicios y en algunos casos, convertir esas interacciones en ventas que aunque difícil no es imposible.

i. YouTube (http://www.youtube.es)

YouTube es la página más visitada en España con 31,4 millones de visitas mensuales, seguida del buscador Google con 30,3 millones y Facebook con 29,3 millones (Fuente: Comscore-Informe Consumo Internet) y casi nueve de cada diez internautas españoles de entre 16 y 64 años han accedido a YouTube en los últimos meses, contribuyendo a los 6000 millones de horas de vídeo consumidas cada mes en la plataforma de Google.

El potencial para difundir contenidos relacionados con nuestro negocio es muy alto: desde tutoriales, entrevistas, reportajes y análisis de productos hasta otros generados por otros usuarios (comparativas, *reviews* o críticas, ejemplos de uso, incluso *unboxing*), pero una de sus mayores ventajas es que ni siquiera necesitamos invertir tiempo o dinero en generar esos vídeos y todo lo que conlleva (diseñar un guion, grabar el vídeo, editarlo, subirlo y publicarlo con la descripción y metadatos adecuados para que se indexe de forma óptima y aparezca en las búsquedas), podemos lanzar una campaña de anuncios patrocinados que se mostrarán insertados o asociados a vídeos ya existentes con contenido relacionado con nuestros productos y servicios, no hace falta decir que esos anuncios llevarán al usuario a tu e-commerce.

ii. Facebook (http://www.facebook.com)

La red social con más usuarios en España, casi un 80% de los internautas (21 millones de usuarios) tiene un perfil en Facebook (siendo el 52,9% mujeres y un 47,1% hombres) y se conectan principalmente desde el teléfono móvil (72%).

Para llegar a esos usuarios antes era esencial tener una página de empresa donde crear y compartir contenidos, generar comunidad alrededor de esas publicaciones, interactuar con los fans y seguidores comentando y otorgando «Me gusta» o likes pero desde hace unos años cuando Facebook cambió los algoritmos que hacían que tus publicaciones se mostraran y llegaran a tus seguidores, la única forma de asegurarte de que tus publicaciones alcanzan ya no solamente a tus seguidores (usuarios que en algún momento dieron a «Me gusta» a tu página) sino a cualquier persona que podría estar interesada en contenidos relacionados –y por extensión en tus productos o servicios- es lanzar una campaña de anuncios patrocinados mediante su sistema de Facebook Ads.

De lo contrario, puedes invertir todo el tiempo y recursos disponibles en generar contenidos o compartirlos en tu fanpage pero únicamente se le mostrará a menos de un 5% de tus seguidores (te dejamos que calcules cuántos seguidores deberías tener para conseguir un optimista 3% de conversión sobre ese 5% de alcance orgánico o natural, sin pagar por promocionar las publicaciones), no es de extrañar entonces que el un 28,1% de las marcas contraten publicidad para aumentar el alcance de sus publicaciones.

En cuanto a esas publicaciones, el alcance orgánico o porcentaje medio de respuesta por los usuarios es del 3,89%, siendo el desglose por tipos de contenido el siguiente: vídeos (4,62% de las interacciones), imágenes (4,08%), enlaces (2,10%); y las publicaciones de estatus (1,40%).

Todo lo expuesto anteriormente no es malo ni desaconseja el uso de Facebook, solamente establece las reglas (nuevas para aquellos que estaban acostumbrados al antiguo funcionamiento de las páginas de empresa en Facebook) y obliga a diseñar nuevas **estrategias de comunicación y marketing** que pasan inevitablemente por tener una **página de Facebook** (necesaria además para Instagram como veremos en seguida) y por valorar la conveniencia de invertir en **publicidad patrocinada**, aquí o en otra red que nos convenga más (de ahí la importancia de identificar bien el perfil de nuestros usuarios y conocer en qué red social están).

Finalmente, si tu solución e-commerce es **Shopify** tienes una manera de integrar ambas plataformas –además de **Instagram** como veremos en el siguiente apartado– cuando realices campañas de anuncios (veremos este punto en la sección dedicada a Facebook Ads del siguiente capítulo).

iii. Instagram (http://www.instagram.com)

Una de las redes sociales que va en aumento, pasando de un 54% a un 65% en un año, llegando a los 16 millones de usuarios en España (54,6% son mujeres y un 45,4 son hombres), una pequeñísima parte de los más de 1.000 millones de cuentas activas en el mundo, 90% de las cuales siguen a una empresa, el 60 % afirma descubrir nuevos productos y el 50% utiliza diariamente las *stories* (Fuente: Instagram). Esas *stories* o historias son publicaciones personalizadas con texto, dibujos y *emojis*, y que a diferencia del resto de publicaciones no se pueden comentar o hacer un *like*.

Instagram se utiliza para mostrar productos principalmente relacionados con el ocio y la moda, es ante todo un escaparate donde lo visual, vídeos cortos y especialmente la fotografía , predominan sobre el texto como formato para comunicar.

Por otra parte, el *engagement* o índice de respuesta a las publicaciones de las marcas en **Instagram** es 10 veces mayor que en Facebook, 54 veces mayor que en Pinterest y 84 veces mayor que en Twitter (Fuente: Forrester).

Es la red donde más encuentran los llamados *influencers*, que son cuentas personales con muchos seguidores y que tienen un gran *engagement* o interacciones con esos fans a través de comentarios, compartir, publicaciones, mensajes y *likes*). Dado que alcanzar esa vinculación lleva tiempo, las marcas los utilizan (obviamente pagando o a cambio de productos a menor escala) para ir directamente a un *target* o público específico (en el capítulo 8 veremos también como contratar la promoción de nuestros productos a través de *influencers*).

Una vez hayas **investigado** y **confirmado** que parte de tus potenciales clientes son usuarios de esta red, entonces sí deberías crear una cuenta y empezar a **diseñar tu estrategia** en esta red –como harías en el resto de redes sociales por otra parte– en relación al tipo de contenido vas a publicar, qué quieres conseguir con ello, cómo vas a organizar y programar las publicaciones, así como hacer el seguimiento y analizar los resultados).

El tipo de cuenta de Instagram que debes tener para tu e-commerce es la **cuenta comercial o de empresa**, que a diferencia de la personal podrás consultar **estadísticas sobre tus seguidores y sobre cómo interactúan** con tus publicaciones e historias, así como usar para **mostrar anuncios** en la plataforma (que veremos en el siguiente capítulo) y consultar el rendimiento en tiempo real sobre el rendimiento de tus historias y publicaciones promocionadas.

Para **abrir una cuenta comercial o de empresa en Instagram** necesitarás tener antes una cuenta personal. Una vez registrado (después de descargar la app de Instagram de la App Store, Google Play o la Tienda Windows Phone) e iniciar la aplicación, para convertir tu cuenta personal en cuenta de empresa, debes seguir estos pasos:

1. Accede a tu perfil y toca el icono del menú en la esquina superior derecha.
2. Ve a Configuración > Cuenta >Cambiar a cuenta comercial.
3. Es aconsejable conectar tu cuenta de empresa con una página de Facebook ya asociada a tu negocio (sólo se puede conectar a Instagram una página en caso de que tengas varias)
4. Agrega detalles, como el nombre de la cuenta (límite de 30 caracteres), la categoría y la información de contacto del negocio (sitio web, correo electrónico, número de teléfono y ubicación), así como la foto de perfil (por ejemplo el logotipo de tu empresa, aparecerá en forma circular como un icono pequeño 150 x 150 píxeles)

Señalar que **si cambias de una cuenta personal a una cuenta de empresa**, ya no podrás configurar tu cuenta como privada. Además, solamente podrás compartir tus publicaciones de Instagram con la página de Facebook que ya esté asociada con tu cuenta de Instagram (sí podrás volver a convertir tu cuenta en personal en cualquier momento).

Antes de empezar a publicar algunos consejos que te ayudarán a saber **cómo hacer más atractivas y efectivas** tus publicaciones:

❏ Las primeras publicaciones deberían ser un grupo de 9 para que se cree la cuadrícula o disposición inicial de imágenes (3 columnas x 3 filas).

❏ Intenta mantener un ritmo constante de publicación (diario o semanal) que mantenga la atención de tus seguidores y sepan con qué frecuencia publicas.

❑ La imagen es lo primordial pero no descuides los textos, que sean breves y llamativos, que atraigan el interés de los usuarios (ej. formula preguntas).

❑ Etiqueta la publicación con la ubicación e incluye *hashtags* para que puedan encontrar tu publicación los potenciales interesados (el número recomendado es de tres *hashtags* máximo para no saturar la visualización).

Para **empezar a compartir** *stories* o historias solamente tienes que tocar el icono de la cámara en la esquina superior derecha de las novedades (o en el logotipo o la imagen de tu perfil) y tener en cuenta el siguiente par de consejos.

Primero, intenta ser creativo y mostrar algo distinto, los usuarios quieren novedad. Ofrece escenas originales y experimenta con las herramientas creativas como las máscaras y los stickers de encuesta para provocar comentarios e interacción. Prueba las utilidades **Boomerang** (son los populares vídeos –el 25% de los vídeos en las historias están realizados con Boomerang– que se reproducen hacia adelante y hacia atrás en bucle), **Hyperlapse** (para crear vídeos tipo time-lapse o de cámara rápida) y **Layout** (combina, gira o refleja varias fotos en una sola imagen) para algunos de tus contenidos y comprueba el resultado. No olvides tampoco que el 60% de las historias se visualizan con el sonido activado por lo que acuérdate de incluirlo y que sea de calidad.

En segundo lugar, la duración de estas publicaciones está limitada a 24 horas por lo que podrías asociarlas a ofertas, descuentos limitados o «ventas flash» en el día (el sesgo cognitivo de aversión a la pérdida es muy efectivo aquí: el usuario no quiere perder la promoción que sabe que es limitada). No obstante, también tienes la posibilidad de guardarlas en tu perfil y organizarlas por categorías para que los usuarios puedan visualizarlas en cualquier momento.

PROPUESTA RELACIONADA

Piensa en qué producto o servicio de los que vas a ofrecer tiene más potencial desde el punto de vista visual. Piensa ahora en un vídeo corto que resultara entretenido, divertido o que llamara la atención de los usuarios. Para terminar, decide si lo grabarías, le añadirías música y lo publicarías, o utilizarías antes alguna de las utilidades comentadas de Boomerang o Hyperlapse.

Por último, para **vender tus productos en Instagram** es necesario seguir estos pasos:

1. **Comprueba que reúnes los requisitos** respecto a productos permitidos para su venta, debes aceptar el acuerdo y condiciones de uso para vendedores; y

disponer de un dominio propio desde donde se realizará la venta quieres vender artículos (recuerda que Instagram lo que hará en la práctica es enviar al comprador a tu tienda *online*)

2. **Convertir tu cuenta personal a cuenta business** o de empresa para poder añadir información de tu tienda, horarios, dirección, teléfono y al dirección de tu sitio web.

3. **Vincula tu página de Facebook.** Para ello entra a tu perfil de Instagram para empresas y selecciona «Editar perfil». En la sección «Información pública de la empresa», selecciona «Página» y luego la página de Facebook con la que quieras vincular tu cuenta (si no tenías página de Facebook previamente creada, selecciona entonces «Crear una nueva página de Facebook»).

4. **Sube tu catálogo.** Para ello puedes hacerlo desde **Facebook Business Manager** donde ya lo tenías previamente subido o tu página de empresa o bien con la integración de plataformas como **Shopify**.

5. **Enviar a revisión.** Una vez subido el catálogo debe ser revisado y aprobado, proceso que no es automático y puede tardar unos días (no lo dejes todo para la víspera del *Black Friday*...).
   Para enviar tu cuenta a revisión: Accede a tu perfil de Instagram para empresas y ve a «Configuración» (deberás ir también a esta opción para consultar el estado de la solicitud); Regístrate para usar la función «Compras en Instagram» y contesta a las preguntas

6. **Activar las funciones de compra.** Una vez aprobada la revisión, ve a «Configuración > Empresa > Compras» y selecciona el catálogo que conectarás con la cuenta y luego «Listo».

7. **Etiquetar, etiquetar y etiquetar** (recuerda que 3 sería el número máximo recomendable). Ahora ya puedes usar etiquetas de compra para destacar productos en las fotos y vídeos, tanto en las noticias como en las *stories* o historias.

Para **etiquetar productos en una publicación** tienes que seguir este orden: Toca «Añadir foto» > Añade un pie de foto > Toca «Etiquetar productos» > Toca la foto > Busca un producto > Selecciona un producto > Toca «Listo» > Toca «Compartir»

Para **añadir un sticker a tus stories** tienes que seguir esta secuencia una vez elegida la imagen y antes de publicarla: Toca el icono del sticker (cara) en la esquina superior derecha > Selecciona el sticker de producto de la bandeja de stickers > Elige el producto del catálogo que quieras destacar > Mueve el sticker y colócalo en el lugar de la historia donde quieres que aparezca > Puedes tocar este sticker para cambiar el color del texto > Comparte la historia

En el momento de escribir este libro **todavía no está disponible** para todas las cuentas (sólo para EE.UU.), pero el pasado julio se presentó la tienda de **Instagram** y su integración con **Facebook Pay** para realizar **compras sin salir de la aplicación**, que sin duda en breve proporcionará más posibilidades de promoción, captación y venta dentro de la plataforma de Instagram (¡estad atentos!).

La tienda de Instagram ofrecerá recomendaciones personalizadas basadas en las cuentas que siguen los usuarios y las empresas que usan la función **Compras en Instagram**, por lo que las cuentas que etiqueten contenido regularmente y creen colecciones de artículos estarán mejor posicionadas para aparecer como recomendación de compra.

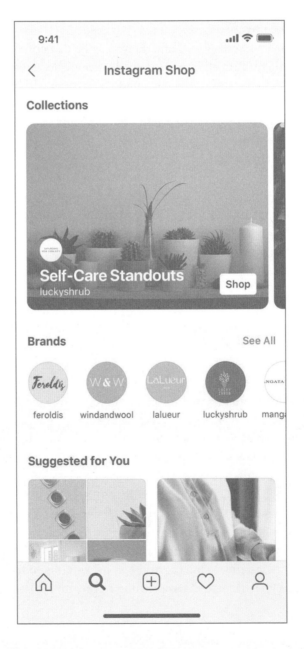

Finalmente, comentaremos una de las formas más rápidas de **ganar seguidores en Instagram** (y en cualquier red social): organizar un **concurso** o sorteo.

Antes de poner en marcha este tipo de iniciativas, se debe definir como siempre el objetivo (recuerda que debe ser SMART como vimos en el capítulo 3, que deseamos lograr con esa acción, algunos de esos objetivos pueden ser: «aumentar el número de seguidores en 1.000»; «incrementar la cantidad de comentarios o *likes* en las próximas publicaciones en un 10%» o «conseguir 300 nuevos suscriptores al newsletter».

Si tu base de seguidores es pequeña y manejable, es posible que puedas llevar a cabo una monitorización del rendimiento del concurso por tu cuenta, pero si tu comunidad es grande (varios miles de seguidores), valora entonces utilizar una herramienta como **Shortstack** (https://www.shortstack.com/), **Gleam** (https://gleam.io/) o **Easypromos** (https://www.easypromosapp.com/es/) para monitorizar el concurso y elegir un ganador.

En el caso de Instagram hay herramientas específicamente diseñadas para monitorizar los concursos como **Woobox** (https://woobox.com/) y **Wishpond** (https://es.wishpond. com/), y que facilitan el seguimiento y recopilación del UGC o contenido generado por los usuarios en torno al concurso o sorteo (ej. publicaciones con hashtags).

Para que el concurso tenga la mayor difusión y participación posible, publica el premio y los requisitos en una publicación maquetada de forma que atraiga la atención de los usuarios (no olvides usar siempre el mismo hashtag). Realiza esa misma publicación varias veces y en todos los canales de difusión que te permitan tener un mayor alcance (Facebook, Twitter, blogs, boletín de novedades, páginas especializadas en concursos y sorteos, etc.).

Cuando haya acabado el sorteo, sigue aprovechando la iniciativa para generar contenido e interacciones: pídele al ganador que envíe y/o publique una foto con el premio etiquetando a la empresa y usando el *hashtag*.

Por último, comprueba que no incumples ninguna de las **normas para concursos en Instagram** (https://help.instagram.com/179379842258600) como indicar en las bases que tú eres el responsable del concurso o sorteo, de las reglas y el cumplimiento de las mismas, exonerando a Instagram de toda responsabilidad en relación con el concurso y reconociendo que la promoción no está patrocinada, avalada ni administrada por Instagram ni asociada en modo alguno a la plataforma. Y por supuesto, tampoco debes etiquetar contenido de forma errónea o animar a los usuarios a que lo hagan.

iv. Twitter (http://www.twitter.com)

Con un 53% de uso y 7,5 millones de usuarios en España (el 39,4% son mujeres y el 60,6% son hombres) es muy probable que muchos de nuestros potenciales clientes estén activos en esta red.

Los usos que podemos darle a esta red social en nuestro e-commerce son múltiples: podemos detectar *hashtags* o términos empleados por los usuarios en sus publicaciones que estén relacionados con nuestros productos o servicios y entonces realizar una interacción manual (marcar como favorito, retuitear o comentar) para intentar generar una conversación o mostrar publicidad en un como tuit patrocinado en el *timeline* de ese usuario por medio del sistema Twitter Ads (que veremos en el capítulo 8 como plataforma de publicidad).

La primera técnica se percibe como intrusiva y genera rechazo, es demasiado «artesanal» y consume demasiado tiempo aunque podamos automatizar parte del proceso con creación de alertas y monitorización de palabras clave, siendo en términos generales poco efectiva. Es por ello, que recomendaríamos siempre la segunda opción de tuits patrocinados y dejaríamos el seguimiento de *hashtags* solamente para acciones de vigilancia de competidores, temas o contenidos que sean de interés en nuestra actividad.

Tener una cuenta con bastantes seguidores permite también llevar a cabo otras acciones como sorteos entre todos los seguidores que retuiteen determinada publicación; concursos entre los seguidores que comenten; o la creación de encuestas sobre nuevos productos o preferencias de nuestros *followers*.

v. Otras: LinkedIn, Pinterest y TikTok

Aunque con cifras menores que otras redes en porcentaje de uso (35%) y número de usuarios (13 millones, de los cuales el 47,4% son mujeres y el 52,6% son hombres), también debemos comentar la importancia de otras redes verticales o específicas como **LinkedIn** (http://www.linkedin.com), dirigida a profesionales donde podemos crear una **página de empresa** con la información más importante, publicar contenido relacionado con el sector por ejemplo. Asimismo, dependiendo del tamaño y tipo de nuestro negocio, promover que nuestros trabajadores cuenten con un perfil –esta vez personal– en esta red (ej. un desguace con diez empleados quizás no obtendría ninguna ventaja de estar en LinkedIn pero sí un centro de formación con diez profesores que ofrezca clases *online*) y realizar a través de sus publicaciones –el contenido **UGC** que veremos en el siguiente capítulo– el denominado «*employee advocacy*», esto es, que sean embajadores de nuestro negocio, valores y productos o servicios (para ello deberán ser primero miembros activos con una red de contactos propia y estar convencidos o incentivados para este tipo de acciones).

Con 11 millones de usuarios y una cuota similar de uso (35%) a LinkedIn también tenemos la red de tableros **Pinterest** (http://www.pinterest.com), en la que se guardan más de dos millones diarios de pines o imágenes (deberías explorar esta red en búsqueda de potenciales clientes si la imagen es un elemento esencial en la venta de tus productos o servicios como estética, decoración o moda).

Las redes sociales, como cualquier producto, tienen también un **ciclo de vida** y las que hoy surgen como novedad y están en crecimiento como **TikTok** podrían acabar extintas como Tuenti o Google+ (la red social de Google), redes que en su día también tenían millones de usuarios.

No obstante y dado que todavía no sabemos la evolución que tendrá **TikToK** pero sí que está atrayendo mucho la atención de marcas y empresas como oportunidad de generar contenidos que atraigan a los usuarios de esta red, comentaremos lo principal que debes sabes de Douyin, el nombre por la que se la conoce en China, el país donde se creó y donde tiene la mayor parte de sus usuarios.

TikTok es una red para crear y compartir vídeos cortos de 3 a 15 segundos principalmente (también están los vídeos largos que van de los 30 a los 60 segundos) y que suelen ser video-selfies con playback de canciones, bailes originales y escenas divertidas, a los que se le aplican llamativos efectos visuales y sonoros, y estos vídeos son a su vez compartidos, imitados o versionados por el resto de usuarios.

TikTok a principios de 2020 contaba con un 12% de uso que se habrá incrementado por su popularidad debido al confinamiento (mayor necesidad de matar el tiempo, más tiempo conectados, retos compartidos de bailes, etc.), además fue una de las diez aplicaciones más descargadas de España tanto para iOS como para Android.

Para terminar un poco de **perspectiva**: TikTok tiene 800 millones de usuarios activos pero el 60%, 500 de esos millones, están en China y además el 80% de uso de la plataforma lo realizan esos mismos usuarios chinos mientras que otro 10% sería procedente de India, por lo que sólo uno de cada diez usuarios del resto del mundo (españoles o no) sería objetivo de una acción de marketing (no olvidemos nunca para qué queremos usar una red social). Lo aconsejable sería ver la evolución los próximos años antes de abrir una cuenta y empezar a publicar contenido al menos con objetivos empresariales.

Finalmente, comentar que para ayudarte en la gestión de las redes sociales tienes herramientas como **Hootsuite** (http://www.hootsuite.com/es) o **Social Report** (https://www.socialreport.com/) que te permiten controlar varios perfiles en distintas redes, configurar alertas, búsquedas, hacer un seguimiento de *hashtags*, hacer publicaciones y responder mensajes, etc. Los planes básicos o gratuitos tienen limitaciones en el número de cuentas que puedes sincronizar o integrar en el panel de control.

En el **Plan Free de Hoostuite** puedes tener tres perfiles sociales, enviar 30 mensajes programados y un usuario como gestor de la aplicación mientras que en el

Profesional (25€/mes) tendrías hasta diez perfiles en redes sociales, programación y envío ilimitado de mensajes, calendario de publicaciones, plantillas o monitorización de mensajes, entre otras mejoras respecto al *free*, que por otra parte para empezar y para la mayoría de los e-commerce suele ser suficiente. En cualquier caso, piensa en el tiempo que este tipo de aplicación te ahorra y puedes dedicar a otras tareas más productivas o con una incidencia mayor en la cuenta de resultados.

PROPUESTA RELACIONADA

Haz una lista de las principales necesidades comunicativas que tienes con tus usuarios y clientes en tu e-commerce (ej. avisar de las promociones mensuales, promocionar un evento, dar soporte técnico, etc.).

A continuación, entre todas las herramientas comentadas para establecer y mejorar la comunicación **online**, ¿cuáles seleccionarías para incorporarlas desde el primer día en tu e-commerce?

➲   PALABRAS CLAVE: boletín, bot, chatbot, double opt-in, employee advocacy , fidelización, Gsuite, hangouts, influencers, newsletter, opt-in, opt-out, PNL, widget, target, UGC (user generated content), UTC, comunicación síncrona y asíncrona,mensajería instantánea

➤ Capítulo 8

Promocionando nuestro e-commerce

8 Promocionando nuestro e-commerce

8.1 Visibilidad natural en buscadores

S i la invisibilidad es uno de los superpoderes más deseados, en el ámbito de internet, lo que se intenta conseguir es todo lo contrario: tener la mayor **visibilidad para atraer la atención del usuario**, en este caso, en cuanto a resultados de búsqueda se refiere.

Esa exposición se logra mediante dos formas, una es **pagando al buscador** por cada visita que traiga a nuestro sitio web, mostrando nuestro anuncio entre los resultados de búsqueda (lo que se denomina SEM o publicidad patrocinada y que veremos en este mismo capítulo) y la otra, **optimizando nuestro sitio web** para que tenga la máxima **indexabilidad y relevancia** en los buscadores (lo que se denomina **SEO** o posicionamiento orgánico o natural).

Respecto al segundo método que es el que vamos a comentar en este apartado, señalar que aunque no le paguemos al buscador no quiere decir que sea gratis ni mucho menos, la **optimización SEO**: es un proceso que requiere **tiempo** y **recursos** (que en algunos casos implica la contratación externa de profesionales o agencias especializadas en SEO).

Hay varios buscadores populares como **Google**, **Bing**, **Yahoo**, **DuckDuckGo**, **Baidu** (en China) o **Yandex** (en Rusia) pero el primero sigue siendo el más utilizado y por tanto, en el que debemos centrarnos en cuando hablamos de visibilidad, para ello tenemos que llevar a cabo estas acciones: dar de alta el negocio en **Google My Business** y aplicar **buenas prácticas de SEO**.

i. Google My Business

Google My Business (https://www.google.es/intl/es/business/) engloba a los anteriores servicios Google Places para empresas, Google Listings y Páginas de Google+ Negocios. Es un servicio también **gratuito** (solamente necesitas tener una cuenta de usuario en Google) y complementa perfectamente a tu sitio web **incrementando su visibilidad** en los resultados de **búsqueda** y **Google Maps** (si no tienes establecimiento físico, puedes usar Google Business igualmente).

Básicamente es una **ficha** *online* **de tu negocio** a modo de micrositio web con la información esencial de la misma: novedades o actualizaciones (ej. cambio de horarios), una galería de fotos (ej. instalaciones) y los datos de contacto (incluido el enlace a tu sitio web, aunque ni siquiera es obligatorio tenerlo, un kiosco sin página web podría estar dado de alta perfectamente en Google My Business).

Además los clientes pueden incluir **comentarios o reseñas** a los que puedes –y debes– contestar (de acuerdo a Google, las empresas que responden a esas reseñas son 1,7 veces más fiables que las que no lo hacen: un 76 % frente a un 46 %).

La opinión mediante un comentario o valoración con un número de estrellas de los clientes, es un factor que influye tanto a nivel de posicionamiento SEO o visibilidad (Google penaliza a las empresas con comentarios negativos) y también es un elemento que conecta con la psicología del potencial cliente por medio de lo que se conoce como «**prueba social**» (*social proof* en inglés), que veremos en seguida en el ámbito de técnicas de *growth hacking*.

En relación a lo anterior, podemos **optimizar el posicionamiento en Google My Business** con dos acciones muy sencillas pero efectivas: solicitar a nuestros clientes que realicen una valoración de su experiencia y por otra parte, contestar a todos los comentarios (ej. agradeciendo el comentario y tiempo empleados, esperando volver a verlos pronto, recordándoles que estamos a su disposición para realizar cualquier consulta, etc.).

Finalmente, para favorecer la visibilidad de nuestra ficha de empresa también podemos incluir en el nombre del negocio la **palabra clave** o más representativa del mismo (ej. «Herbolario Greenpower en» en vez de únicamente Greenpower) y asegurarnos que las imágenes que subamos están **geolocalizadas** (ej. editando los metadatos del archivo con aplicaciones como *GeoImgr*, referenciada en el último capítulo), dos tradicionales técnicas del SEO en buscadores además de las que vamos a comentar en el siguiente apartado.

ii. Buenas prácticas de SEO

Las recomendaciones para **optimizar la indexabilidad** de un sitio web darían para otro libro, además el mundo del SEO es cambiante y evoluciona cada semana: lo que era válido y efectivo deja de serlo porque ya no es relevante o el propio buscador aplica una regla que ya no tiene en cuenta esa característica, o lo que es peor, ahora la penaliza.

Es por ello que se han seleccionado únicamente las principales técnicas que se han mantenido como *estándar* o que se han convertido en «**reglas de oro**» a lo largo del tiempo, siendo reconocidas por la mayoría de expertos como las que tienen más peso o influencia en el **SEO** o **posicionamiento web**.

Asumiendo que nuestro sitio web ya está indexado en Google (podemos comprobarlo introduciendo en la casilla de búsquedas: «site:» y a continuación nuestro dominio), las **recomendaciones para mejorar el posicionamiento** web son las siguientes:

1. Mobile first

Se habla del principio «mobile first» cuando se trata de dar prioridad absoluta a la experiencia de navegación con *smartphones* y *tablets*.

Nuestro sitio web tiene que aplicar el **RWD** (Responsive Web Design) y ser ***responsive*** o adaptativo, esto es, que se ajusta automáticamente el contenido a la pantalla del dispositivo con el que se accede y en una única URL o dirección web (no es una versión específicamente preparada para determinado dispositivo como ocurre demasiadas veces por ejemplo).

Esta característica hoy en día no es opcional y debe ser un **requisito obligatorio para cualquier página web que quiera ofrecer la mejor experiencia** a sus usuarios y potenciales clientes. Si tenemos en cuenta además que en España, un 22% de los comercios no está optimizado para pagos móviles, puede ser un factor de **diferenciación** más respecto a la competencia.

Según Google, el 61% de usuarios que tuvieron problemas de acceso a una web desde el móvil no es probable que vuelvan, y aun peor, el 40% se irá a la competencia (Fuente: McKinsey). Y ya que mencionamos a Google, el que nuestro sitio web sea *responsive* es tenido en cuenta como uno de los factores que nos hacen «**Google-friendly**» y que favorecen el peso en las búsquedas.

La principal razón para ello es que las páginas responsive ofrecen una **mejor experiencia de usuario**, y si es bueno para el usuario, Google la premiará en su ranking, y por otra parte le facilita la tarea de indexación a Google por disponer de una única página a indexar, esto es, contenidos no repetidos en posibles versiones del mismo contenido para cada dispositivo, evitando además así el tener contenido duplicado, que si no penaliza directamente (https://support.google.com/webmasters/answer/66359?hl=en) desde luego no beneficia al posicionamiento (son buenas prácticas SEO también el generar los archivos robots.txt y sitemap.xml para especificar a los robots o *spiders* que indexan los contenidos cómo es la arquitectura de la información de nuestro sitio web).

Disponer de un diseño responsive **reduce también el** *bounce rate* o tasa de rebote (el rebote se produce cuando un navegante abandona el sitio después de haber visto una sola página web, en unos pocos segundos), que además de afectar a la **conversión**, es tenida en cuenta por Google también para el posicionamiento: si el porcentaje de rebote es alto, significa que los usuarios no encuentran lo que buscan, tienen una mala experiencia y por tanto ese sitio web no es relevante para esa búsqueda.

Google quiere lo mismo que sus usuarios: los resultados más relevantes que generen la mejor experiencia y desde luego, una página web que no se muestra bien en la pantalla del usuario y que hace que la abandone no contribuye mucho a tenerla (para saber cómo de preparada para móviles está una web, introduce la URL en la **Prueba de optimización Google** https://www.google.com/webmasters/tools/mobile-friendly/).

En relación a las **búsquedas**, hace tiempo que la mayoría de ella se producen **desde dispositivos móviles** y Google gestiona el 95% de las mismas, si tenemos en cuenta que le dará más importancia en los resultados a los sitios con un diseño *responsive*, poco más se puede decir a favor de crear una página web de estas características, excepto algunos datos (Fuente: Seo-hacker) como el aumento en más de un 100% del tráfico móvil y las búsquedas desde estos dispositivos; el **CTR** (*clicthrough*) o ratio de clics respecto a impresiones desde dispositivos móviles es un 37% mayor respecto a equipos de escritorio; el 48% de los usuarios que encontraron un sitio web no preparado para móviles se sintieron frustrados y molestos; el 75% de usuarios prefieren un sitio adaptado para móviles y los que lo afirman que es probable que vuelvan; y por último que los usuarios son un 67% más favorables a comprar en sitios web *responsive*.

PROPUESTA RELACIONADA

Accede a tu tienda *online* con tu móvil, navega y haz un pedido.

Reflexiona ahora si realmente volverías a repetir la experiencia si fueras un cliente. Si todavía no tienes tienda *online*, haz la misma prueba en la web de tus dos principales competidores (no hace falta que completes el pago) y toma nota de lo que te gusta y lo que es mejorable (si la experiencia de compra con móvil fuera mala, ahí tienes una excelente oportunidad de diferenciarte de ellos, asegurándote primero que tu navegación en móvil es excelente y más tarde, haciendo una campaña de anuncios patrocinados para mostrar solamente en dispositivos móviles).

Por último, en un ámbito más técnico o enfocado al **desarrollo web**, es muy recomendable consultar la **guía de optimización de contenido** **para móviles** de Google: https://developers.google.com/webmasters/mobile-sites/ y los **recursos para webmasters** de Google: https://www.google.com/intl/es/webmasters/

2. Contenido relevante

El contenido que un usuario puede encontrar asociado a nuestro negocio y productos o servicios podemos agruparlo en dos tipos: **contenido propio** que generamos y gestionamos directamente como las fichas de producto de la tienda *online*, los artículos del blog o nuestras publicaciones en redes sociales; y otro contenido sobre el que tenemos poco o ningún control, el **UGC** (User Generated Content) o contenido generado por nuestros usuarios en el que incluiríamos las reseñas, menciones y publicaciones en redes sociales y blogs, y que contribuyen en igual medida o incluso más en la creación de nuestra **identidad digital** y **reputación online**.

Controlar la calidad y cómo influye el UGC es difícil y las opciones se reducen a **monitorizar** las menciones y/o comentarios en internet (en el último capítulo se incluyen herramientas para realizar esta tarea), **valorar su relevancia** (ej. qué es lo que está criticando o comentando, quién lo hace y dónde lo hace) y decidir la **acción a tomar** (ej. contestar a la crítica, contactar con el usuario, solicitar retirada contenido o denunciar publicación, entre otras medidas), las empresas con gran presencia *online* (y presupuesto) elaboran incluso un «plan de crisis» para gestionar estas situaciones, pero en nuestro caso será suficiente aplicar el sentido común y gestionar estos episodios de la misma manera que lo haríamos en el mundo real.

Por otra parte, en cuanto al contenido propio, siempre va a transmitir la imagen, carácter y profesionalidad de la empresa, por lo que debemos **cuidar el estilo y el lenguaje**, tanto en **fondo** (ej. un meme que pensábamos iba a ser gracioso ha resultado ofensivo para bastantes usuarios) como en **forma** (ej. las faltas de ortografía transmiten dejadez, **perjudican** la **legibilidad** y por extensión el **posicionamiento**).

Se ha especulado sobre el uso de Google de un algoritmo específico para la **ortografía** pero al igual que otros factores identificados (más de 200) que influirían en los resultados, al final todo se resume en proporcionar la mejor experiencia, y un texto mal redactado o con faltas ortográficas no contribuye a ello.

En relación con la **calidad de los textos**, intenta no perder el foco de lo que quieres conseguir con ellos, debes dominar el *copywriting*: seducir y convencer a las personas que los lean, e incluir siempre una CTA o llamada a la acción. Por esa misma razón no es recomendable incluir muchas veces la misma palabra con el objetivo de aumentar la densidad de la palabra por la que queremos posicionarnos (esta mala práctica se denomina *keyword stuffing* y se considera *spam*) sino en todo caso, utilizar sinónimos y palabras relacionadas semánticamente para favorecer la **Indexación Semántica Latente** (*Latent Semantic Indexing*) de Google, proceso en el que el buscador interpreta los textos de tu sitio web en base a esas relaciones y valora la relevancia de ese contenido respecto a determinadas *keywords* o palabras clave a partir de los sinónimos, variantes de singular y plural, masculino y femenino, y términos relacionados que se han utilizado (para el inglés podemos ayudarnos de **LSIgraph** https://lsigraph.com/).

En suma, el contenido relevante para los usuarios será lo que los atraiga a tu marca, tus productos y servicios, y por extensión a tu tienda *online*. Este tipo de contenido es la base del **marketing de contenidos** (también llamado *inbound marketing*) que veremos en detalle en el próximo apartado.

3. Se rápido

Como en el oeste, tenemos que ser los más rápidos si queremos sobrevivir. Podemos intentar pelear en diseño y usabilidad, contenidos e incluso precios, pero si tu tienda *online* carga lenta, los usuarios ni siquiera llegarán a verla porque su tiempo y atención –al igual que el tuyo– es algo muy valioso y no les gusta malgastarlo.

Debemos incluso sacrificar diseño y funcionalidades para ofrecer una web lo más rápida posible que haga la **experiencia de navegación** algo memorable para el usuario.

Para ello debemos **optimizar al máximo la velocidad de carga** del sitio web en distintas áreas aplicando los consejos más habituales: desactivar o eliminar todo aquello que no sea imprescindible, optimizar las imágenes, comprimir los javascripts y hojas de estilos, usar módulos de caché, instalar utilidades a nivel de servidor –en caso de **Prestashop** o **Magento** con tiendas grandes por ejemplo– como aceleradores de **PHP (APC, Zend** o **Xcache** por ejemplo), módulos **Apache** de caché como **Pagespeed** (https://www.modpagespeed.com/) y proxy caché como **Varnish** (http://varnish-cache.org/).

Una forma de saber qué elementos influyen en la velocidad y de qué forma es llevar a cabo un **análisis o test de velocidad online** como **Gtmetrix** (https://gtmetrix.com/), **Pingdom** (https://tools.pingdom.com/) o el **PageSpeed Insights** de Google (https://developers.google.com/speed/pagespeed/insights/), todas esas utilidades generarán un informe que incluye recomendaciones y propuestas de mejora.

En una segunda fase de optimización, este trabajo de *testing* y análisis debería ser una **tarea periódica** mensual -y cuando haya una actualización o instalación de un nuevo módulo o complemento- ya que siempre se puede optimizar más la velocidad detectando qué partes del sitio web son más lentas y por qué, para ello podemos contar con herramientas **APM** (Application Performance Monitoring), que sirven para analizar procesos y rendimientos de una aplicación web, a nivel de infraestructura, código, scripts y base de datos.

El **proceso de trabajo** con estas utilidades se resume en estos pasos: primero nos registramos en el servicio, en segundo lugar descargamos e instalamos el *script* facilitado por la aplicación; ahora esperamos unas horas o unos días dependiendo del tráfico y actividad de la web y finalmente, analizamos los informes que nos proporcionan la herramienta y aplicamos las medidas correctoras (ej. optimización consultas a la base de datos o mejoras en infraestructura hardware del servidor)

Un par de **herramientas APM** para monitorizar el rendimiento de tu web con soporte en español (y con pruebas gratuitas de 15 días y 30 días respectivamente) son **Dynatrace** (https://www.dynatrace.es/) y **Akamai** (https://www.akamai.com/es/es/).

Recordemos una vez más que cualquier proceso lento en el sitio web provocará una peor experiencia de usuario y por tanto incrementará el porcentaje de abandono y no finalización del pedido o acción deseada (registro, encuesta, etc.).

Podemos decir que más de la mitad de **los usuarios no esperan**, concretamente el 57% abandona la web si tarda más de 3 segundos en cargar (Fuente: Akamai) y que **cada segundo de carga extra disminuye la tasa de conversión** (Fuente: Ensighten), es decir, a más lentitud, menos ventas, menos dinero.

8.2. Marketing de contenidos

El marketing de contenidos puede definirse como la **publicación estratégica de contenidos** relacionados con nuestro sector, empresa o sus productos o servicios, y que **contribuyan** en alguna medida a conseguir nuestros **objetivos y** que sean **coherentes,** así por extensión serán también **creíbles y de confianza,** con la **imagen** de nuestro negocio.

Entre esos objetivos pueden estar el obtener mayor visibilidad entre los usuarios en las redes o en las búsquedas –mejorando el posicionamiento natural o SEO; mejorar la conversión derivando más tráfico a mi e-commerce y aumentar las ventas; o fidelizar a los clientes respondiendo consultas, entreteniéndoles y/o informándoles con mis contenidos.

De ahí la importancia de no perder nunca el foco de qué es lo que hacemos y para qué lo hacemos, en este caso, dentro del contexto de **generar y difundir contenido dirigido a nuestros potenciales y actuales clientes**. Cuando esos contenidos no están asociados directamente a los productos o servicios sino que están vinculados a los valores que desea transmitir una marca y usarlos para conectar con el público se denomina *branded content* (lo que hacen las grandes como la del refresco de cola de la felicidad o la intrépida bebida energética).

En nuestro caso, por razones obvias no haremos *branded content* (al igual que tampoco un anuncio de antes de las campanadas o durante la Super Bowl) pero sí aplicaremos algunos de los **principios de marketing** que emplean esas grandes marcas como son: ser **coherentes** con la imagen de nuestro negocio; intentar **conectar con las emociones** del consumidor (los científicos han demostrado que las decisiones se toman emocionalmente y luego nuestro proceso mental trata de justificarlas racionalmente, es decir, tu deseas cambiar de teléfono móvil y te reafirmas diciéndote que no es un capricho, que es una necesidad, que es para trabajar, etc.); y para ello es muy útil el *storytelling*, contar algo, una historia que interese al consumidor, que le sorprenda, que le provoque una reacción emocional positiva; **generar interacción** alrededor de ese contenido (desde un simple *like* o un hilo de decenas de comentarios) que en ocasiones hace que ese contenido (un post, un meme, un tuit) se vuelva viral (recuerda que la viralidad es una consecuencia, no una causa, puedes elaborar un contenido con elementos que contribuyan a que se convierta en viral pero nadie tiene la receta mágica para fabricar vídeos virales).

Habrá ocasiones en que no serán contenidos propios sino de terceros, bien porque estemos llevando a cabo alguna acción de **marketing de afiliación** para vender productos de otros como comisionistas; o bien porque lo generen los propios usuarios (el llamado **UGC** o *User Generated Content*), nuestra **Comunidad**, en mayúsculas, porque es única para nosotros y por eso debemos cuidarla como un activo más del negocio.

i. Blog marketing

Para realizar blog marketing necesitas un servicio de publicación de blogs como **Wordpress** (https://es.wordpress.org/). Hay otras alternativas como **Tumblr** o **Blogger** pero Wordpress es la que te ofrecerá mayores posibilidades y funcionalidades, hasta puedes desarrollar tu tienda *online* sobre esta **plataforma gratuita** (es *open source* o código abierto) junto con complementos como **WooCommmerce** como vimos en el capítulo 4.

Ahora que ya sabemos lo que necesitamos, ¿podrías publicar medio centenar de **artículos con contenido de valor** al año? Enunciado así parece una tarea titánica e irrealizable, pero ¿podrías publicar uno a la semana? Si la respuesta es afirmativa como creemos que será, entonces es un sí también para la primera pregunta: asumiendo ese compromiso de frecuencia en la publicación lograríamos publicar 52 artículos cada año, 52 oportunidades de captar potenciales clientes y derivarlos a nuestra tienda *online*, 52 oportunidades multiplicadas por cada visita que llegará al artículo por diferentes vías: nuestro posicionamiento natural o SEO en las búsquedas; nuestro boletín o *newsletter*; nuestras publicaciones en cada red social en la que estemos (pongamos dos o tres); o los enlaces o *backlinks* que nos hagan desde otros blogs o redes, como principales fuentes de tráfico a nuestro blog.

El resultado final es un número importante de **visitas de calidad** (los usuarios no hacen clic engañados o confundidos, saben qué tipo de contenido van a encontrar) y con una tasa de conversión –cuántas de esas visitas realizan una compra– razonable y conservadora del 2%, podemos afirmar que el tiempo invertido en elaborar los artículos y compartirlos en los distintos canales ha sido bien empleado.

De acuerdo a lo anterior, conseguiríamos más ventas si incrementamos el ritmo de publicación de artículos pero aunque efectivamente se ha comprobado que a mayor cantidad de publicaciones, más contenido indexado en búsquedas, más visitas y por tanto mayor número de ventas (en términos generales), **aumentar la cantidad de contenidos publicados no repercutiría en la misma proporción ni sobre las interacciones y menos sobre las ventas**, es decir, que si incrementamos el volumen de publicaciones un 50% (unos 100 artículos anuales en vez de los 50), no aumentaríamos a su vez en un 50% las interacciones, de hecho está estimado que produciría un incremento de 1,6 veces para una interacción por contenido y día (ej. si recibieras normalmente 100 likes para tu publicación diaria, al duplicar las publicaciones no obtendrías 200 likes sino 160).

Como siempre que hablamos de contenidos priorizamos calidad sobre cantidad, ten en cuenta las siguientes **recomendaciones cuando redactes y/o elabores tus contenidos** para el blog (o **vlog** si las publicaciones fueran vídeos en vez de artículos):

❑ **Aporta valor** a la persona que consuma el contenido, sea un artículo, un vídeo o un tuit. Que después de leer o ver el material, haya aprendido algo o se haya divertido por ejemplo (reacción que estaría relacionada con los principios que comentábamos antes para conectar con el receptor).

❑ **Busca la originalidad** para contribuir a esa aportación de valor. No tienes que reinventar la rueda, puedes limitarte a dar tu propia visión o interpretación de ese tema, centrarte en aspectos muy específicos y poco conocidos, o por el contrario, dar un enfoque generalista –que no simplista– de lo que quieres contar (¡*storytelling*!) dependiendo del tipo de público al que te dirijas (pero siempre que esté dentro de tu *target* objetivo para no perder el foco).

❑ En relación con el anterior punto, debes **adaptar y personalizar el contenido** a las características de los destinatarios a los que va dirigido. Antes de publicarlo, pregúntate si ha quedado demasiado largo el vídeo o texto, si ha quedado demasiado técnico o no comunica adecuadamente lo que quieres (con la práctica y el análisis de visitas y las reacciones acabarás sabiendo perfectamente qué tipo de contenido es el que tiene más alcance, provoca más interacciones, así como cuestiones relacionadas con el formato o la duración).

❏ Intenta **llamar a la acción**. Aunque el contenido no debe ser meramente comercial (ej. describimos el producto, le contamos lo que puede obtener con él y lo emplazamos a que lo compre), porque no estaríamos siguiendo los consejos anteriores, sí que debemos intentar hacer una llamada a la acción al final del artículo para que vea más fotos del producto o vídeos en la ficha de la tienda *online* –no le estás diciendo que pulse para ir la tienda a comprar sino que si quiere ampliar información que pulse, o que allí encontrará opiniones de clientes sobre el producto (si las hay, claro) o que se suscriba al *newsletter* para estar informado de las novedades y además obtener un regalo de bienvenida (ej. un cupón descuento para la primera compra).

Los anteriores consejos, en cuestiones de fondo, puedes aplicarlos también con algún matiz en relación al formato o los requisitos del medio (aquí la forma) tanto a tus **vídeos** como a tus publicaciones en **redes sociales**, medios que vamos a comentar en el siguiente apartado.

ii. Vídeo marketing

Nuestro entorno comunicativo es esencialmente visual, las imágenes predominan sobre el texto, el cual a veces es un mero acompañante o complemento, y si esa imagen es en movimiento entonces ya tiene mucho potencial para captar nuestra atención, que no es poco.

Es por ello, que el uso de vídeos, sean cortos como los de **TikTok** o más largos como los de **Instagram Live**, en formato animación o en modo *streaming* o retransmisión en directo en desde **YouTube**, constituye una gran oportunidad para generar contenidos y realizar acciones de marketing relacionadas.

La planificación y los **consejos en el diseño** de esos contenidos siguen siendo los **mismos** que comentamos anteriormente para la **elaboración de artículos** pero además para los **vídeos** grabados previamente, que publicaríamos en plataformas como **YouTube** y compartiríamos a su vez en el resto de redes –de esta forma no perdemos la información analítica de las visualizaciones como pasaría si publicáramos de forma independiente el vídeo en cada red, como por ejemplo **Whatsapp**– podríamos añadir las siguientes **recomendaciones**:

❏ Cuida al máximo los **detalles técnicos** de planos, encuadre, fondos e iluminación, así como la calidad del **sonido** y otros como la inclusión de **subtítulos** (no des por hecho que todos los usuarios lo verán con el sonido activado).

No hace falta que el resultado sea un vídeo profesional, hoy en día con un teléfono móvil de gama media y aplicando algunos de los consejos que puedes encontrar en internet, puedes producir un material videográfico de gran calidad y sin sacrificar la naturalidad o frescura del mismo.

❏ Crea un **estilo y estructura común** a todos los tipos de vídeos que ayude a reconocerlos (ej. saludo, avance del contenido, recordatorio de suscripción al canal o boletín, desarrollo del contenido propiamente dicho, conclusión, último recordatorio, avance del próximo contenido, despedida)

❏ Para contribuir a crear ese **estilo propio** puedes crear alguna animación o cortinilla que uses al principio y al final de los vídeos, incorpora una marca de agua, el logotipo o la dirección web siempre visible pero sin llegar a perjudicar la visualización

❏ Incluye **llamadas a la acción** (ej. visita nuestra novedades, consigue un descuento o suscríbete al canal) y **enlaces** como por ejemplo a la ficha del producto que estás comentando o a la suscripción del boletín, que sería un requisito previo a la descarga de material complementario relacionado con ese vídeo y funcionaría entonces como «regalo condicionado« o *lead magnet*).

En el caso de que estés utilizando **Instagram**, puedes usar la extensión de sus historias *Instagram Live* para emitir en directo (o realizar una grabación para emitirla posteriormente) un evento (ej. una presentación o feria a la que has acudido, la entrega del premio de un concurso o sorteo, una presentación de algún trabajador, etc.).

La retransmisión en vivo muestran la **personalidad** del negocio y hace sentir a los seguidores que son especiales, que ese momento que estás compartiendo es **exclusivo** para ellos, es algo **natural** y menos artificial que otros vídeos que puede **conectar mejor** con tu Comunidad.

Hay otro tipo de contenido que está muy relacionado con los vídeos y son los **podcasts** o grabaciones de audio de duración variable (de unos pocos minutos a una hora si es un programa de radio por ejemplo). Pueden ser emitidos en directo o grabados, y también son una excelente forma de transmitir esos contenidos ya que los usuarios suelen descargarlos y escucharlos mientras trabajan, se desplazan o realizan alguna otra actividad (ej. si vendemos artículos con iconografía de películas y grupos de décadas pasadas, podríamos grabar un podcast hablando o recomendando una película o un disco, comentando curiosidades o anécdotas). Las aplicaciones como **Spreaker** (http://www.spreaker.com) te permiten realizar todo el proceso que implica la publicación de un podcast.

iii. Redes sociales

En el apartado del capítulo anterior dedicado a las redes sociales ya comentamos el tipo de contenido que era más común y más efectivo en las principales redes sociales.

Algunas dan prioridad a determinados formatos (ej. vídeos en YouTube) aunque admiten combinaciones (ej. artículo en LinkedIn) y otras incorporan limitaciones en tamaño (ej. número de caracteres en Twitter) o duración (ej. emisiones Live de Instagram, vídeos de TikTok) que nos obligan a **diseñar las publicaciones de la forma que sea más conveniente y efectiva** para lograr nuestros **objetivos**.

Independientemente del formato o las características exigidas para su publicación en cada red, de tamaño o extensión, duración u otros requisitos, podemos establecer unas **recomendaciones comunes para cualquier contenido** que vayamos a publicar en cualquier red social y que proporcionará visibilidad a la marca o empresa, mejorará nuestra imagen o identidad digital, y estará enfocada a buscar siempre una respuesta positiva –que nos beneficie de algún modo– por parte del usuario (desde hacerle sonreír y conectar emocionalmente a interacciones reales y medibles como comentarios, likes o favoritos, reenvíos o retuits, y en última instancia, compras directas en nuestro e-commerce).

Los **consejos** a tener en cuenta cuando hagas **marketing de contenidos** son:

❏ Prioriza la **calidad** frente a la cantidad como cuando antes hablábamos de redactar posts para el blog. Como en la vida real, si no tienes nada interesante que decir, no lo digas. Intentar mantener un ritmo de publicación contra viento y marea que acabe saturando y aburriendo a tu comunidad es contraproducente y puede mermar el número de tus seguidores. Es cierto que es difícil mantener el mismo nivel de calidad en todas nuestras publicaciones pero como en otras tantas ocasiones, antes de publicar ponte en el lugar del destinatario y valora los sentimientos que le generará esa publicación.

❏ Genera **interés** e intriga entre tus seguidores con contenido tipo «**teaser**»: publicas contenidos de interés pero con información incompleta durante un tiempo hasta el día de la revelación (ej. incorporación de un nuevo producto de distribución es exclusiva en tu comercio).

❏ Busca la interacción y comunicación a través de **preguntas**. A todo el mundo le gusta que le pregunten su opinión y le hagan sentir importante aunque sea un momento.

Puedes lanzar tus preguntas en **Twitter** como un *tuit* o mediante la función de **encuestas**; puedes incluirlas en tus actualizaciones de **Facebook** o las historias de **Instagram** con la herramienta de hacer preguntas, y compartir las respuestas más tarde haciendo un resumen o destacando las más originales o divertidas (¿te das cuenta de que con esto ya tienes otro contenido para publicar y generar conversación alrededor del mismo?).

También podemos hacerlo a la inversa, programa un evento en **Facebook** en el que responderás preguntas a tus usuarios sobre un determinado producto o servicio durante una hora el día D, esta sección de «El experto responde» (en este ejemplo «experto» podría sustituirse por *personal trainer*, librero, chef, o frutero, cualquiera que pueda responder preguntas relacionadas con tu comercio *online*).

Dependiendo de tu red prioritaria, podrías responder las preguntas en tu canal de Twitter, tu Instagram (en los comentarios o haciendo una emisión en directo), Facebook o incluso mediante videollamada usando *Google Hangouts* (o una combinación de ellas si vas a admitir preguntas por ejemplo por distintas vías y la respuesta va a ser por esa misma vía).

❏ Etiqueta **el contenido** con palabras clave o los conocidos #hashtags (esto sería válido para cualquier red social con contenido generado por sus usuarios). El uso de etiquetas te ayudará a posicionar, o lo que es mismo, a que los usuarios encuentren, tu contenido. Conocer los términos de búsqueda que usan los usuarios en este caso es fundamental, también puedes buscar esa palabra clave y comprobar el número y tipo de contenido asociado antes de usarla en tu publicación. Analizar un determinado hashtag (aquí valen los de la competencia también) te permite hacer un seguimiento en tiempo real de los contenidos asociados a esa etiqueta.

En el caso de **Instagram** podrías crear un hashtag propio y original, este debería ser corto y fácil de deletrear (para evitar errores en su escritura), podría ser uno general de la marca o negocio, o ser específico de una campaña o promoción, en ambos casos deberíamos darlo a conocer en todos nuestros canales (web, blog, redes sociales, etc.).

El **objetivo** final es que cualquier usuario pueda asociarte con esa etiqueta y que algunos acabaran incluso utilizándola en sus propias publicaciones (ej. fabricas unas sandalias artesanales llamadas Orelias y siempre usas #MyOrelias, tus clientes publicarían fotos de las suyas incluyendo también ese hashtag).

Eso podría suceder en un medio-largo plazo cuando tengas una masa crítica de seguidores motivados pero también puedes «forzarlo» al inicio con la organización de algún **sorteo o concurso** en los que el medio de participación sea ese: hacer una publicación con una foto del producto y usar unas etiquetas determinadas (si eres usuario de alguna red social, reconocerás esta práctica, ¿verdad?).

> **PROPUESTA RELACIONADA**
>
> Aplicando los consejos anteriores sobre la creación de hashtags, piensa cuál será el que utilizarás en todas tus publicaciones.
>
> A continuación y como necesitamos que sea único, comprueba si alguien lo está usando en Facebook, Twitter o Instagram (por cierto que los hashtags no pertenecen a nadie, no pueden registrarse, no obstante no puedes usar etiquetas que sí contengan marcas comerciales o registradas).

En relación a la generación de contenidos propiamente dicha, en el último capítulo dedicado a herramientas *online* gratuitas que podemos utilizar, entre otras cosas, para mejorar la productividad, comentaremos aplicaciones como **Canva** (https://www.canva.com/) que nos ahorrarán mucho tiempo y nos facilitarán la **creación de contenido digital** en distintos formatos (vídeo, audio, presentaciones, etc.) y soportes (memes, montajes, imágenes de perfil, gifs animados, infografías, etc.).

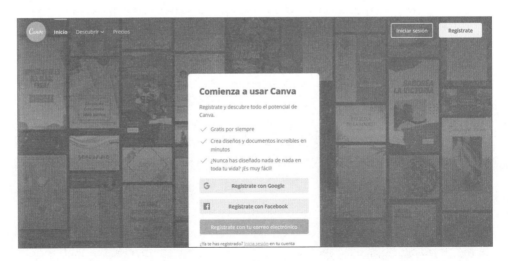

iv. Calendario editorial y campañas

Independientemente de las redes y canales donde vayamos a realizar nuestro marketing de contenidos, es fundamental el tener establecido de antemano un calendario editorial que incluya no sólo qué contenidos vamos a publicar (ej. análisis o *review* del nuevo modelo de máquina de afeitar), cuándo y para qué lo haremos (ej. última semana de noviembre para dar a conocerlo, despertar interés y obtener reservas del producto), y dónde lo haremos (*banner* en tienda *online*, artículo en blog, envío boletín y Whatsapp grupos determinados, Facebook e Instagram); sino también su relación con las campañas que tengamos en marcha (ej. precampaña de navidad y anuncios en *Google Ads*) y eventos externos relacionados (ej. Movember en noviembre) o que podamos establecer una asociación a partir de un hecho (ej. resulta que el actor John Smith es *trending topic* con el hashtag #MoustacheJohn porque se ha dejado bigote para su próxima película).

Una base sobre la que empezar a trabajar, desarrollar y adelantar la preparación de los contenidos estaría compuesta por **eventos que se repiten todos los años** y por tanto los conoces con antelación (aunque más abajo incluimos como ejemplo algunos sectores o tipos de e-commerce que estarían más relacionados con un determinado evento, únicamente es una sugerencia, recuerda que la creatividad y la innovación como elemento de sorpresa es clave en la comunicación con tus usuarios).

Los eventos con los que ya puedes empezar a **programar tu calendario editorial** son los siguientes:

❏ Lista de los **días internacionales** conmemorados por las Naciones Unidas. Desde el 10 de febrero día de las legumbres por si eres un e-commerce tipo «de la huerta a su mesa»; el 20 marzo día de la felicidad por si vendes frases motivadoras en camisetas, tazas o láminas por ejemplo; al 20 de mayo por si eres un apicultor que vende miel *online* (sí, lo has adivinado: es el día internacional de las abejas). Puedes consultar la lista completa de días en: https://www.un.org/es/sections/observances/international-days/ index.html

❏ **Días clave en el comercio electrónico.** Hay días durante el año que se han consolidado como clave o de especial actividad para la mayoría de las tiendas *online*, el más popular y con repercusión en los e-commerce es el **Black Friday**, el día después del Día de Acción de Gracias en EE.UU., pero hemos seleccionado otros catorce eventos que podrás sin podrás apuntar en tu calendario editorial. No dejes pasar ninguno de estos días sin realizar una publicación relacionada (ahora sí estás convencido de la utilidad del calendario editorial y lo sabes):

Evento	Comentarios
7 de enero	Inicio de las rebajas (aunque en algunas zonas comienzan el día 1)
21 de enero	Blue Monday. Supuestamente el día más triste del año, no es cierto pero no vamos a arruinar una oportunidad de publicar contenido.
13 de febrero	Día del Soltero o sin pareja.
14 de febrero	San Valentín. Podemos enfocarlo a los regalos para la pareja o hacer algo diferente y promocionar algo ese día para los que no la tienen.
8 de marzo	Día de la mujer
19 de marzo	Día del padre.
15 de abril	Día del niño
23 de abril	Día del Libro
5 de mayo	Día de la madre.
25 de mayo	Día del orgullo friki.
31 de octubre	Halloween
26 de noviembre	BLACK FRIDAY. Inicialmente destinado a productos de electrónica, actualmente cualquier tipo de comercio se apunta a hacer alguna promoción este día (ten en cuenta que siempre es el último viernes de noviembre por lo que la fecha cambia cada año).
6 de diciembre	Cyber Monday (ten en cuenta que siempre es el primer lunes de diciembre por lo que la fecha cambia cada año)
25 de diciembre	Navidad.
31 de diciembre	Fin de año.

Para consultar más **días señalados** alrededor de los cuales elaborar tus contenidos, consulta **Days of the Year** (https://www.daysoftheyear.com/)

Si hay meses como agosto muy vacíos de contenidos o en los que encuentras nada a lo que agarrarte, crea tu propio día señalado (ej. aniversario de la tienda o busca una efeméride que sirva de excusa aunque sea con un toque de humor) o tu propia «semana increíble» (de forma similar a la semana de ofertas de unos conocidos grandes almacenes).

❏ **Inicio y fin de temporadas**. Válido para las estaciones del año, la vuelta al cole (ropa, materiales y un largo etc. que podrás completar fácilmente si tienes algún hijo en edad escolar), periodos vacacionales (Navidad y Semana Santa especialmente aunque aquí entrarían las semanas de fiestas de cada provincia también), temporadas o campeonatos de algunos deportes e incluso la temporada de alergias si eres una parafarmacia por ejemplo.

❏ **Entrega de premios nacionales e internacionales.** La lista sería muy larga para incluirla aquí, el consejo es que localices qué premios existen de los que podrías hacer publicaciones relacionadas cuando se convoquen, se fallen y se haga la ceremonia o entrega de premios. Desde los Oscar, porque en tu tienda *online* vendes las patatas fritas que aparecen en una película coreana nominada, a los literarios Planeta, porque en tu librería *online* habéis organizado una semana del autor donde cada día promocionáis un libro suyo. Solamente tienes que sentarte un rato y unir los puntos.

PROPUESTA RELACIONADA

Identifica qué tipo de contenidos podrían interesarle a tu público objetivo, esto es, clientes actuales y potenciales (ej. recetas) ¿Están relacionados o podríamos adecuarlos a nuestros objetivos? (ej. recetas «veganas» con ingredientes que podemos suministrar desde nuestro e-commerce). En caso afirmativo, ¿tienes capacidad y/o recursos para generar esos contenidos y mantener en el tiempo un ritmo razonable de publicación? (ej. al menos dos veces por semana).

¡PASEMOS A LA ACCIÓN!

Tomando de referencia los contenidos identificados anteriormente, vamos a realizar un primer borrador de tu calendario editorial para el próximo mes (por lo que serían ocho eventos mínimo si aplicamos el mínimo semanal de dos que recomendábamos). Lo puedes hacer en una hoja de cálculo o incluso en papel (no olvides que en este soporte han surgido las más grandes ideas).

Una propuesta para los encabezados de cada columna junto con un evento sería:

FECHA Y HORA	23-04-2021 13:00 AM
TEMA O TÍTULO	Descuento 10% por Día del Libro
FORMATO	Imagen con enlace
CANAL/RED	Facebook
	Twitter
OBJETIVO	Venta directa
AUTOR	José Luis
COMENTARIOS	Enlazar a ficha del libro en tienda online

Para **organizar todo este trabajo editorial** puedes usar desde una simple hoja de cálculo de **Google Docs** (https://docs.google.com/spreadsheets/u/0/) que diseñes desde cero o te bases en alguna de las plantillas como la de «Planificación Diaria»; usar o combinar con la anterior hoja de cálculo la agenda de **Google Calendar** (https://calendar.google.com); Trello (http://trello.com), un gestor de tareas, o instalar algunos de los **plugins para Wordpress** como **Editorial Calendar** (https://wordpress.org/plugins/editorial-calendar/) o **Editflow** (https://wordpress.org/plugins/edit-flow/).

Si el marketing de contenidos va a convertirse en esencial para tu negocio y tendrás hasta un pequeño equipo de redactores, colaboradores y gestores de redes, deberás entonces usar herramientas más profesionales como **Coschedule** (https://coschedule.com/), una completa suite o conjunto de utilidades para programar, publicar y monitorizar tus contenidos o las principales redes sociales, además de organizar tareas, responsables y los distintos recursos digitales).

8.3 Publicidad en buscadores (SEM)

La principal forma de realizar publicidad en buscadores es a través de **campañas PPC** (Pago por Clic) o **CPC** (Coste por Clic) en programas de publicidad patrocinada como **Google Ads** (https://ads.google.com/home/) o **Microsoft Advertising** (https://about.ads.microsoft.com/es-es/h/a/es/coupons) para los buscadores **Bing**, **Yahoo** y el americano **AOL**.

En el primer caso, **Google Ads** (que engloba a los anteriores Google Adwords y Google Adwords Express) tus anuncios aparecerían en el principal buscador en internet (más del 90% de todas las búsquedas se realizan en Google) y podrías llegar a los usuarios no sólo a través de esas búsquedas, sino a todos los **servicios dependientes de Google** (sí, el correo de **Gmail** incluido) o páginas web donde se consuman contenidos y formen parte de la **Red Display** de Google (ej. Google Adsense), pudiendo incluir nuestra publicidad en blogs y webs cuya temática esté relacionada con nuestra tienda. La Red Display alcanza a más del 90% de los usuarios de internet y está formada más de dos millones de sitios web, aplicaciones y vídeos en los que pueden aparecer los anuncios de Google.

Alguno de esos servicios es la plataforma de vídeos **YouTube**, que es otro sitio web de los más visitados y que reemplaza en muchas ocasiones a Google como buscador, es decir, los usuarios realizan las búsquedas directamente en YouTube (según Google más del 40 % de los usuarios afirma haber comprado productos que habían descubierto en YouTube) –en este caso no hablaríamos de clics sino de visualizaciones.

En estos **sistemas PPC** solamente **se paga cuando el usuario hace clic** en el anuncio, no importa el número de impresiones o las veces que se muestre. No obstante, el ratio de clics o CTR (*clicthrough*) del anuncio no debe alejarse mucho de la media del sector (sí, la competencia también está tratando de insertar anuncios en los mismos sitios), si es demasiado bajo o tus anuncios no reciben clics, es porque no son relevantes ni efectivos, no funcionan y Google no va a cobrar ningún clic, dándole prioridad a otros que sí consigan facturar.

El coste del clic es variable y depende de múltiples factores (ej. la competencia en mostrar un anuncio para esa misma búsqueda o tipo de contenido), aunque sí podemos establecer un máximo dentro del sistema interno de pujas para no pagar más de 0,80€ por ejemplo por clic así como unos límites diarios (toda esta configuración se puede cambiar en tiempo real según el desarrollo de la campaña y los posteriores ajustes que se hagan).

Unos **cálculos aproximados** de lo que supondría en clics una determinada inversión es la siguiente: para 110 € se obtendrían 170- 285 clics estimados al mes; para 80€ unos 115- 190 clics y para el mínimo de 50 €, unos 70- 115 clics (Fuente: Google).

Antes de determinar si es mucho o poco, ten en cuenta que el coste del clic siempre hay que considerarlo como **coste de adquisición del cliente** y en relación al margen que obtengas de su compra.

Si ese clic que te ha costado 1,20€ te ha conseguido que el visitante realice un pedido cuyo margen neto es de 32€ por ejemplo, el coste de adquisición del cliente ha sido muy bajo, ¿no? (recuerda siempre analizar los resultados de cada campaña de forma global ya que si de una inversión de 50€ únicamente has conseguido 1 cliente, la inversión publicitaria no ha sido rentable).

Para **empezar una campaña en Google Ads** solamente tenemos que registrarnos con una cuenta de anunciante y seguir los pasos descritos a continuación: por los que nos guiará el asistente para **configurar los anuncios**, seleccionar los destinatarios o audiencia (a quién y dónde se mostrará); y establecer un presupuesto.

El proceso de configuración del anuncio está compuesto de los siguientes pasos:

PASO 1

En este primer paso seleccionarás el **objetivo** de la campaña, a partir del cual se mostrarán los tipos de campaña más idóneos para ese objetivo (sólo puedes utilizar un objetivo por campaña).

Los tres primeros objetivos serían las más habituales para un e-commerce: el denominado «Ventas» sería para impulsar las ventas *online*, por teléfono o en la tienda física; el de «Clientes potenciales» sería para realizar CTA o llamadas a la acción que generaran oportunidades de venta y otras conversiones; y el de «Tráfico al sitio web» conseguiría que los usuarios potencialmente interesados visiten el sitio web.

Los tipos de campaña que serían adecuados para lograr esos objetivos son las de Búsqueda, Display (Red de Display), Shopping, Vídeo, Discovery y Smart, este último mo sólo para Ventas y Clientes potenciales.

Los siguientes tres objetivos estarían recomendados para grandes sitios web o marcas ya conocidas, que pueden tener además su propia app de compras o servicios asociados (la «Consideración de la marca y del producto» sería para dar a conocer productos y servicios y la «Cobertura y notoriedad de la marca» para aumentar el *brand awareness* o reconocimiento de marca).

Por último, la opción de «Crear una campaña sin un objetivo concreto», la escogeríamos para tomar como base cualquiera de los tipos anteriores y crear la campaña de cero sin recomendaciones basadas en un objetivo concreto (no es que no tenga objetivo, sino que la configuración de la campaña es más abierta y sin orientaciones predefinidas).

PASO 2

En este paso seleccionarás el tipo de campaña, el cual determinará dónde verán los clientes tus anuncios, así como la configuración y las opciones disponibles de la misma.

Los tipos de campaña en Google Ads son:

Búsqueda: Para crear anuncios de texto que se muestren junto a los resultados de búsqueda de Google y en los sitios web de *partners* de búsqueda de Google

Display: Para crear anuncios llamativos que se publiquen en la Red de Display de Google, en YouTube y en móviles o aplicaciones

Shopping: Para promocionar tus productos con anuncios de shopping (para ello es necesario asociar la cuenta del Merchant Center)

Vídeo: Para crear anuncios de vídeo en YouTube diseñados para aumentar la cobertura y la notoriedad, fomentar el *engagement* o vinculación de los usuarios, o generar conversiones. Si realizas una **campaña de vídeos** puedes mostrar tus anuncios antes o después de otros vídeos relacionados o en los resultados de búsqueda, y pagar solo si muestran interés en tus anuncios (o lo que es lo mismo, se reproduce durante al menos 30 segundos). Para ello obviamente tienes que crear el anuncio en vídeo y después subirlo a YouTube. En la parte de configuración del anuncio podrás decidir la acción que deseas que realicen los usuarios como visitar tu sitio web o ver otro vídeo por ejemplo.

Aplicación: Promociona tu aplicación en las redes de Google
Smart: Para crear automáticamente anuncios de texto e imagen que se muestren en Google, en Google Maps y en toda la Web
Discovery: Publica anuncios en YouTube y Gmail, entre otros.

PASO 3:

Aquí tendrás que seleccionar **cómo quieres alcanzar tu objetivo** y después de marcar el *checkbox* tendrás que completar la información asociada (ej. URL de la visita al sitio web).

La primera opción y más común sería la de «Visitas al sitio web», en este caso es muy importante que la página de destino o *landing page* esté asociada a un anuncio específico y muestre la ficha del producto o la página de la promoción, no deberías enviar nunca al usuario a la página principal de la tienda *online* para que trate entonces de encontrar el producto o la oferta. A veces las *landing page* se diseñan específicamente para lograr la máxima conversión (se reducen los puntos de salida y todo está dirigido a realizar el pedido.

Las otras opciones serían «Llamadas telefónicas», «Visitas a tienda» (establecimiento físico, no la tienda *online*) y «Descargas de la aplicación « (en el caso de contar con una app propia que distribuyamos desde las distintas *app stores*).

PASO 4

En este paso crearíamos opcionalmente (aunque es altamente recomendable para el análisis de resultados posterior) una **acción de conversión**, es decir, qué acción es la que queremos registrar como lograda como consecuencia directa del anuncio mostrado al usuario (ej. un registro de usuario, una suscripción, una llamada o una compra).

Para registrar las acciones de conversión hay que instalar un código de seguimiento que Google nos proporciona una vez creada la acción. Para la instalación nos presenta dos opciones para seleccionar: «Envía las instrucciones por correo electrónico a tu webmaster» o «Instala el código de seguimiento por tu cuenta».

Respecto a la **segmentación demográfica** de Google Ads, ésta te permite llegar a un conjunto específico de clientes potenciales con unas determinadas características (ej. si vendes productos de estética masculina podrías segmentar la audiencia de forma que no se muestren los anuncios a mujeres, pero acuérdate de no segmentar aquellos productos que podrían ser comprados para regalo por mujeres porque estarías perdiendo entonces potenciales ventas).

La segmentación demográfica de las campañas de Google Ads puede incluir las categorías siguientes:

❏ Edad: «18-24», «25-34», «35-44», «45-54», «55-64», «65 o mayor» y «Desconocida»

❏ Sexo: «Mujer», «Hombre» y «Desconocido»

❏ Estado parental: «Con hijos», «Sin hijos» y «Desconocido».

❏ Ingresos familiares (no disponible en España, actualmente solo en
   Australia, Brasil, Hong Kong, India, Indonesia, Japón, México, Nueva
   Zelanda, Corea del Sur, Singapur, Tailandia y EEUU): «10 % más alto»
   (respecto al ingreso familiar promedio de la zona), «11-20 %», «21-30
   %», «31-40 %», «41-50 %», «50 % más bajo» y «Desconocido».

Para dichas categorías se pueden realizar además «**Combinaciones**» (ej. mujeres
de 45-54 y 55-64) y «**Exclusiones**»; y también influyen en la **configuración de las
pujas** de los anuncios, pudiendo establecer pujas más altas o más bajas para un determinado grupo demográfico.

Relacionado con el sistema de pujas, si se realizan campañas regularmente y estamos obteniendo un mínimo de 30 conversiones mensuales, es aconsejable usar la
función automática de pujas (*smart bidding*) para obtener mejores resultados y si
queremos optimizar este sistema deberíamos además aplicar el **método Hagakure**
(para más info : https://www.labelium.com/blog/es/metodo-hagakure-google-ads/).

Por último, señalar que algunos sitios web de la **Red de Display** inhabilitan la
segmentación demográfica, por lo que para que se muestren los anuncios en dichos
sitios, hay que dejar seleccionada la categoría «Desconocido». Por otra parte, debes
excluir la categoría demográfica «Desconocido» únicamente si estás seguro de que
quieres limitar el alcance a un determinado grupo (al excluir a estos usuarios reducir
considerablemente el alcance ya que al igual que las otras categorías, no se tienen
todos los datos de los usuarios y los que se tienen no son totalmente fiables).

Una vez configurado el anuncio o grupo de ellos, estableceremos el **presupuesto**
y confirmaremos la campaña para aprobación (la campaña puede detenerse en cualquier momento, no hay compromiso de permanencia o consumo mínimo).

Después de la validación respecto a las normas de publicación de anuncios (ej.
usar el nombre de una marca comercial o anunciar un producto prohibido), los
anuncios se podrán mostrar tanto en los resultados de búsqueda como en la **Red
Display** de Google cuando un usuario de la zona objetivo definida busque un producto relacionado con tu tienda *online* (la relación entre búsqueda y producto se establece en el paso de creación del anuncio a través de palabras clave) y únicamente
tendrás que pagar cuando los usuarios interactúen con los anuncios, por ejemplo,
cuando hagan clic en ellos o llamen a tu empresa.

En este punto sólo nos quedaría hacer un par de observaciones sobre algunas
cuestiones que suelen plantearse:

❏ Si haces una búsqueda en Google esperando que se muestre tu anuncio y
   no lo hace (como es habitual por otra parte), no es que el sistema no

funcione es que depende de múltiples factores y en tu caso además estarás navegando con la sesión abierta y desde el mismo dispositivo e IP con la que creaste el anuncio.

Relacionado con este particular, no intentes agotar el presupuesto de la competencia haciendo clics en sus anuncios: en el mejor de los casos conseguirás realizar dos clics y tu tiempo seguramente valdrá más.

❏ Si se consumen los clics, el presupuesto, y no hay correlación con las ventas, los anuncios están mal diseñados: consiguen que el usuario haga clic pero lo que encuentra a continuación el usuario no es relevante o no se encuentra en la audiencia objetiva.

Se deben revisar los anuncios, tratar de identificar el problema y probar con alternativas. A veces se utilizan elementos que funcionan como filtro y evitan clics improductivos (ej. si incluyo en el anuncio de jamón ibérico que su precio es «desde 249€» estoy evitando que aquellos usuarios que no están dispuestos a pagar ese precio o simplemente quieren curiosear no hagan clic).

Por último, comentar que puedes solicitar la **ayuda gratuita de un asesor** de Google para crear tu campaña de Google Ads en el teléfono 900 800 624 y atenderán tu llamada en horario de 9.00h a 18.00h de lunes a viernes.

Si tu catálogo es bastante amplio y compites directamente con e-commerce de tamaño importante, deberías usar conocer los servicios dirigidos a anuncios de venta *online* que Google ofrece en **Google for retail** (https://www.google.es/retail/) como el comparador **Google Shopping**, las campañas de **shopping inteligente**, las campañas de **shopping con partners**, el **Merchant Center** y el **Manufacturer Center** que si eres fabricante te ayuda a proporcionar información más actualizada y autorizada de tus productos en los resultados de búsqueda.

En caso de que nuestro perfil de cliente sea muy sensible al precio y nuestros precios sean realmente competitivos deberíamos usar **Google Shopping** o alguno de los **CSS** o comparadores de precios. Estos servicios –podemos usar sólo el de Google o varios a la vez incluido Google Shopping– insertan nuestros artículos directamente en los resultados de búsqueda (del buscador general o de la búsqueda específica para compras Google Shopping: https://www.google.es/shopping?hl=es) , unas veces se mostrarán de forma independiente y otras junto a las ofertas de otras tiendas, permitiendo al usuario además filtrar por otros parámetros o características de los productos y redirigiéndolo finalmente a la tienda *online* del comerciante para comprar el producto.

Para ello es necesario estar registrado previamente como comerciante en **Google Merchant Center** (https://www.google.com/retail/solutions/merchant-center/) y cumplir con las políticas de anuncios (https://support.google.com/merchants/answer/6149970?hl=es&ref_topic=9212502) antes de subir tus artículos.

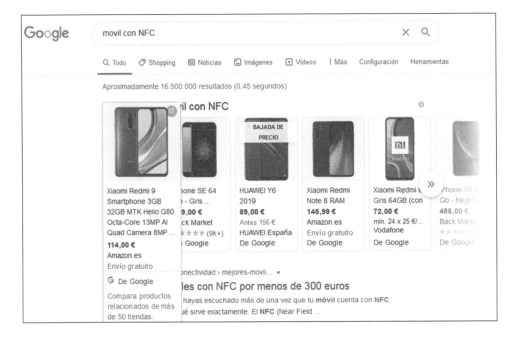

Ejemplo de resultados de búsqueda con Google Shopping

Finalmente, puede ser también útil probar y experimentar con estos sistemas para detectar el nivel de demanda y palabras clave en las búsquedas, tanto **Google** como en **Microsoft Advertising**, se ofrecen **cupones gratuitos** (80€ con una inversión inicial de 45€ en el caso de Google, y 75€ con invirtiendo 15€ en el caso de Microsoft) – este último permite importar y sincronizar las campañas activas de Google Ads y su **CPC es casi un 70% menor** (Fuente: ReportGarden), es decir, obtendríamos más clics con menos inversión aunque para un potencial alcance también menor pero no pequeño: la **Microsoft Search Network** (Bing, Yahoo y AOL) representa el 9,8 % de las búsquedas mensuales (234 millones) en ordenadores en España.

Por otra parte, **ambas redes publicitarias** no deben ser vistas como excluyentes sino como **complementarias**, podemos lanzar perfectamente una campaña simultánea en **Google Ads** y **Microsoft Search Network**.

Otros modelos de pago por publicidad son **coste por impresión** o **CPM** (coste por cada mil impresiones o veces que se muestra un anuncio), más utilizado en portales de contenido cuando venden sus espacios publicitarios en distintos formatos (ej. megabanner, banner lateral, banner inferior, etc.); y el **coste por acción** o **CPA** (se paga únicamente cuando el usuario finaliza una interacción definida previamente como ver un anuncio de vídeo o completar un formulario).

Como tantas veces en la gestión del nuestro negocio, tendremos que reflexionar sobre el **coste de oportunidad** de cada método para atraer visitantes a nuestra tienda *online*. Dedicar recursos a generar contenidos para el blog o las redes sociales en las que vayamos a estar activos atrae un tráfico de calidad pero no con resultados inmediatos (hay que cultivar, hacer crecer y cuidar esa Comunidad como si de un jardín se tratara) mientras que realizar una campaña de anuncios patrocinados puede realizarse en pocas horas y ser igual o más efectivo que el marketing de contenidos (la principal desventaja es que deja de serlo en cuanto se acaba el presupuesto).

Este consejo sobre valorar el coste de oportunidad de cada acción también se aplica a la gestión de las redes sociales, tanto en relación al tiempo que dedicamos en mantener allí una actividad y que podríamos emplear en otras tareas, como al uso de sus propios **programas de publicidad patrocinada** que comentaremos en el siguiente apartado.

8.4 Plataformas de publicidad en redes sociales

Antes de comentar los principales sistemas de publicidad patrocinada en Facebook, Instagram, Twitter y LinkedIn, es importante señalar que **el coste final de las campañas de publicidad es el mismo** que el de Google Ads por ejemplo, es decir, hay un presupuesto total sobre el que se desarrolla la campaña durante un tiempo determinado y bajo unas condiciones (elección de la audiencia, formatos, etc.).

Asimismo, en términos generales también se aplica el principio de que si no se produce el clic para la acción que tenemos como objetivo, no tiene coste o repercusión sobre el presupuesto establecido.

i. Facebook ads

Utilizando el sistema de **Anuncios de Facebook** (https://www.facebook.com/business/ads), servicio para páginas de empresa, puedes crear una campaña de anuncios patrocinados y captar clientes para tu tienda *online*, entre otras posibilidades. Es posible segmentar por perfil o tipo de usuario, usando datos sociodemográficos (ej. mujeres de 30 a 45 años viviendo en ciudades de más de 200.000 habitantes) o con técnicas de *retargeting* (a través del píxel de seguimiento, el sistema mostrará el anuncio a usuarios que ya han comprado en tu tienda anteriormente y les mostrará productos o servicios relacionados).

Los anuncios en Facebook se estructuran en tres niveles: **campaña**, donde escribiríamos el nombre y seleccionaríamos el objetivo principal de la misma; **grupo de anuncios,** donde configuraríamos la audiencia, la plataforma, el presupuesto y el calendario); y los **anuncios** propiamente dichos con la selección de los formatos y el contenido de los mismos.

Para publicar anuncios en **Facebook** (además de las plataformas **Instagram, Audience Network** y **Messenger**) utilizaremos el **Administrador de anuncios** y realizaremos las siguientes acciones:

Paso 1: Elegir el objetivo

Los **objetivos** que están predefinidos para las campañas de anuncios en Facebook son están relacionados con **Reconocimiento** (Reconocimiento de marca y Alcance); **Consideración** (Tráfico, Interacción, Interacciones de la aplicación, Reproducciones de vídeo, Generación de clientes potenciales y Mensajes); y **Conversión** (Conversiones, Ventas del catálogo, Visitas en el negocio).

Dependiendo de lo que queramos conseguir con el anuncio, habrá tipos de anuncio que son más efectivos que otros. Por ejemplo, si el objetivo es una venta de artículos, el formato de secuencia, colección o foto es más efectivo; y para el sector de viajes, compraventa de automóviles y vivienda, el tipo más adecuado serían los anuncios dinámicos con funcionalidad de *retargeting* (estos anuncios se crean automáticamente a partir del historial de navegación del usuario o interacción previa con sitios relacionados).

La siguiente tabla muestra la relación entre tipos de **objetivos y tipos de anuncios** asociados que resultarían más efectivos.

Paso 2: Segmentar la audiencia

Elige los destinatarios ideales para conseguir la mayor efectividad a través de distintos criterios demográficos, intereses y comportamientos que representen mejor a tu público (en la siguiente sección dedicada a **Instagram Ads** se detalla más este paso que es común a ambas redes en el Administrador de Anuncios).

Paso 3: Elegir dónde publicar el anuncio

Selecciona en qué plataforma quieres publicar el anuncio: en Facebook, Instagram, Messenger, Audience Network o en todas ellas, así como si únicamente se mostrarán en determinados dispositivos.

Paso 4: Definir el presupuesto.

Establece tu presupuesto diario o global para la campaña o conjunto de anuncios, así como las fechas de inicio y fin en la que se publicarán los anuncios.

Objetivo general	Objetivo específico	Tipo anuncio
RECONOCIMIENTO	Reconocimiento de marca Muestra anuncios a las personas que tengan más probabilidades de prestarles atención	Anuncio dinámico
	Alcance Muestra anuncios a la mayor cantidad de personas de tu público según el presupuesto (se puede configurar para que sólo se muestre a las personas cerca de la ubicación de la empresa)	Anuncio dinámico
CONSIDERACIÓN	Mensajes Provoca más interacciones en Messenger a través de . conversaciones para responder preguntas, recopilar información de clientes potenciales e impulsar las ventas.	Anuncio dinámico
	Interacción Consigue más seguidores e interacciones en las publicaciones como comentarios, compartir o Me gusta, así como para los eventos.	Anuncio dinámico
	Reproducciones de vídeo Muestra los vídeos a las personas potencialmente más interesadas.	Anuncios con vídeo
	Tráfico Aumenta las visitas a la web, app o conversación de Messenger, e incrementa las probabilidades de conversión.	Anuncios con enlace
	Generación de clientes potenciales Facilita que las personas interesadas obtengan más información. Anímalas a registrarse o a navegar por el sitio web o app	Anuncios para clientes potenciales
	Instalaciones de la app Crea enlaces directos a la App Store y a Google Play Store	Optimización para conseguir eventos
CONVERSIÓN	Conversiones Aumenta las acciones en tu sitio web o app (compras, registros, suscripciones boletín, etc.)	Retargeting (píxel de Facebook)
	Visitas en el negocio Aumenta las visitas en el establecimiento físico combinando información del entorno *online* y *offline*	Anuncio dinámico
	Ventas del catálogo Promociona automáticamente los productos que potencialmente son más adecuados para determinados usuarios.	Anuncio dinámico

Paso 5: Elegir el formato

Selecciona el **formato** de anuncio entre las **opciones** disponibles y optimizadas para cualquier dispositivo:

- ❏ Foto: una imagen de calidad acompañada de un texto puede ser muy efectiva.
- ❏ Vídeo: el formato que integra imágenes, sonido y movimiento con variedad de duraciones y estilos.
- ❏ Historias: pensadas para visualizarse en modo vertical y en pantalla completa, ideal para contenidos que transmitan autenticidad y naturalidad, conectando con los usuarios.
- ❏ Messenger: este formato incentiva que los usuarios inicien conversaciones con tu empresa.
- ❏ Secuencia: puedes mostrar hasta diez imágenes o vídeos en un mismo anuncio y cada uno con su propio enlace. Úsalo para destacar ciertos productos o contar una historia.
- ❏ Presentación: son clips compuestos de movimiento, sonido y texto para contar tu historia de una forma atractiva.
- ❏ Colección: este formato facilita pasar del descubrimiento a la compra de una forma fluida y envolvente. Cada anuncio de colección incluye un vídeo o una imagen principales con cuatro imágenes más pequeñas que se muestran justo debajo en un diseño de cuadrícula (a los clientes que pulsan sobre un anuncio de colección se les proporciona una visualización sin salir de Facebook o Instagram).
- ❏ Anuncio reproducible (ofrece una vista previa interactiva antes de descargar una *app*).

Paso 6: Confirma el anuncio, realiza el pedido y comprueba el rendimiento

Después diseñar los anuncios, confirma el envío para su publicación (están sujetos a moderación o aprobación) y realiza el pago de la cantidad establecida para la campaña. Una vez publicado el anuncio, debes hacer un seguimiento del rendimiento de la campaña y en caso necesario, editar los anuncios en el administrador de anuncios.

Es aconsejable que tengas conectada tu cuenta de **WhatsApp Business con Facebook**, ya que además de agregar el botón de WhatsApp a tu página como comentamos en el capítulo dedicado a las comunicaciones con los clientes, podrías crear anuncios de WhatsApp para publicarlos en Facebook, es decir, el **CTA** o llamada a la acción sería para que te enviaran un **mensaje de Whatsapp**.

Por otra parte, si tu tienda *online* está usando **Shopify como plataforma e-commerce**, puedes lanzar una campaña de anuncios conectada con los productos de la tienda Shopify. Para ello debemos en primer lugar, **crear un conjunto de productos** como «Artículos para Black Friday», «Liquidación primavera» o «Móviles con NFC», y en segundo lugar, **configurar los datos generales de la campaña**, para ello sigue estos pasos:

1. Ve al Administrador de anuncios (https://www.facebook.com/ads/manager); haz clic en **Crear anuncio**; selecciona **Conversiones** como objetivo de marketing; y escribe el nombre de la campaña (después pulsa en **Continuar**).

2. Elige el sitio web o la app que quieras promocionar y selecciona un píxel de conversión o un evento de la app (se recomienda seleccionar una acción o evento que ocurra diariamente al menos 100 veces al día, por lo que si el número de pedidos diarios no se acerca a esa cifra, el evento debería ser que **Agregar al carrito** o **Ver contenido** en lugar de **Comprar**).

3. Configura ahora el *target* o público (tipo de destinatarios), la ubicación, el presupuesto y el calendario (después pulsa en **Continuar**).

4. Elige la opción **Conversiones** en «Optimización de la entrega» y selecciona el intervalo de conversión. Este intervalo debe basarse en el tiempo que tarda una persona en completar una acción valiosa (o conversión) después de ver el anuncio.

5. Selecciona **Automático** como el importe de la puja si quieres que Facebook optimice las pujas de tu campaña (de lo contrario, selecciona **Manual** para establecer el costo objetivo por resultado); escribe un nombre para el conjunto de anuncios y pulsa en **Continuar**.

En tercer y último lugar, después de haber establecido los datos y preferencias de la campaña, quedaría **crear el anuncio**, para ello sigue estos pasos:

1. Elige el formato **Secuencia** o Carrusel para mostrar diferentes productos en un solo anuncio; y conecta la **página de Facebook y la cuenta de Instagram** de tu negocio en caso de tenerla y querer que se muestren los anuncios también en Instagram

2. Selecciona la opción para **completar automáticamente el contenido** del anuncio usando una **plantilla** si quieres que Facebook cree el anuncio usando productos de tu catálogo o sitio web y lo optimice para mejorar el rendimiento. Si no quieres que Facebook lo haga automáticamente, entonces selecciona la opción **elegir manualmente** el contenido del anuncio y usar imágenes de productos específicos en el anuncio (también puedes usar el catálogo y el conjunto de productos que están seleccionados de forma predeterminada).

3. Escribe el **título** y la **descripción** del enlace (estos campos se completan automáticamente con el nombre y el precio predeterminados del producto); y un efectivo CTA (call-to-action) o **llamada a la acción** como Comprar, Hacer pedido o Pedir ahora.

ii. Instagram Ads

El funcionamiento de los Anuncios de Instagram es muy similar al de Facebook, de hecho, el **administrador de anuncios** usa las mismas herramientas publicitarias que Facebook. Por lo tanto puedes configurar, modificar y consultar los resultados de tus campañas, tus grupos de anuncios y tus anuncios de Instagram en un solo lugar (sólo tendrías que seleccionar «Instagram» en la sección **Vista previa** del anuncio una vez creado).

Desde Instagram además **recomiendan lanzar campañas en Facebook de forma simultánea** debido a que la audiencia potencial es más grande y se optimiza su segmentación, maximizando el rendimiento de los anuncios (en el caso de que **no tuvieras cuenta en Instagram**, tendrás que usar la página de Facebook de la empresa para realizar los anuncios de Instagram, esto es para publicar anuncios en Instagram, es **obligatorio tener página de Facebook**).

El realizar una campaña en ambas redes no implica crear contenido diferente ya que generalmente el contenido que funciona bien en la sección de noticias de Facebook también tiene un buen rendimiento en el *feed* de Instagram. No obstante, dado que las especificaciones de imagen y vídeo de Instagram son ligeramente distintas (ej. la relación de aspecto), podemos subir en estos casos contenido distinto para Facebook e Instagram asociado a un mismo grupo de anuncios.

Para **crear una campaña desde el administrador de anuncios** tienes dos opciones: la **creación guiada** y la **creación rápida** (recomendada si ya tienes experiencia).

Asumiendo que es la primera vez, estos serían los pasos **para crear tu primera campaña** en de anuncios en Instagram:

Paso 1: Crear campaña y seleccionar objetivo

Desde el administrador de anuncios, haz clic en **Crear** y elige un **objetivo** de los siguientes (sólo estos objetivos son los que te permitirán crear anuncios que puedan mostrarse en Instagram): Reconocimiento de marca; Alcance; Tráfico al sitio web; Instalaciones de la app; **Interacción** con las publicaciones; Reproducciones de vídeo; y **Conversiones** en tu sitio web o app. A continuación escribe el **Nombre de la campaña** o usa el nombre predeterminado

Paso 2: Segmentar la audiencia

Desde la sección **Público** segmenta la audiencia a la que se le mostrarán tus anuncios. Las **opciones de segmentación** son Ubicación (estados, provincias, ciudades o países); Datos demográficos (edad, el sexo e idioma); Intereses (páginas que sigue, apps que usan, anuncios en los que han pulsado); Comportamientos (actividades que realiza dentro y fuera de Instagram y Facebook como visitar una determinado sitio web); Públicos personalizados (son usuarios a los que ya tienes identificados a través de su correo electrónico o su número de teléfono); y Públicos similares (usuarios de características similares a los actuales).

Asimismo, puedes usar la «Segmentación automática» para identificar un público potencial a través de la ubicación, los datos demográficos y los intereses (ej. si a los hombres de 45-55 de Valencia les gusta esta página entonces es probable les interese esta página producto).

El tamaño de la audiencia según la segmentación que realices puedes verlo en tiempo real y también puedes guardar esa segmentación de la audiencia en tu para utilizarla en futuras campañas.

Paso 3: Establecer presupuesto y calendario

En la sección *Presupuesto y calendario* podrás establecer un máximo diario de gasto o un presupuesto cerrado para una duración determinada, así como el importe de la puja (también se puede fijar con la opción «Manual»), pudiendo programar fechas y horas en las que se mostrarán los anuncios (en este apartado también tienes un indicador dinámico del alcance estimado según lo que hayas configurado).

Para **pagar tus promociones de Instagram** puedes hacerlo desde la propia app al acabar de configurar la promoción y también puedes conectar una cuenta publicitaria de Facebook que hayas utilizado ya para otras campañas en Facebook.

Paso 4: Conjunto de anuncios y formatos

Una vez asignado un nombre para el conjunto de anuncios, seleccionaremos en la sección **Formato** el tipo de contenido publicitario que quieres que incluya tu anuncio. Los cuatro tipos de anuncios en Instagram son:

Anuncios con foto: Muestran una imagen y son el tipo de anuncios que aparecen en las novedades.

Anuncios en vídeo: Permiten agregar vídeos.

Anuncios en secuencias: Muestran hasta diez imágenes o vídeos y permiten para contar una historia más larga de una manera más interesante (recuerda que la imagen en miniatura debe ser lo más atractiva posible ya que no todos los usuarios van a explorar el contenido).

Anuncios en historias de Instagram *(stories)*: Son anuncios de pantalla completa que se muestran esporádicamente entre las historias y se usan para compartir promociones especiales u ofertas por tiempo limitado, ya que los usuarios saben que solo estarán disponibles durante las 24 horas que dura la historia.

Respecto al **diseño del contenido,** aunque se admite cualquier dimensión del feed en las historias (desde 1:91 hasta 4:5), se recomienda usar una relación de aspecto de 9:16 para que se ajuste al característico formato vertical en pantalla completa.

Los **requisitos para crear anuncios de calidad en Instagram Stories** son los siguientes: tipo de archivo mp4 o mov para vídeo (4 Gb tamaño máximo y para una duración máxima de 120 segundos) y jpg o png para foto (30 Mb tamaño máximo); la resolución recomendada es 1.080 x 1.920 píxeles (siendo la mínima 600 x 1.067 px); y los códecs compatibles son H.264 y VP8 para vídeo y AAC y Vorbis para audio.

Paso 5: Identificación del anunciante

En la sección *Mensaje publicitario*, selecciona una página de Facebook a la que estarán asociados los anuncios de la campaña y debajo de *Cuenta de Instagram*, selecciona una cuenta de dicha plataforma. Si no aparece ninguna, haz clic en *Agregar una cuenta* y sigue los pasos para configurar tu cuenta de Instagram (si no tienes una cuenta de Instagram, puedes usar tu página de Facebook como representante del negocio en Instagram).

Paso 6: Contenido del anuncio y envío para publicación

Completa la información del anuncio, como el **título**, el **texto** y el **botón de llamada a la acción** (en *Mostrar opciones avanzadas* tienes más opciones de contenido). Debajo de *Vista previa del anuncio*, aparecen las ubicaciones en las que se mostrará el anuncio (si sólo vas a publicar en Instagram, deberás situarte junto a ellas (ej. Facebook) y pulsar en Eliminar).

En este último paso sólo quedaría darle a **Publicar** y esperar la notificación de que los anuncios han sido aprobados para su publicación.

También es posible **crear un anuncio desde Instagram** desde el botón **Promociones** en tu cuenta comercial o de empresa, o desde el botón **Promocionar** de una publicación existente.

Para **crear anuncios directamente desde tu cuenta comercial** en Instagram tendrías que ir a Perfil > Promociones > Crear promoción (en la parte inferior) y Elegir la publicación que quieras promocionar.

Si no vinculaste una página de Facebook cuando configuraste tu cuenta comercial de Instagram, podrás conectarla en este momento eligiendo una página u omitir este paso (si lo haces no verás este paso cuando promociones publicaciones en el futuro pero podrás conectar una página de Facebook con tu perfil en cualquier momento).

Finalmente antes de *Crear promoción* quedaría completar los detalles de la misma como el **destino** (las opciones son visita a tu perfil, visita a tu sitio web y mensaje), **público** (Instagram puede generarlo automáticamente con personas similares a tus seguidores actuales), **presupuesto** y **duración**.

En relación con lo anterior, señalar que el hecho de que una publicación esté promocionada no implica que ya no puedan verla tus seguidores, podrán seguir haciéndolo así como cualquier persona que visite tu perfil de empresa. Por otra parte, si una persona ve tu promoción y etiqueta a otra en los comentarios, la persona etiquetada también podrá verla aunque no estuviera incluida dentro del público que configuraste como destinatario.

Por otra parte, dado que Instagram se ha convertido en la red de los influencers para algunos sectores como la moda, además de los anuncios patrocinados, como complemento o como reemplazo, valora la conveniencia de una **campaña con influencers** (en el siguiente capítulo veremos cómo hacerlo).

iii. Twitter Ads

Al igual que todas las plataformas que estamos comentando, en **Twitter Ads** (https://ads.twitter.com) el objetivo es segmentar al máximo los clientes potenciales para lograr que los anuncios sean relevantes y por tanto, efectivos. Asimismo se establece un presupuesto y solamente se cobra cuando se consigue el clic o la acción deseada.

Los **pasos para configurar una campaña** publicitaria en Twitter Ads serían los siguientes:

Paso 1: Selección objetivo

Como siempre, primero identificar qué queremos lograr y luego planearemos cómo hacerlo. Los objetivos en Twitter Ads se agrupan en Reconocimiento (relacionado con el alcance de la acción para conseguir reconocimiento de marca o *brand awareness*), Conversión (relacionada con reinteracciones con una app) y **Consideración**, que sería el que elegiríamos ya que se divide en **objetivos más concretos y relacionados con nuestra tienda** *online* como los de Reproduccciones de vídeo, Reproducciones de pre-roll (*teaser* o avance de contenido *premium*), Clics en sitio web (aumento del tráfico web y de la conversión), Interacciones (fomento del engagement y acciones relacionadas como retuitear o comentar) y Seguidores (captación de followers y aumento de la comunidad).

Ten en cuenta a la hora de seleccionar los objetivos que la captación de un nuevo *follower* en Twitter tiene más valor en el medio-largo plazo que un impacto publicitario o una interacción aislada (ej. visita al sitio web), ya que ese seguidor podrá recibir sucesivos *tweets* tuyos en el futuro.

Paso 2: Configuración de la campaña

A continuación indicaremos el nombre de la campaña, el método de pago, el presupuesto diario y total (éste último de forma opcional), así como la fecha de inicio y fin de la campaña.

Como en otros sistemas de PPC (pago por clic), sólo se contabiliza la acción solicitada en el tuit patrocinado desde la configuración de la campaña, no hay inversión mínima y puedes parar y modificar la campaña en cualquier momento.

Paso 3: Configuración grupos de anuncios, segmentación y creatividades

En este paso podremos configurar las fechas de inicio y fin, así como el **presupuesto y el tipo de puja**, las cuales pueden ser «automática», que es la recomendada por maximizar el rendimiento de los clics, «costo objetivo» en la que estableces un precio fijo para el clic, y «puja máxima» que establece un límite para el coste del clic.

A continuación **segmentaremos la audiencia** a partir varios parámetros como género (de cualquier género, hombres, mujeres); edad (todas las edades o por rangos), ubicaciones, idiomas y tecnologías (por tipo de dispositivo, operador o sistema operativo); así como contenido de los tuits de los usuarios en relación a *hashtags* y palabras clave, eventos, intereses, seguidores similares, películas y programas de TV (para ello se usan los *trending topics* de los días anteriores) o si los usuarios vieron o interactuaron con algunos de nuestros tuits anteriormente.

Cuando se crea la **audiencia** también se puede (desde la opción Herramientas del menú) subir una **Lista** de clientes (el e-mail de tu ficha de cliente debe coincidir con el que ellos tienen asociado a sus cuentas de Twitter) o aplicar la técnica de *retargeting* a partir de su **actividad** en tu tienda *online* (ej. visitar el sitio web o determinadas páginas como la ficha de un artículo).

Para controlar la actividad de los usuarios en tu sitio web y mostrar posteriormente los anuncios, el sistema es el mismo que usan otras plataformas, tendrás que insertar en el código fuente de tu sitio web las **etiquetas de conversión** de Twitter (que pueden ser universales o para un único evento).

Finalmente en el siguiente apartado de «**Creatividades**» configuraremos el contenido que mostrará el anuncio a partir de «Tweets» (creados específicamente o anteriormente publicados) o «Creatividades para publicidad digital» (estas últimas podemos crearlas con anterioridad o reutilizar las existentes desde la opción Creatividades del menú).

Las creatividades pueden ser de tipo **tweet, cards** y **multimedia** (cualquier imagen o vídeo que subas o hayas publicado en la cuenta anteriormente).

Las denominadas **Cards** son unidades de contenido multimedia personalizables y los Tweets Promocionados que incluyen Cards tienen tasas de interacción un 43 % más altas en comparación con los que incluyen enlaces (Fuente: Twitter).

Ten en cuenta que las Cards no pueden usarse como contenido independiente que constituya un anuncio en sí mismo sino que van asociados a un tweet (puedes promocionar un Tweet sin una Card pero no puedes promocionar una Card sin un tweet).

Por último, podemos seleccionar la **ubicación** de los anuncios (ej. en resultados de búsqueda y en consultas de perfil de las cuentas) donde se mostrarán además de en el *timeline* de los usuarios segmentados.

Si vas a utilizar esta plataforma es muy recomendable que visites **Twitter Flight School** (https://www.twitterflightschool.com/student/catalog) donde hay información y recursos formativos relacionados con el uso y aprovechamiento de la plataforma.

iv. LinkedIn Ads

Si los clientes potenciales de tus productos o servicios están entre los 13 millones de usuarios que tiene la red profesional **LinkedIn** sólo en España, también puedes usar algunos de sus productos de publicidad (https://business.linkedin.com/es-es/marketing-solutions).

No sólo tienen los anuncios de texto (Text Ads) sino opciones de Sponsored Content (contenido patrocinado), Sponsored Messaging (mensajes patrocinados en las bandejas de entrada de los usuarios), Anuncios en conversación, Anuncios por mensaje, Dynamic Ads (anuncios que se personalizan de manera automática), Anuncios en vídeo y Anuncios en carrusel.

Al igual que en el resto de plataformas, **el proceso es el mismo**: a partir de un **objetivo** (agrupados de igual forma que en Twitter Ads por cierto: Conocimiento, Percepción y Conversión), configuramos una campaña en la que seleccionaremos el **formato** de anuncio, **segmentamos** la audiencia a la que nos dirigimos y establecemos unos criterios de administración del **presupuesto** dedicado a la campaña.

En el caso de la conversión y por el carácter profesional de la red, podríamos incluir en este caso las solicitudes de empleo o candidaturas a partir de anuncios de ofertas de trabajo.

PROPUESTA RELACIONADA

Ahora que conoces las principales plataformas de anuncios patrocinados en redes sociales, de acuerdo a las redes donde están tus clientes potenciales, anota en qué redes podrías realizar una campaña publicitaria, qué objetivos establecerías en cada una (puede ser el mismo), usando qué formatos, qué duración tendría la acción publicitaria y qué presupuesto podrías dedicar a cada plataforma.

8.5 Plataformas de influencers

Este apartado podría haberse llamado también «influencer marketing» porque en definitiva de lo que se trata es de utilizar a los denominados *influencers* para darle difusión a nuestras campañas y/o contenidos.

El marketing de influencers es una realidad, estando muy presente en redes como Twitter y muy especialmente por su atractivo visual, Instagram. Casi el 80% de las acciones de marketing relacionadas moda, los artículos de lujo y los productos de belleza se llevaron a cabo a través de campañas con influencers en 2018 (Fuente: Launchmetrics).

Hace unos años era un proceso artesanal y laborioso, si querías contar con la colaboración de un influencer (que por entonces se limitaba básicamente a los *bloggers* más leídos y por tanto con más influencia), tenías que identificarlo, analizarlo para asegurarte que realmente sus artículos tenían el alcance que se les presuponía y acordar una contraprestación que dependiendo del status o nivel del blogger podía ir desde el pago en especie con productos o viajes (los conocidos como *blogtrips* usados por muchos hoteles y otros negocios relacionados con el turismo) a cifras de dos a cuatro dígitos por un post o artículo.

Afortunadamente hoy en día existen plataformas que hacen de **intermediarios** para ambas partes, los *influencers* y **las empresas** anunciantes, **automatizando** todo el proceso de selección, contratación, pago y además pudiendo realizar un **seguimiento y análisis de la campaña** (alcance, visualizaciones o impresiones, retuits, uso de hashtags, conversión en suscripciones, visitas a la web, ventas).

Una de las plataformas más utilizadas en España es **Socialpubli** (https://socialpubli.com/es) con presencia también en Portugal, Francia, Estados Unidos, México, Colombia y Perú; y que cuenta con más de 150.000 influencers repartidos por Twitter, Facebook, Instagram, LinkedIn, Youtube, Tiktok, la red de videojuegos Twitch, blogs y Whatsapp.

Entre esos influencers los hay que tienen influencia en una o varias de esas redes, a gran escala en cuanto a popularidad o en un ámbito más reducido o local, estos últimos serían los llamados **microinfluencers**, y son los que en la práctica tendrían más influencia, valga la redundancia, sobre su reducido grupo de seguidores, que aunque no lleguen a varios miles sí estarían más segmentados (ej. en vez de gastar todo el presupuesto del mes en contratar a una actriz algo conocida para que haga una publicación en su Instagram , podría ser más efectivo contar con usuarios anónimos con menos caché pero que acaben resultando más efectivos).

En Socialpubli distinguen entre nanoinfluencers, microinfluencers, macroinfluencers y celebrities pero al final todo se reduce al nivel de influencia que tenga cada perfil en una red determinada.

En cualquier caso, sea toda una *celebrity* o un microinfluencer, antes de lanzar la propuesta y que ellos acepten, podemos consultar sus indicadores de vanidad –número de seguidores o publicaciones– así como su grado de *engagement* o vinculación con sus seguidores que tienen en esa red. También podemos empezar la campaña con un presupuesto inicial para tantear los resultados y luego alargar su duración y contratar más microinfluencers, o más publicaciones con los mismos, todo dependerá del nivel de éxito de la campaña. Para lograr ese éxito obviamente influirá mucho qué tipo de campaña estamos lanzando, el objetivo que queremos lograr con ella, si hemos elegido bien las redes y los influencers, los destinatarios a los que queremos llegar, la fecha o el diseño de los materiales empleados, entre otros factores –no culpemos a los influencers de primeras si no funciona como esperábamos (además se pueden aprobar o rechazar a los influencers antes de que publiquen en sus redes sociales, todo se publica previa revisión y confirmación por tu parte).

Otras **plataformas similares** que te facilitan el uso de influencers en tu plan de marketing son **Coobis** (https://coobis.com/es/) y para el mercado internacional **Traackr** (https://www.traackr.com/), y **Blog Meets Brand** (https://www.blogmeetsbrand.com/), indicado para contactar con bloggers internacionales.

PROPUESTA RELACIONADA

En tus redes sociales prioritarias seguramente tengas identificado a algún usuario que podrías considerar un influencer (o microinfluencer) por el número de interacciones que obtiene en sus publicaciones.

¿Qué acción podrías realizar en la que fuera útil su participación para conseguir amplificar el alcance de la misma? (ej. que participara en tu concurso o sorteo).

Finalmente, cuando **analices los resultados** de las campañas en buscadores, en los programas de publicidad patrocinada de redes sociales, en las plataformas de influencers, o en cualquier otro medio en el que inviertas en publicidad, recuerda calcular el *ROAS* o **Retorno en la Inversión Publicitaria** (del inglés *Return on Advertising Spend*) que es como la relación entre inversión y beneficios del ROI (Retorno de la inversión) pero específico para las acciones de marketing, que se calcula dividiendo el valor de las conversiones entre el coste de los anuncios y multiplicándolo por 100 (se puede calcular para anuncios individuales o para campañas).

Este índice ROAS debes incorporarlo en el **cuadro de mando** junto con el resto de KPIs o indicadores clave de rendimiento para tu e-commerce que veremos en el siguiente capítulo.

8.6 Creando programas de afiliados

Implantar programas de **afiliados** o **referidos** es uno de los sistemas más utilizados y efectivos para captar nuevos usuarios o clientes. En estos programas de recomendación o apadrinamiento se premia a los usuarios o clientes que recomiendan nuevos usuarios o clientes, que a su vez también suelen tener algún incentivo o bonificación como regalo de bienvenida (usualmente las recompensas obtenidas por los referidos son cheques regalo o descuento para utilizar en la misma tienda).

Como ves, estamos en un sistema *win-win-win* donde todas las partes implicadas ganan, por otra parte se estima que hasta el 65% del negocio procede por a través de las recomendaciones (Fuente: Forewards).

Por ejemplo **Airbnb** y **Booking** tienen programas de referidos donde ofrecen descuentos en las reservas a usuarios activos que recomienden el servicio y también a los nuevos usuarios. Otro caso a nivel nacional sería el de la app financiera **Fintonic**, que en sus primeros meses de lanzamiento ofrecía 5€ en Cheque Amazon tanto a los usuarios que invitaban como a los nuevos usuarios que se descargaban y registraban en la app.

Las **tiendas online** por supuesto también usan los sistemas de afiliados, desde una modesta tienda desarrollada con **Prestashop** al todopoderoso **Amazon** (https://afiliados.amazon.es/)

Aunque en este apartado afiliados y referidos los vamos a usar como sinónimos indistintos de recomendadores o padrinos, en el área del marketing, los afiliados tendrían menos relación con sus recomendados que los referidos (ej. un afiliado puede limitarse a enlazar productos de tu tienda *online* en su blog o su perfil de Facebook mientras que un referido no difundiría tan abiertamente su recomendación, lo haría en un entorno más cerrado u otro medio más personal). Sea como fuere, afiliado o referido, ambos nos van a traer clientes a nuestro e-commerce, bien a comprar un producto directamente desde un enlace o a registrarse previamente como usuarios y realizar su compra posteriormente.

Esta estrategia puede utilizarse en cualquier momento, ya que no conlleva coste mantenerla una vez puesta en marcha. No deja de ser un **sistema de comisiones** puro y duro: si no hay venta, no hay comisión, y mientras tanto nuestros afiliados o referidos están intentando captar nuevos clientes para nosotros (podríamos llamar «comercialización pasiva» también a estos sistemas).

Hay que tener en cuenta que una parte de esos nuevos usuarios serán poco rentables desde el punto de vista del **LCV** (Life Customer Value) ya que han venido por el regalo de bienvenida, puede que realicen una primera compra porque estuviera vinculada con la promoción de nuevo cliente, pero no seremos su primera opción de compra. Afortunadamente y como tenemos sus datos de contacto, siempre tendremos alguna oportunidad de intentar fidelizarlos (utilizando las herramientas que comentamos en el capítulo 7).

Para **empezar nuestro sistema de referidos** podemos hacerlo de una forma «artesanal« generando varios códigos o vales descuento (ej. cantidad fija o porcentaje sobre precio) desde nuestra tienda *online* (ej. Prestashop incorpora esta funcionalidad). Ese código es el que utilizarían esos nuevos clientes en su registro y previamente lo facilitaríamos a un grupo limitado (para que sea manejable la gestión de esta acción) de **clientes premium**.

Para este primer caso o programa piloto de afiliados, seleccionaríamos por ejemplo nuestros diez mejores clientes habituales (ej. número de pedidos los últimos 6 meses). A estos clientes premium que ya son fieles no tenemos que convencerlos de la calidad de nuestro e-commerce y recomendarán con confianza y credibilidad nuestra tienda (aunque estemos incentivándoles el hacerlo ahora con el cupón o descuento).

A continuación generamos un código para cada uno de ellos, es importante que sea un código distinto para cada potencial recomendador, de lo contrario no podremos hacer la trazabilidad de qué cliente nuevo ha sido apadrinado por qué padrino. Para ello puedes usar parte de su código de cliente o id de usuario.

Una vez creado el código o vale descuento, lo configuramos con la cantidad de descuento o el porcentaje, así como las veces que se puede utilizar (ej. si limitas el número, el recomendador no lo difundirá indiscriminadamente entre sus contactos sino que pensará mejor en quién podría estar interesado y tiene más posibilidades de utilizarlo) y la fecha de validez (nos interesa al menos en esta prueba piloto, tener un plazo de tiempo para lanzar la acción, finalizarla y analizar los resultados).

Si usar un programa de afiliación va a ser un elemento habitual de nuestra tienda *online* como **herramienta de captación y fidelización de clientes**, entonces necesitaremos alguna **aplicación** que nos automatice la creación y gestión de afiliados (que ahora no tendrán por qué ser clientes necesariamente), nuevos clientes y los códigos de referido/afiliado.

Algunas de esas aplicaciones que te ayudarán en la elaboración de tu programa de referidos específico para tu e-commerce son: **Referral Candy** (https://www.referral-candy.com/), con integración, entre otras, con nuestros conocidos Shopify, Woo-Commerce o MailChimp; **Forewards** (http://forewardsapp.com/); y **Ambassador** (https://www.getambassador.com/).

Finalmente, deberás crear una **nueva sección** en tu sitio web dedicada a proporcionar toda la **información de tu programa** de afiliados o referidos (condiciones generales del registro como afiliado, comisiones o recompensas, cómo se consultan los referidos, FAQs, etc.).

Dentro de este apartado podemos incluir también las llamadas **páginas de cashback**. Aunque el término *cashback* puede referirse a la devolución de un porcentaje del ticket en forma de vale descuento para las siguientes compras (ej. el Cheque Ahorro de Carrefour es un ejemplo de este sistema) con el objetivo de **fidelizar** a los clientes (usando el sesgo cognitivo de aversión a la pérdida y realizando comunicaciones asociadas a ese «saldo» que puede usar en su próxima compra y que tiene una fecha de validez), cuando hablamos de *cashback* en relación al **marketing de afiliados**, éste sería el porcentaje que reciben los clientes por comprar desde ciertas páginas (o con el plugin correspondiente instalado en el navegador).

Es decir, el sistema de *cashback* en este caso consistiría en que los clientes llegan a tu tienda *online* desde estas páginas (ej. realizando una búsqueda en su directorio de tiendas) y obtienen un *cashback* o reintegro de la respectiva plataforma previamente acordado con el comercio (ej. un 8% para una determinada categoría) – el comercio abonaría a la plataforma pasadas unas semanas ese *cashback* (no sería un vale regalo como cuando gestionamos nosotros mismos el *cashback*) más la comisión que tenga cada plataforma por facilitar esa venta.

Las principales páginas especializadas en cashback son **Beruby** (https://es.beruby.com/), **Cashbackdeals** (https://www.cashbackdeals.es/static/advertise/), **Letyshops** (https://letyshops.com/es/advertisers) o **Aklamio** (https://www.aklamio.com/es/businesses/solutions/), y son una oportunidad de acceder a todos sus usuarios registrados y por tanto, captar nuevos clientes.

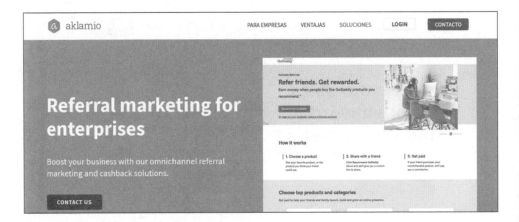

PROPUESTA RELACIONADA

Si consideraras incorporar un sistema de afiliados o referidos en tu e-commerce. ¿Qué porcentaje máximo de comisión podrías ofrecer a tus afiliados? (puedes hacer como Amazon y otros, que dependiendo de la categoría de producto, la comisión es variable).

8.7 Marketing de guerrilla y *growth hacking*

El marketing de guerrilla puede definirse como una serie de **estrategias y técnicas de marketing**, llevadas a cabo por medios **no convencionales** (o **BTL** como los llaman los publicistas), y que se basan en la **creatividad** y aprovechan muchos aspectos de la **psicología** humana como los **sesgos cognitivos**. Por otra parte, el uso de la **tecnología** incrementa el potencial número de acciones, e incrementa su alcance y efecto sobre los destinatarios (ej. hay negocios que ponen a la venta sus artículos en apps dirigidas al mercado de segunda mano como **Wallapop** o **Vinted** con perfil de persona particular).

El marketing de guerrilla como concepto es bastante anterior a internet (fue acuñado por Levinson en 1984 en su libro *Guerrilla Marketing*) como la conocemos hoy –en España no fue hasta los 90 cuando empezaron las primeras conexiones– pero los principios sobre los que trabaja se pueden aplicar en el ámbito del e-commerce, y ahí es donde entre el conocido como *growth hacking*.

El *growth hacking* puede definirse como una combinación de analítica, técnica y creatividad para hacer **crecer exponencialmente y de forma muy rápida** por ejemplo el número de usuarios de una *start-up*, el número de suscripciones al boletín de noticias o de seguidores en una red social, entre otros objetivos y resultados.

Inicialmente se originó en el entorno de start-ups de servicios web o proyectos web pero se puede aplicar en otras áreas, en el caso del *growth hacking* **en e-commerce** se centra en la **captación de clientes, la retención y la conversión**.

La base del *growth hacking* es **identificar formas de crecimiento** que no sean invertir dinero en marketing –al menos, el tradicional o el que hace uso de medios ATL, el *Above The Line* como opuesto del BTL o *Below The Line* que promueve el marketing de guerrilla. Se trata de que con creatividad y utilizando pocos recursos, mediante el análisis y la combinación de herramientas y técnicas, se pueda obtener de forma rápida, automatizada y escalable grandes cifras de crecimiento.

Las **características** principales de las técnicas *growth hacking* son las siguientes:

✓ **Análisis**: se deben analizar constantemente todos los datos y detectar las relaciones entre ellos ya que la automatización es clave para diseñar estos esquemas de crecimiento.

✓ **Creatividad**: hay que ser innovador a la hora de diseñar los mecanismos que harán incrementar los registros, los *likes* o las ventas.

✓ **Curiosidad**: se debe investigar cómo funcionan las plataformas y cómo se comportan los usuarios (para ello hablaremos de **analítica web** en el próximo capítulo) con el objetivo de identificar los puntos de mejora, ya que la mejora continua es parte también de la filosofía del *growth hacking*: no basta con conseguir los objetivos, hay que conseguir **más y mejor**.

Algunos **ejemplos** clásicos de aplicación de técnicas *growth hacking* en aplicaciones y servicios (ahora) populares son los de **Gmail** donde el registro sólo podía hacerse mediante invitación de otro usuario, Gmail aumentó así el interés y la expectación; Hotmail incluyó la siguiente línea al final de los correos «PS: I love you. Get your free email at Hotmail», en 18 meses creció de 300.000 a 18 millones de usuarios; **Dropbox** estuvo ofreciendo más espacio de almacenamiento a los usuarios que invitasen a sus contactos, con esta estrategia de referidos (*member get member*) a coste cero, en dos años pasó de 100.000 usuarios a 4.000.000 de usuarios; o **AirBnB** en sus inicios usó fue un *script* para publicar automáticamente su anuncios en el famoso portal de clasificados Craiglist.

A continuación se describen **diez técnicas sencillas de *growth hacking*** que pueden aplicarse a un e-commerce, pruébalas todas o al menos un par de ellas (no sabrás si funcionan en tu caso hasta que las pruebes).

1. Busca el UGC

Puedes publicar un bonito sitio web, crear llamativos anuncios en las redes sociales, y narrar una cautivadora historia de marca (*storytelling*), pero ninguna de tus acciones de marketing y publicidad será tan potente y eficaz como una verdadera recomendación boca-a-oreja de una persona a la que le encantan tus productos.

Esta técnica tiene que ver con el aprovechamiento de los mensajes boca-a-oreja del contenido generado por los usuarios o UGC (*User Generated Content* en inglés) –que ya vimos anteriormente cuando hablamos de posicionamiento natural y marketing de contenidos– en forma de comentarios, testimonios, vídeos (ej: *unboxing* o desembalaje del producto) o fotografías como una forma de atraer a nuevos clientes a probar tus productos (ej. usuarios en Instagram que publican fotos probando, consumiendo o llevando lo que han comprado).

Para poner en práctica esta técnica, **debes pensar en cómo promover los comentarios y testimonios de tus clientes e incorporarlos** en tu página principal y páginas de productos. También puedes incorporar testimonios en los anuncios así como incluirlo en los correos electrónicos que envías a los suscriptores (lo que no deberías hacer en ningún caso es lo que se conoce como *brushing* o publicar opiniones falsas para mejorar el posicionamiento, sea en Google o en el *marketplace* de Amazon).

Ejemplo de cómo incentivar las opiniones de los usuarios

En el caso de la solución **Prestashop** tienes módulos específicos como el «Módulo Opiniones Tienda + Opiniones Productos + Rich Snippets» (http://addons.prestashop.com/es/17896-opiniones-tienda-opiniones-productos-rich-snippets.html) que puede ser una alternativa otros sistemas ya mencionado como eKomi, Trusted Shops y Opiniones Verificadas (pero ten en cuenta que al gestionarlas tú directamente y no depender de un tercero, la credibilidad no será la misma aunque sean opiniones de clientes que realmente han comprado en tu tienda).

Estos contenidos tipo opinión y testimonios son esenciales a la hora de aplicar más la siguiente técnica de la **prueba social** (*social proof* en inglés).

2. Prueba social

Como estamos comprobando, las opiniones, comentarios, testimonios y publicaciones de personas que han comprado tus productos son poderosas herramientas de marketing y venta, además de ser contenido generado por el usuario (UGC) y contribuir favorablemente al SEO o posicionamiento natural como vimos anteriormente.

Algunos datos de cómo influye al aspecto social en las ventas: el **92% de los compradores están influenciados más por amigos y familias** que por cualquier otra forma de publicidad (Fuente: Nielsen); la gente es un **77% más probable que compre un producto** cuando lo conoce a través de amigos y familia (Fuente: Shuttlerock); y el **81% de los usuarios toman decisiones** de compra influenciados por las publicaciones en redes sociales de sus contactos (Fuente: ACI).

Además de gestionar directamente los comentarios y opiniones de prueba social en la página web a través de sistemas de valoración externos (ej. Ekomi) o internos (ej. módulo de Prestahop) ya comentados, muchas tiendas incorporan la sección de **«otros usuarios también compraron»** para indicar no sólo la «prueba» de que alguien compró ese artículo sino como una forma sutil de incorporar la venta cruzada o *cross-selling* que comentaremos en seguida.. ·

Otros elementos que actúan como indicadores de prueba social relacionados pueden ser número de clientes, de comentarios de productos, de marcas con las que se trabaja, o incluso interacciones en vivo de clientes que están comprando en ese momento.

3. Guest post

Tener un blog en tu propio sitio web es una gran manera de construir y cultivar relaciones con los clientes potenciales como vimos en el capítulo 7 cuando hablamos de **blog marketing**, pero para ampliar la audiencia y atraer más tráfico puede usar el llamado **guest post** o post invitado, es decir, ofrecer a otro blog que tiene un público o *target* que te interesa el enviar un artículo para que lo publiquen.

A veces lo que sucede es que hay **intercambio de posts** en los respectivos blogs, convirtiéndose en la práctica en una versión del antiguo intercambio de enlaces pero en ambos casos estaríamos **incumpliendo las directrices de Google** y obtendríamos el resultado contrario al deseado: nos **penalizarían el posicionamiento** o SEO.

Por cierto que **Google no sanciona el post invitado,** lo que sí desaconseja es el intercambio de publicaciones entre blogs, sea simple entre blog A y blog B, o esquemas más elaborados de relación que constituyen una mala práctica y por tanto, nos perjudica. También debes evitar insertar demasiados enlaces a tu web dentro del artículo, y nunca envíes el mismo post a diferentes blogs -tampoco vale uno que ya tengas publicado en tu propio blog- porque sería contenido duplicado y no nos beneficia en nada (si el blog donde nos interesa publicar nos solicita este intercambio, debemos negarnos exponiendo la razón anterior y sugerir otro tipo de contraprestación).

Una vez acordados los detalles del post a publicar como la temática, la extensión y formato o la fecha de entrega y publicación, no escribas un artículo que suene demasiado promocional, como siempre **debes aportar valor.** Comprueba que dentro del artículo y en la firma están correctamente configurados los distintos enlaces a tu web y redes sociales y no olvides realizar el seguimiento con **Google Analytics** (lo veremos en el próximo capítulo)) de los usuarios y clientes que llegaron desde allí (si funcionó bien deberías plantearte repetir la acción pasados unos meses).

Una variante de publicar contenido relacionado con nuestra tienda *online* en otros sitios web como blogs y portales temáticos o de noticias (además de en sus respectivas redes sociales) es **convertir tu contenido en noticia de interés** y que sean ellos los que estén interesados en publicar un artículo al respecto. Para ello podríamos hacer una encuesta, elaborar una estadística a partir de la información que tengamos de ventas o clientes, recopilar anécdotas, hechos curiosos o las consultas más disparatadas recibidas. El titular debe resultar en todo caso atractivo y despertar el interés en primer lugar, del redactor del medio al que lo enviarás y en segundo lugar, de sus lectores (pero sin llegar al *clickbait* o titular engañoso que únicamente busca el clic como «Nadie imagina el producto más vendido en esta tienda») –esta técnica funciona muy bien con medios de comunicación locales que nunca andan sobrados de contenidos.

Dentro de este tipo de iniciativas **desaconsejamos** el uso de envío masivo de **notas de prensa** a sitios web donde las publican (unas veces gratis otras con coste) con el argumento de que se indexa ese contenido y cuenta para el SEO al tener el enlace a tu web y ser un sitio de autoridad donde está publicado, así como la **compra de publicación de artículos** en blogs y el uso de técnicas como *article spinning* para generar contenido rápidamente a partir de otro, propio o ajeno (básicamente es una forma automatizada de «refritar» contenidos usando sinónimos). Todas son acciones que estarían relacionadas con el llamado *black hat SEO* (técnicas para intentar engañar al buscador) y que no comportan ningún beneficio real, haciéndonos perder además el foco de nuestros objetivos.

4. La tarjeta de agradecimiento

Sorprender positivamente al cliente siempre es beneficioso, conectamos además con sus emociones y ocupamos un lugar preferente en su memoria.

La mayoría de los alojamientos suele poner algún detalle inesperado a la llegada del huésped a la habitación (bebidas, bombones, fruta, etc.), además del efecto comentado arriba también consiguen que el usuario comparta ese momento especial en sus redes con sus contactos.

En el caso de nuestro e-commerce, para sorprender y crear un momento único para el cliente, escribir a mano una tarjeta de agradecimiento a los nuevos clientes es una manera increíblemente fácil de impresionarlos y sorprenderlos, influirles para comprar de nuevo y contarles a otros su experiencia de compra en tu tienda.

En estos tiempos en los que todo está automatizado y «deshumanizado», puedes destacar frente a la competencia ofreciendo un servicio original, personalizado y auténtico por medio de esa nota manuscrita.

Puedes empezar poco a poco con algunos pedidos (las primeras compras, aquellos de mayor importe o mayor número de artículos…) y analizar la respuesta (ej. si publican algo en sus redes, cómo lo hacen, si se muestran indiferentes, etc.).

Si funciona y acabas teniendo que escribir cientos de notas, hay servicios como **This Custom Thanks** (https://thiscustomthanks.com/) que te echan una mano –literalmente– para escribir las notas (el proceso está automatizado pero cada carta estás escrita a mano por una persona real).

El **objetivo** a lograr es que tus clientes se emocionen al recibir su pedido y compartan esa emoción en las redes sociales, pídeles que le cuenten a sus amigos y contactos su compra o negocio –esto se podría incentivar también a través de una promoción especial, código o cupón que será entregado tan pronto como publique su actualización y haga la mención de tu tienda en redes sociales.

Ejemplo usuario compartiendo tarjeta en Twitter
(https://twitter.com/JesOrtizAl/status/1285636519450030088?s=20)

5. Test A/B

La realización de tests A / B es probablemente una de las técnicas de *growth hacking* más populares utilizadas para generar más conversiones en su sitio web. Son variaciones que se hacen en las plantillas de páginas web y correos electrónicos para identificar qué disposición o diseño es más efectivo y qué elementos de cada uno funcionan mejor o peor (ej: el botón de comprar debajo o a la derecha de la foto, un determinado color, la palabra «Comprar» o «Pedir», etc.).

Los tests A/B **no deberían hacerse con poco tráfico** (o pocos destinatarios en el caso del correo) porque la información obtenida no tendrá relevancia estadística, en este caso deberían sustituirse directamente por cómo influye en el número de pedidos los cambios realizados.

Si te preguntas qué se considera «poco tráfico» estaríamos refiriéndonos a menos de 10 pedidos y 1.000 visitas semanales (lamentablemente con estas cifras, cualquier cambio va a tener poca incidencia en los resultados).

En caso de tener tráfico suficiente que justifique el tiempo en realizar un test A/B puedes utilizar herramientas como **VWO** que incluye utilidades como una calculadora (https://vwo.com/ab-split-test-duration/) para saber el tiempo que necesitaremos tener activo el experimento según el incremento en el ratio de conversión que deseamos conseguir, el número medio de visitas diario y los usuarios a analizar.

Tanto si forman parte de un test A/B tradicional como si su realización se limita a pruebas puntuales del tipo ensayo-error, podemos llevar a cabo alguna de las siguientes acciones y **comprobar su impacto en las ventas**: usa fotografías más grandes; inserta algún sello de confianza; modifica o utiliza un CTA (*call-to-action*) o una llamada a la acción (ej: «Cómpralo ahora y recíbelo antes de 48h»); o añade información de oferta limitada (ej: «Sólo hasta fin de existencias» o «Limitado a los 20 primeros pedidos»).

6. Reaccionar al intento de salida

Los responsables de las tiendas *online* concentran sus recursos y esfuerzo en captar visitas al sitio web y mejorar la experiencia de los usuarios que llegan allí. Nunca debemos dejar de intentar mejorar ambos procesos pero muchas veces no se hace nada para retener a los usuarios que abandonan nuestra tienda ni tampoco se conoce las causas ni dónde o en qué paso de la navegación se van.

Aunque las primeras pistas las tendrías en **Google Analytics**, sistema de analítica web que comentaremos en el siguiente capítulo, en la opción Comportamiento > Contenido del sitio > Páginas de salida, para **reducir los abandonos** se utiliza la llamada **Exit intent technology** o tecnología de intención de salida (ej. detecta cuando el usuario dirige el cursor hacia la barra del navegador para cerrar o volver a la página precedente).

El propósito de estas utilidades no es otro que el de retener visitantes de la web que tratan de abandonar sin comprar y hacerles cambiar de opinión ofreciendo un descuento en productos, o al menos capturar su dirección de correo electrónico para aplicar una estrategia posterior (ej. recuperación de carrito abandonado con un descuento que incentive el finalizar la compra).

SumoMe (https://sumo.com/app/list-builder) es una de las herramientas de detección de intención de salida más utilizadas y además de formularios para recoger el e-mail, puede mostrar las ventanas informativas o tipo CTA de llamada a la acción, a partir de otros eventos como la longitud del *scroll* o el tiempo de permanencia en la página. Se instala con facilidad y rapidez (de la misma forma que otras herramientas ya comentadas, mediante la inclusión de un par de líneas de código).

En el caso de **Prestashop** tenemos el módulo **Pop Exit** (http://addons. prestashop.com/es/21510-pop-exit-rettargeting-onsite-popup.html) con el que se podría recuperar un 25% de los visitantes que están a punto de irse con una promoción.

El módulo Pop Exit permite programar tiempo inicio y fin de la ventana popup; configurar el tipo de descuento por cantidad o porcentaje así como si es permanente o limitado en el tiempo; y seleccionar los destinatarios (ej. todo los visitantes o los usuarios registrados).

7. CTA en la confirmación del pedido

El trabajo no acaba una vez realizada la venta, ahora intentar usar esos clientes como herramientas para captar nuevos clientes, fidelizarlos y convertirlos en nuestros vendedores.

Una de las técnicas más fáciles de poner en marcha es incluir en el mensaje de confirmación del pedido, una llamada a la acción o CTA (*call to action*) para que compartan una publicación sobre su compra en redes sociales como Facebook o Twitter (una práctica habitual y que sería desaconsejable es incluir los «botones de compartir» en las fichas de productos por ejemplo haciéndonos perder el foco: en ese momento lo que queremos es que compre no que comparte, y una vez comprado entonces sí, ahora que comparta).

Podemos usar una herramienta gratuita como **Click to tweet** (https://clicktotweet.com/) para compartir un mensaje previamente definido que los nuevos clientes pueden compartir con sus seguidores una vez han realizado el pedido, en la página de confirmación y/o en el correo enviado (además si tenemos en marcha un **programa de afiliados** es sencillo incluir el ID o identificador del usuario al final de la URL como un parámetro más y así tendremos una trazabilidad perfecta en caso de que ese usuario genere alguna venta):

Un ejemplo de un mensaje podría ser:

Acabo de comprar mi nuevo [NOMBRE ARTICULO] de @NOMBRETIENDA! No sé si podré esperar a que llegue! Consigue el tuyo: [link a la tienda+ID_referido]

Lo ideal sería disponer también una página de aterrizaje o *landing page* específica para esa campaña, que a su vez tuviera botones u opciones para compartir, además de los incentivos correspondientes como un descuento o un cupón.

8. Experiencia personalizada

Esta técnica es más elaborada e implica tareas de desarrollo e integración, pero puede compensar por los buenos resultados que consigue.

Se trataría de **personalizar las páginas para cada usuario** para ofrecer la mejor experiencia, por ejemplo mostrando de forma destacada el producto que visitó la última vez pero finalmente no compró, recordándoles ese interés que tuvieron en su anterior visita (**Amazon** por ejemplo aplica esta técnica incluyendo en la página principal productos que «has mirado») o teniendo en cuenta los filtros que usó en el buscador (ej. si ordenó de menor precio a mayor).

El primer paso sería definir qué se elementos o bloques de contenidos se van a personalizar en la tienda *online* y para qué, así como comprobar si se puede o qué nivel de desarrollo implica.

Para implementar estas acciones de personalización podemos usar herramientas como **Evergage** (https://getbunting.com/) que permiten adaptar el diseño según la procedencia del visitante (ej: origen de la búsqueda), su comportamiento dentro de la tienda (ej: recomendar un producto de la categoría o marca que más haya visitado) o el tiempo de navegación por ejemplo.

9. Sugerir productos relacionados

Esta técnica persigue incrementar el ticket de compra animando a los clientes a comprar productos relacionados o agrupar varios artículos de tu tienda que formen una buena combinación (ej: teléfono móvil + batería extra + funda) para incrementar el importe final del pedido.

En el primer caso estaríamos hablando de ***cross-selling*** o venta cruzada; y en el segundo de ***bundle marketing*** o productos vendidos como un pack, complementos, ventas cruzadas.

Cuando la asociación entre productos se realiza con otros productos de mejores características y mayor precio, se habla entonces de ***up-selling*** y se estima que es cuatro veces más efectivo que el *cross-selling*, debido a que en general estamos dispuestos a pagar más por un producto mejor o con más prestaciones.

Para llevar a cabo una estrategia de agrupación de artículos (*cross-selling*, pack o up-selling), primero debemos identificar las relaciones que podemos establecer entre los artículos de nuestro catálogo (siendo los más vistos y/o los más vendidos el criterio inicial de selección para trabajar) y cómo deberíamos presentarlas (en qué orden, combinación única o variable, etc.).

Una vez diseñadas las distintas opciones o combinaciones y antes de incorporarlas en la tienda *online* (la mayoría de las tiendas *online* incorporan la funcionalidad de asociar productos entre sí), deberíamos tener en cuenta estas recomendaciones:

✓ Las opciones de *upselling* además de en la ficha de producto también deben incluirse en la página de pago o *checkout* (los compradores por impulso están más receptivos en el momento del pago).

✓ Las posibilidades para elegir no deben ser muchas, demasiadas opciones requieren un esfuerzo cognitivo que desincentiva la decisión de compra: un estudio mostró que reducir la complejidad de las opciones podría aumentar los beneficios en un entre un 5% y un 40% y reducir los costes hasta un 35% (Fuente: The Economist)

Lo ideal sería tener tres opciones: la básica, una mejor y la mejor. Siendo la del medio la que queremos como comercio que elija (normalmente se destaca y se etiqueta como la opción «Recomendada») y la función de la última sería de hacer lo que se conoce como «ancla»: si nos presentaran directamente la segunda opción pensaríamos que es cara pero al tener la referencia o «ancla» de precio superior podemos compararla y convencernos de lo «buenos que somos haciendo elecciones», nuestro cerebro funciona así, qué se le va a hacer).

Ejemplo de Dell

Existen herramientas para gestionar los productos relacionados en las principales plataformas: **Shopify, Magento, PrestaShop** y **WooCom-merce** (puedes consultar una lista **completa** de módulos y plugins en:https://neilpatel.com/blog/the-art-of-ecommerce-upselling/).

Finalmente, una vez creadas la relaciones entre artículos para fomentar la **venta cruzada**, podemos aprovecharlas también cuando hagamos llevemos a la práctica la siguiente acción de **«Correo de compra otra vez»**: sabemos lo que compró y qué artículos le irían bien como complemento, como recambios, para su mantenimiento, limpieza o transporte, entre otras posibilidades.

10. Correo de compra otra vez

Es un hecho que cuesta más captar a un nuevo cliente que fidelizar a uno existente, por lo que hay que intentar que el cliente actual nos compre otra vez.

El funcionamiento de esta técnica es simple: cuando un cliente compra, le enviamos un correo electrónico unos 10-15 días después invitándoles a comprar de nuevo: es una forma de recordar a tus clientes que sigues interesado en ayudar a hacer su vida mejor, más fácil, que puedes volver a resolver una necesidad que tenga.

El correo electrónico puede incluir un enlace al producto que compró la última vez o enlaces a productos relacionados para hacer venta cruzada (*cross-selling*). También se les puede ofrecer algo especial a cambio de una nueva compra: envío gratis, un regalo o un descuento.

Lógicamente, dependiendo del producto, variarán la frecuencia y opciones que tenemos para potenciar la venta cruzada (ej. no es lo mismo comprar pienso para perros que una lavadora).

Posteriormente a través de la analítica web y los propios informes generados de las herramientas podremos comprobar la efectividad de los distintos envíos: qué tipo de correo consigue que vuelvan a comprar más, qué tipo de gancho funciona mejor, cuál es la CTA o llamada a la acción más efectiva.

En el caso de **Prestashop** hay módulos que permite integrar datos de clientes y realizar este tipo de acciones, por ejemplo está el **Synchronisation Prestashop with MailChimp** (http://www.prestatoolbox.com/advertising-marketing/84-synchronisation-prestashop-with-mailchimp.html) y si usas otras aplicaciones de e-mail marketing como **Aweber** (https://www.aweber.com) permiten la integración con **Shopify** o **Woocommerce**, entre otros.

11. Campaña de retargeting

Los anuncios «reorientados» o de **retargeting** son anuncios dinámicamente generados en tiempo real y pueden ayudar a retener a los visitantes antes de salir de la tienda sin comprar, o hacer que vuelvan en otros casos (ej. un usuario sale de la tienda sin comprar, entra a Facebook y allí se le muestra un anuncio de uno de los artículos por los que se interesó en la tienda, y se le anima a volver y realizar la compra).

Los anuncios y mensajes se pueden **segmentar y personalizar** en base a una multitud de factores: geolocalización, búsquedas que originaron la visita, canal de referencia (¿de qué red social proviene la visita?), sesiones anteriores, navegación de la página, historial de pedidos, etc.

Un **ejemplo** ilustrativo es cuando buscamos un hotel o un vuelo en Google y luego nos «persigue» publicidad en relación al destino en cualquier otra página que visitemos: Facebook, un blog, Google, etc., tanto desde ese ordenador como desde el móvil o incluso desde una app.

Para poner en práctica esta técnica en tu e-commerce, tendrías que combinar el uso de **plataformas de publicidad patrocinada** y **herramientas de campañas de retargeting** como **Criteo** (https://www.criteo.com) y **Adroll** (http://www.adroll.com) que tiene integraciones con Prestashop, Shopify, Magento y WooCommerce.

12. Declaración de urgencia

Una técnica para conseguir que los usuarios completen el proceso de pedido es incluir declaraciones de urgencia en las páginas de productos, especialmente cuando se estima que el cerca del 70% del tráfico de un sitio de e-commerce se produce en páginas de producto o categorías (Fuente: Crazyegg).

Estas notificaciones suelen estar relacionadas por ejemplo con la **limitación del stock** (ej: «Sólo quedan 3» o «Existencias limitadas») o la **duración** (ej: «Sólo hasta mañana» o «Plazo 24 horas»).

La escasez es uno de los 6 **principios de influencia** –junto con el de la prueba social ya comentada– tratados por Robert Cialdini en su libro *Influencia*. Al igual que en otras técnicas de *growth hacking*, entender los mecanismos psicológicos que tienen lugar en la decisión de compra es fundamental. En este caso, en nuestra mente, las cosas son más atractivas cuando su disponibilidad es limitada o podemos perder la oportunidad de adquirir ese producto (aquí entraría también el sesgo cognitivo de aversión a la pérdida).

Para poner en práctica esta técnica, deberías realizar un test A/B con alguna de las herramientas anteriormente mencionadas (o hacerlo de forma más artesana aplicando el ensayo-error) para cambiar las frases que muestran las páginas de productos y/o se usan en los correos electrónicos, así como en relación a las actualizaciones de redes sociales en las que tengas presencia.

Algunos ejemplos de **palabras clave de urgencia** que se pueden utilizar: *Reserva ya, Date prisa, Compra ahora, El tiempo se acaba, Oferta limitada, Sólo hoy, Hasta fin de existencias, Límite 48h* o *No te quedes sin el tuyo*.

La plataforma de reservas **Booking** es un caso de éxito donde se aplica esta técnica con gran efectividad invocando el sentido de urgencia (ej: «X usuarios están viendo ahora mismo este hotel») y mostrando la información sobre existencias limitadas (ej: «última reserva realizada hace X minutos»).

PALABRAS CLAVE: afiliados, APM, article spinning, backlink, Bing ads, blog, bounce rate (tasa de rebote), branded content, brushing, BTL, cashback, copywriting, CPA, CTA (call-to-action), CTR (clicthrough), coste de oportunidad, CPC, CPM, , CSS, Google Ads, Google My Business, Google shopping, google-friendly, growth hacking, guest post, identidad digital, inbound marketing, Indexación Semántica Latente (LSI) , influencer, keyword, keyword stuffing, landing page, LCV (life customer value), lead magnet, Manufacturer center, marketing de afiliación, marketing de guerrilla, member get member, Merchant center, microinfluencer, pixel de seguimiento, podcast, posicionamiento, PPC (pago por clic), proxy caché, referidos, reputación *online*, responsive, retargeting, ROAS (Return on Advertising Spend), ROI (Return on Investment), RWD, SEM, SEO, teaser, test a/b, UGC (user generated content), vlog, win-win-win

➤ Capítulo 9

Analizando rendimiento y resultados

Analizando rendimiento y resultados

C omo dijo Lord Kelvin y luego atribuyeron al profesor Peter Drucker: «Lo que no se define no se puede medir. Lo que no se mide, no se puede mejorar. Lo que no se mejora, se degrada siempre». Lo que queremos decir en esta introducción es que es necesario establecer una serie de indicadores en distintas áreas, nos vamos a centrar en la actividad en cuatro ámbitos: nuestra **actividad en las redes sociales**, el **tráfico** que recibe nuestro sitio web, la **experiencia de compra** y el **rendimiento del e-commerce**, para dónde estamos y hacia dónde nos dirigimos en cada momento.

Para ello vamos a proponer en cada unas de esas áreas un grupo de indicadores y herramientas en su caso para analizar y procesar toda la información que se genera alrededor de la actividad de un negocio *online*.

9.1 Redes sociales

Dependiendo de la red social podremos tener distintos indicadores de actividad (ej. alcance o número de personas a las que se las ha mostrado la publicación) y *engagement*, siendo este último factor el grado de participación que tenemos con nuestros seguidores a través de las distintas interacciones que se pueden llevar a cabo en esa plataforma.

Para calcular ese *engagement* o índice de respuesta la fórmula habitual es dividir el total de número de **interacciones** de una publicación (ej. comentarios, me gusta y número de veces que se ha compartido esa publicación) entre el **alcance** (el número de impresiones o las veces que se ha mostrado) y multiplicarlo por mil (ej. 14 comentarios en una publicación con 256 de alcance nos daría un *engagement* de un 54%).

La mayoría de estos indicadores se denominan comúnmente como **vanity metrics** o métricas de vanidad ya que están relacionadas directamente con la imagen, prestigio o popularidad de la cuenta, marca o empresa pero **no tienen incidencia directa** en la cuenta de resultados, esto es, influyen en el número de pedidos o ventas al menos en una relación directa de causa-efecto (salvo cuando se realiza una trazabilidad por ejemplo entre anuncios patrocinados y pueden identificarse las ventas procedentes de una red, campaña, anuncio, acción en particular).

Todas las redes sociales, plataformas y servicios tienen un apartado de estadísticas donde poder consultar la efectividad o rendimiento de las acciones que realizamos en cada una de ellas (ej. una publicación en una red social, un envío de correo electrónico desde un gestor de email marketing, o mostrar una ficha de producto desde nuestro servidor web).

En el caso de **Facebook** (Administrar página > Estadísticas), la primera pantalla te muestra un resumen a fecha del día (se puede seleccionar también el del día de ayer, los últimos 7 y 28 días) para las opciones que aparecen en el menú lateral de la sección de **estadísticas**: Anuncios, Seguidores, Me gusta, Alcance, Visitas a la página, Vistas previas de la página, Acciones en la página, Publicaciones, Eventos, Vídeos, Retención del público, Público e interacción, Historias, Personas, Mensajes y Pedidos.

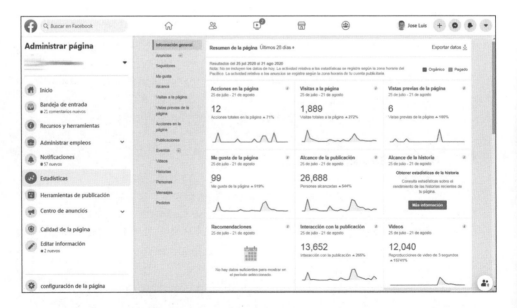

Pantalla inicial de las estadísticas de una página de Facebook

Los resultados que incluye este resumen del inicio se refieren a los siguientes elementos:

Acciones de la página: Número de clics en la información de contacto de tu página y el botón de llamada a la acción

Visitas a la página: Número de veces que personas vieron el perfil de tu página

Vistas previas de la página: Número de veces que las personas pasaron el cursor por el nombre o la foto del perfil de tu página para obtener una vista previa

Me gusta: Número estimado de personas nuevas que indicaron que les gusta tu página desglosado por Megusta de la página orgánicos y pagados.

Alcance de la publicación: Número estimado de personas que vieron alguna de tus publicaciones al menos una vez.

Alcance de la historia: Número estimado de personas a las que se mostró en pantalla alguna historia de tu página, desglosado por totales, orgánicas y promociones.

Recomendaciones: Número de veces que alguien recomendó tu página

Interacción con la publicación: Número de veces que las personas interactuaron con tus publicaciones por medio de reacciones, comentarios, contenido compartido y clics.

Vídeos: Número de veces que se reprodujeron los vídeos de tu página durante al menos tres segundos o casi en su totalidad si duran menos de tres segundos, desglosado por totales, pagadas y no pagadas (se excluyen las reproducciones repetidas de un mismo usuario). En el apartado podremos consultar más detalle relacionados con el **rendimiento** del vídeo como Minutos reproducidos, Reproducciones de vídeo con distinta duración, Tiempo promedio de reproducción, Retención del público, Público e interacción.

Seguidores de la página: Número estimado de personas nuevas que empezaron a seguir tu página, desglosado por pagado y no pagado.

Pedidos: Número de pedidos que recibiste e ingresos asociados durante este período.

Desde la vista resumen también puedes poner **páginas en observación** para comparar el rendimiento de tu página y tus publicaciones con el de otras páginas similares de Facebook.

En cuanto al resto de opciones del menú no incluidas en el anterior resumen, esta sería su descripción:

Anuncios: Los anuncios tienen una sección independiente, Centro de anuncios, y en caso de que hayas realizado alguna campaña de anuncios publicitarios, podrías ver un resumen del alcance, el número de interacciones y los clics en el enlace.

Eventos: En este apartado podrás administrar y realizar el seguimiento del rendimiento de todos tus eventos como visualizaciones, número de respuestas «Me interesa» y «Asistiré», reservas, inscripciones o venta entradas.

Historias: Desde aquí podrás consultar el rendimiento de las historias recientes de tu página (las historias seguirán desapareciendo de tu página transcurridas 24 horas pero estarán visibles aquí durante 28 días).

Personas: Número estimado de personas agrupadas por **Tus fans** (vieron alguna de tus publicaciones al menos una vez), **Tus seguidores** (siguen tu página), **Personas alcanzadas** (les llegó contenido de tu página compartido por otros usuarios) y **Personas que interactuaron** (realizaron alguna acción asociada a la publicación), agrupadas por edad y sexo así como información sobre países, ciudades e idiomas.

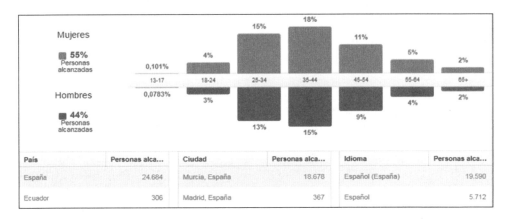

País	Personas alca...	Ciudad	Personas alca...	Idioma	Personas alca...
España	24.684	Murcia, España	18.678	Español (España)	19.590
Ecuador	306	Madrid, España	367	Español	5.712

Mensajes: Esta sección muestra el número de personas con las que puedes contactar directamente por Messenger, el índice de bloqueos o el **nivel de respuesta** en relación al número de mensajes que respondiste por Messenger y al tiempo medio de respuesta en relación al 90% más rápido de los tiempos de respuesta.

Asimismo, **Facebook envía por correo** a los administradores de las páginas unos **informes** resumen cada 28 días con los principales **indicadores de actividad** (alcance de las publicaciones, interacciones con las publicaciones y nuevos seguidores o «Me gusta») y su evolución respecto al período anterior.

Para tener información adicional sobre el comportamiento de los usuarios puedes consultar los llamados *«insights»* de **Facebook IQ (Insights to Go)** (https://www.facebook.com/business/insights) o **suscribirte** a su boletín gratuito (https://www.facebook.com/business/insights/newsletter-sign-up).

Un *insight* en marketing se refiere a la motivación del consumidor en relación a cómo se comporta respecto a un sector, marca o producto. Conociendo este aspecto psicológico podremos conectar mejor con el usuario de forma individual y que el nuestro mensaje sea relevante y por tanto cualquier campaña de marketing será más efectiva.

Los *insights* de **Facebook IQ** que puedes consultar y descargar son fáciles de comprender así como filtrar únicamente los que te interesan.

En cuanto a **Instagram** para consultar las estadísticas sobre tus seguidores, cuándo están conectados y cómo interactúan con tus fotos y vídeos, es necesario tener cuenta comercial o business (se puede acceder a ellas desde el panel de Administrador de la cuenta o desde las publicaciones individuales existentes).

En este caso, los indicadores de Instagram se agrupan en los apartados de **actividad, contenido** y **audiencia.**

Actividad: muestra qué acciones realizan las personas en tu perfil. La sección «Interacciones» ofrece información sobre Visitas al perfil (número de veces que se visitó el perfil de empresa); Clics en el sitio web (número de veces que se pulsó sobre el enlace al sitio web que figura en la descripción de la cuenta); y Clics en «Cómo llegar» (número de veces que se tocó el botón para saber cómo llegar a la empresa).

Debes usar las métricas de interacción y descubrimiento para ajustar el calendario de publicación (ej. si los viernes es cuando hay más actividad, debes tenerlo en cuenta en la planificación del calendario editorial).

Contenido: muestra el rendimiento de tus publicaciones, historias y promociones. Las métricas se pueden filtrar por tipo de contenido, intervalo de fechas o tipo de métrica.

Debes usar las métricas de contenido para ver qué formatos de publicación funcionan mejor para tus seguidores (ej. historias con vídeo).

Detalle estadísticas de un tweet

Audiencia: proporciona más información sobre tus seguidores, como su localización, el rango de edad y el sexo (para ver este tipo de datos demográficos tu cuenta comercial deber tener 100 seguidores como mínimo). También se puede consultar a qué horas suelen estar conectados a Instagram y qué días de la semana están más activos

Debes usar las métricas de público para crear contenido adaptado a las características demográficas tus seguidores.

En el caso de **Twitter**, podemos consultar tanto las estadísticas de un tweet específico (icono en la esquina inferior derecha del tweet) en cuanto a impresiones e interacciones totales.

Las **tipo de interacciones** se muestra desglosado en: Interacciones con el contenido multimedia; Clics en el enlace; Clics en el perfil (nombre, @usuario o fotografía); Abrir el detalle; Respuestas a este Tweet y Me gusta.

Para consultar las **estadísticas de la cuenta de forma global** y a modo de resumen mensual en cuanto a **número de tweets, impresiones, visitas al perfil, menciones** y **seguidores**, así como su cambio respecto al período anterior tendrás que ir a la opción de **Analytics** (Más opciones > Analytics).

Resumen de 28 días mostrando cambios respecto al periodo anterior

Tweets	Impresiones de Tweets	Visitas al perfil	Menciones	Seguidores
35 ↑59,1 %	13,4 mil	699 ↑83,5 %	97 ↑61,7 %	909 ↑20
	↑243,7 %			

Aug 2020 · 22 días hasta la fecha...

Finalmente, **si tienes presencia en varias redes** sociales y por lo tanto vas a consultar las estadísticas de cada una de ellas, es recomendable usar alguna herramienta como **Metricool** (https://metricool.com/es/), **Agora** (https://www.agorapulse.com/es/) o **Socialbakers** (https://www.socialbakers.com/) que integren la gestión toda esa información y generen informes te ahorren tiempo publicando, consultando y analizando de forma individual cada red.

9.2 Tráfico web

Google Analytics (https://analytics.google.com) es la herramienta analítica de tráfico web más utilizada (Fuente: https://trends.builtwith.com/analytics), es **gratuita** y proporciona información sobre todo lo que ocurre en nuestro sitio web respecto a la **audiencia** (los visitantes del sitio web), la **adquisición** (de dónde proceden y cómo han llegado a nuestro sitio web), el **comportamiento** (qué páginas visitan y qué hacen allí) y las **conversiones** (qué tipo de acciones realizan relacionadas con lo que deseamos conseguir: descargar un archivo, recibir un formulario con un presupuesto o completar un pedido, por ejemplo).

Así se pueden consultar y generar informes de todo tipo relacionados con el seguimiento y rendimiento de un tipo de usuarios (ej. los visitantes que proceden de una determinada red social), las localizaciones, la duración de las sesiones o la tasa de rebote.

La **tasa de rebote** o *bounce rate* por cierto es un excelente indicador de la calidad de nuestro tráfico ya que representa el número de visitantes que accede a nuestro sitio web pero en seguida lo abandona porque no encuentra lo que esperaba.

Que alguien quiera saber qué ingredientes caseros usar para hidratar la piel busque «mascarillas naturales para la cara» y acabe visitando nuestra tienda *online* de mascarillas protectoras y en unos segundos al darse cuenta de que no tiene nada que ver, vuelva atrás en el navegador, no nos afecta porque al analizar el tráfico web identificaríamos –o deberíamos hacerlo– este tipo de situación y veríamos algunos de esos indicadores (número de visitantes, tiempo en el sitio, tasa de rebote, páginas de salida) desde la perspectiva correcta.

Ahora bien, si alguien que busca «mascarillas FFP2» llega a nuestra tienda e igualmente la abandona a los pocos segundos, Houston, tenemos un problema: hemos captado tráfico orgánico de calidad (el término de búsqueda que originó la visita era relevante) pero el diseño, el contenido, la accesibilidad, la usabilidad, la ausencia de foto del artículo, o simplemente el precio del mismo, no ha conseguido retenerlo el tiempo suficiente ni siquiera para considerar comprar en nuestra tienda.

Como siempre, habrá que ver en qué medida o durante cuánto tiempo se mantiene esa tasa de abandono, que se calcula dividiendo el número total de visitas que visualizan una sola página web (lo que equivaldría a una sesión) entre el número total de visitantes y se expresa en tanto por ciento (ej. 64% de rebote significa que 64 de cada visitas abandona el sitio en unos segundos-los cuales también se pueden establecer según nuestras preferencias para que se contabilice como abandono solamente si se sale del sitio antes de 30 segundos por ejemplo, ya que dependiendo del tipo de página, contenido o ficha de producto, el tiempo necesario para valorar la permanencia en el sitio sería distinto de otro).

A modo de referencia y aunque habría que tomar la media de cada sector, se suele recomendar que la tasa de rebote **no debe ser superior al 60%** y estar idealmente por debajo del 30%. En otras palabras, cuánto más baja, mejor.

Desde 2014 además, gracias al cambio que se incorporó con el método de **Universal Analytics** se obtiene información mucho más precisa y es posible incluso relacionar las sesiones en diferentes dispositivos de una misma persona (ordenador tableta, smartphone, etc.) con usuarios únicos y por tanto un único usuario o cliente (los indicadores son así mucho más exactos y fiables, de la anterior manera, un comprador que hubiera visitado nuestro e-commerce desde el trabajo en su ordenador y más tarde con el teléfono móvil en casa, habría contado para el cálculo de la tasa de conversión como dos potenciales compradores de los cuales finalmente compra uno, cuando como hemos comentado es la misma persona).

Para obtener toda esa información es necesario incluir un pequeño fragmento de código javascript en el código fuente de nuestro sitio web (o de las páginas que queramos analizar posteriormente). Al igual que cuando comentamos el uso de otras herramientas (ej. **Zendesk chat** para incluir un chat *online*), podemos hacerlo nosotros mismos editando con el bloc de notas el archivo tipo «*header*» de nuestro sitio o completar únicamente con el ID de cuenta facilitado el campo específico del módulo o complemento de nuestra tienda *online* en Prestashop o Shopify (por mencionar dos de las principales soluciones comentadas anteriormente) de Google Analytics.

Una de las implicaciones de usar un sistema de analítica web como Google Analytics es la creación de cookies en el navegador del usuario y por tanto, como vimos en el capítulo 6 dedicado a la legislación, debemos informar al usuario previamente y obtener su consentimiento antes de monitorizar sus movimientos (seguimiento por otra parte que es anónimo, los datos que se crean para realizar esa monitorización y trazabilidad no incluyen datos personales).

Aunque desde el panel de administración de Google Analytics (Google Search Console) podemos consultar mucha información que será de utilidad para realizar mejoras en nuestro sitio web, entre otras áreas, en la usabilidad, la optimización SEO, la velocidad, la corrección de errores en el sitio web (ej. enlaces roto y duplicados) o nuestro embudo de conversión, el principal informe que debemos consultar y analizar es el denominado «**Rendimiento**».

Este informe de Rendimiento muestra todas las **métricas importantes relacionadas con el rendimiento** que tiene tu sitio web en los resultados de la Búsqueda de Google y proporciona información, entre otros aspectos, sobre las impresiones (veces que aparece la web en los resultados), la posición y frecuencia (cuándo aparece y en qué orden o lugar lo hace), los principales términos de consulta empleados por los usuarios y el *clicthrough* o **CTR** (ratio de clics en relación a las impresiones, un 5% significaría que de cada 100 impresiones ha habido cinco clics en los resultados y han llegado a nuestro sitio web).

Con toda esta valiosa información que muestra el informe de Rendimiento podrías por ejemplo consultar la evolución de esas métricas en el tiempo y compararlas (ej. campaña de navidad de este año y la del anterior); conocer qué búsquedas se hacen más por teléfono móvil y optimizar las páginas relacionadas donde llevan esas búsquedas; o identificar las páginas con CTR más alto y más bajo, así como los puntos de fuga (en qué paginas, secciones o pasos del proceso de pedido tus usuarios «huyen» de tu sitio web) y realizar el llamado **CRO** (Conversion Rate Optimization) o mejora del ratio de conversión, al detectar los puntos débiles o menos eficientes en el **embudo de conversión**, que sería la representación de todos los pasos que seguiría un cliente hasta completar el pedido.

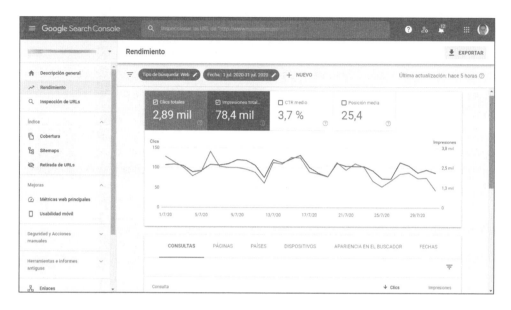

Asimismo, **mensualmente** también podemos recibir de **Google Search Console** un **resumen** del tráfico de nuestro sitio web y la **información** más relevante como las páginas de nuestro sitio web que más han crecido en visitas y las páginas con mayor rendimiento o visita; información sobre la manera en que los usuarios llegan a nuestra tienda *online* (consultas que más han crecido y aquellas con más rendimiento o que traen más visitas); así como datos relacionados con esas visitas (tipo de dispositivo, principales países de procedencia y el tipo de búsqueda realizada en Google: web, imágenes o vídeo).

Detalle correo informe mensual de Google Search Console

Además de Google Analytics podemos usar los *logs* de nuestro servidor (archivos de texto que genera y guarda el servidor con cada petición del navegador a cada página o componente como scripts o imágenes) y visualizarlos con la herramienta que tenga nuestro proveedor de *hosting* para interpretarlos gráficamente o descargarlos y procesarlos con otra herramienta analizadora de logs y enfocada a optimizar el SEO como **Seolizer** (https://seolyzer.io/).

Como complemento a Analytics podemos usar el servicio gratuito **Grow My Store** (https://growmystore.thinkwithgoogle.com/intl/es_es) para obtener un informe con **recomendaciones de mejora** para nuestro sitio web.

El mundo de la analítica web es muy amplio y una vez dominemos Google Analytics o la información que nos proporcione sea insuficiente o no responda a nuestras necesidades podemos encontrar herramientas analíticas especializadas en aspectos como Pruebas A/B; Seguimiento de anunciantes; Medición de audiencias; Abandono de carritos; Optimización de la conversión; CRM (Customer Relationship Management); Seguimiento de errores; Prevención de fraude; Acceso móvil; Recomendaciones de productos; Gestión de etiquetas; Gestión de redes sociales; Optimización web; Retargeting y Remarketing.

Por otra parte, algunas de las herramientas que hemos comentado a lo largo de estos capítulos incorporan sus propios informes analíticos y estadísticas, en el caso de **Zendesk chat**, la aplicación de soporte *online* proporciona información sobre los indicadores de la asistencia *online* (ej. se puede saber el tiempo de espera y atención medio; el número de conversaciones o chats no atendidos o qué impacto ha tenido el agente en el proceso de conversión en registros o ventas) y también incorpora un historial en el que se hayan registradas todas las conversaciones y se pueden consultar y/o filtrar por fecha, agente, usuario o etiquetas.

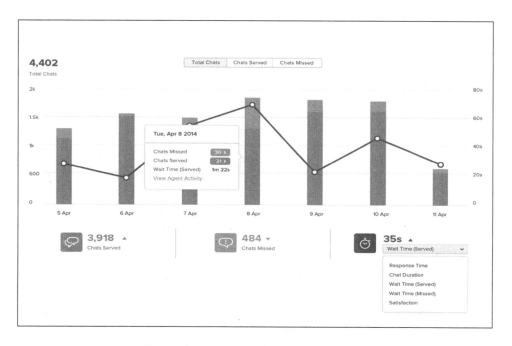

Detalle estadísticas Zendesk chat (Fuente: Zendesk)

La plataforma de e-mail marketing **Mailchimp** también ofrece distintos informes y análisis que indican la efectividad de cada envío en relación por ejemplo de la tasa de recepción (cuántos destinatarios han recibido correctamente la comunicación y no han sido rechazados) y apertura (cuántos destinatarios han abierto el correo), así como la conversión (si han visitado el enlace y realizado una compra) o el resultado de **encuestas de satisfacción** que enviemos a nuestros clientes (en el siguiente apartado hablaremos de ellas).

Otra información útil que podemos recopilar analizando el comportamiento del usuario y que también nos ayudará a mejorar, esta vez en relación al diseño y contenido de las comunicaciones es conocer en qué partes del e-mail han hecho clic, esto es, les ha llamado más la atención y convencido de realizar el tan deseado clic (puede ser una imagen, un gif, un enlace de texto, una llamada a la acción en forma de botón, etc.). Para ello son muy útiles los llamados **mapas de calor** (*heatmap* en inglés), que representan gráficamente con colores la actividad y su intensidad en la navegación de un sitio web o la visualización de un correo electrónico.

Los mapas de calor son muy utilizados para **mejorar el uso** de una página web o cualquier contenido mostrado en una pantalla porque nos informan qué zonas o elementos atraen la atención del usuario (recordemos que estamos en la economía de la atención, y conseguir atraer la atención de alguien por unos segundos ya es un logro) y qué acciones (ej. seleccionar, hacer clic) o comportamientos lleva a cabo (ej. subir y bajar el contenido con el scroll o hacia dónde mueve el ratón, cuánto tarda en hacer cada acción).

Para implementar este tipo de análisis en nuestra tienda *online* podemos usar herramientas como **Crazyegg** (https://www.crazyegg.com/) o **Mouseflow** (https://mouseflow.com/es/).

Por medio de estas herramientas y otras como las de «eye-tracking» más avanzadas (encuestas controladas a grupos de usuarios en los que se graban los movimientos de sus ojos para saber qué están mirando y durante cuánto tiempo) se sabe que el movimiento más común que hacemos al leer un texto en una pantalla es en forma de F o que el contenido importante siempre debe estar «above the fold» (término que procede de la información que quedaría visible después de doblar un periódico impreso por la mitad) o que se pueda visualizar sin necesidad de desplazar el contenido por la pantalla (con la multitud de dispositivos, resoluciones y tamaños de pantallas, conseguirlo a veces es todo un reto para los desarrolladores web).

La recomendación general a seguir es intenta pulir y perfeccionar lo que funciona, las pruebas que siempre sean controladas y con un pequeño grupo de usuarios primero, en otras palabras, no experimentes con toda la base de datos si quieres probar un nuevo diseño de *newsletter*, nuevos botones o un lenguaje más coloquial.

9.3 Experiencia de compra

Obtener retroalimentación de los clientes y su experiencia de compra es una excelente forma de mejorar nuestros servicios y los procesos relacionados (ej. todo fue como la seda hasta el momento de la entrega; el cliente envió un correo con una consulta y no obtuvo respuesta).

Para ello, las encuestas son la forma más rápida y mejor de conseguir ese *feedback*. Sigue siendo una efectiva manera de detectar oportunidades de mejora después de cada compra, prueba de ello es que hoy en día casi todos los comercios *online* piden una valoración del servicio prestado.

A continuación presentamos tres **ejemplos** del área de **postventa** donde se solicita desde calificar y comentar (Amazon), sólo valorar en una escala (MediaMarkt) o incorporar esa valoración directamente en un sistema de opiniones (Promofarma) –¿recuerdas la importancia de los sellos de calidad y plataformas de opiniones que vimos en el capítulo 3?

---

amazon.es

Hola Jose Luis Torres:¿Podría compartir su experiencia con nosotros un momento?

Has pedido

 VAINECHAY - Juego de 4 llaves de mano sin contacto para puerta con llave (Nuevo)

WINRR (Distribuido por Amazon)
Fecha de entrega estimada: 2020-07-21 - 2020-07-21

Seleccione una valoración para el vendedor a partir de estas preguntas

¿El producto llegó el o antes del 2020-07-21?
¿El producto correspondía con la descripción del vendedor?
¿El servicio de atención al cliente fue atento y rápido? *(si te has puesto en contacto con el vendedor)*

5 (Excelente)   ★★★★★
4 (Bueno)   ★★★★☆
3 (Aceptable)   ★★★☆☆
2 (Deficiente)   ★★☆☆☆
1 (Muy malo)   ★☆☆☆☆

¿Cumple el producto sus expectativas?
Calificar y comentar compras

Estimado cliente,

Compraste recientemente en nuestra tienda online de MediaMarkt.
¿Cómo te fue?

Participa en nuestra encuesta de 3 minutos y dinos qué piensas para que

**Según tu experiencia de compra con nuestra tienda MediaMarkt online,
¿con qué probabilidad recomendarías MediaMarkt a un amigo o familiar?**

**Muy
improbable**
                                            **Muy
probable**

| 0 | 1 | 2 | 3 | 4 | 5 | 6 | 7 | 8 | 9 | 10 |

¡Estamos esperando tus comentarios!

Tu equipo de MediaMarkt

FECHA DEL PEDIDO: 27/06/2020

Hola, José Luis Torres Revert

En PromoFarma nos tomamos muy en serio la opinión de nuestros clientes. Por eso nos gustaría que pudieses decirnos qué tal ha sido tu experiencia.

¿Cuántas estrellas nos merecemos?

★ ★ ★ ★ ★ | Buena

Dar mi opinión

Si todavía no has recibido el pedido, pincha aquí

¡Muchas gracias por tu tiempo!
Opiniones como la tuya nos ayudan a mejorar cada día

Opiniones **Verificadas**

El último caso sería el más completo ya que consigue dos objetivos con la misma acción, obtener el *feedback* del servicio por parte del cliente (ya tenemos el valor para nuestro indicador de calidad) y por otra parte, al integrarse a través de Opiniones verificadas (en este caso, pero podría ser otro sistema) nos da más peso para el SEO o posicionamiento natural al tener otra opinión o *review* publicada.

Recordamos también que para pedir la valoración o la opinión de los clientes no es necesario que estos hayan comprado *online* (pueden haber realizado la compra en el establecimiento físico), lo único que necesitamos es su e-mail y su consentimiento (nunca pases por alto el requisito legal como vimos en el capítulo 6) –aunque la mayoría de este tipo de encuestas son anónimas (recuerda que lo importante es sacar conclusiones de datos agregados y con perspectiva, que un cliente otorgue una puntuación baja a nuestra tienda no es relevante pero si lo hace uno de cada tres entonces sí).

Por último señalar que ni siquiera necesitamos un servicio externo o plataforma para obtener esa retroalimentación (aunque tendremos muchas más opciones para explotarla eso sí), podemos hacer un breve formulario o encuesta en **Google Drive** (http://drive.google.com) y enviar el enlace por e-mail, SMS, por Whatsapp (esperamos que usando la versión Business o de empresas que comentamos en el capítulo 7). Solamente emplearemos unos minutos en tener nuestra encuesta lista para compartir (probablemente también tardes más en elegir la imagen del encabezado que en crear las preguntas).

En caso de necesitar realizar encuestas más elaboradas, con un diseño más cuidado y personalizado, con opciones de análisis de las respuestas y otras funciones avanzadas, deberíamos utilizar entonces herramientas especializadas en la creación de encuestas *online* como **OnlineEncuesta** (https://www.onlineencuesta.com/), **Encuesta** (https://encuesta.com/) o **Surveymonkey** (https://es.surveymonkey.com/), entre las muchas alternativas existentes.

Para diseñar correctamente una encuesta que nos proporcione la información que necesitamos podemos aplicar las siguientes **recomendaciones**:

1. **Cuida la estructura** de la encuesta agrupando las preguntas referidas a un mismo tema o aspecto. Para ello es útil separar las partes de la encuesta en distintas pantallas o bloques bien delimitados, con títulos así como con instrucciones que le guíen en el proceso de completar la encuesta.

2. **Aplica la constancia** en las cuestiones que más te interesa analizar. Vuelve a hacer las mismas preguntas o emplea variaciones de las mismas para poder tener una visión de la evolución y cambios de las respuestas de los usuarios sobre esa misma cuestión.

3. **Lo bueno si breve…** aquí también se aplica. ¿Seguro que necesitas todas esas preguntas para averiguar lo que buscas? ¿Vas a utilizar realmente esos datos que le pides? Recuerda que completar una encuesta es voluntario y a nadie le gusta emplear mucho tiempo en ellas (aunque a veces se incentive la realización de encuestas con descuentos o participaciones en sorteos por ejemplo).

4. En relación a lo anterior, no hagas preguntas irrelevantes o que no se aplican a las características del usuario (ej. si ya ha contestado que no conoce el nuevo catálogo, no le preguntes a continuación qué valoración le merece el diseño, el contenido, etc.). Para ello se aplica la llamada lógica de exclusión o ramificación condicionada, que no es otra cosa que crear un flujo dinámico de preguntas que varía de acuerdo a las respuestas del usuario.

5. **No hagas pensar al usuario.** Aplica el principio KISS (*Keep It Simple Stupid*) de usabilidad en el diseño de las preguntas también. Evita la ambigüedad, utiliza un lenguaje claro, ve al grano y que no haya dudas sobre lo qué estás preguntando.

6. **Intenta evitar** la presentación en matrices porque se concentrarán en rellenar los huecos en vez de concentrarse en las preguntas y también las preguntas con respuestas de sí o no (el ejemplo anterior de Google Drive era para ilustrar la facilidad del procedimiento de creación no cómo debería ser el contenido) porque se no recogen los matices y ambos tipos de preguntan proporcionan datos de poca calidad.

La alternativa a las respuestas binarias de sí/no es la escala **Likert** que proporciona una respuesta más específica para medir esa opinión (ej. qué piensan de tu servicio de atención al cliente o de tu nuevo producto). Son fáciles de comprender porque usan una escala de números (de 5 a 7 por ejemplo) o gradación de adjetivos (Muy satisfecho/a-Algo satisfecho/a-Ni satisfecho/a ni insatisfecho/a-Algo insatisfecho/a-Muy insatisfecho/a). Para saber más cómo aplicar las escala Likert en el diseño de las preguntas de tus encuestas, visita este enlace: https://es.surveymonkey.com/mp/likert-scale/

9.4 Cuadro de mando

Aunque al final del día o del mes tengamos una idea aproximada, una percepción de cómo va el negocio en términos generales es recomendable tener un **cuadro de mando integral** o **CMI** que nos proporcione una imagen exacta, una foto del negocio en ese momento que incluya los datos realmente importantes y determinantes en la marcha y sostenibilidad de nuestro e-commerce (los denominados **KPIs**, *Key Performance Indicators* o indicadores clave de rendimiento).

Esta herramienta puede utilizarla cualquier empresa independientemente de su sector o tamaño, obteniendo ventajas como: mejorar la comunicación, ayudar al logro de objetivos y tener una visión precisa de la situación del negocio que minimice riesgos en la toma de decisiones y la planificación de su estrategia.

El cuadro de mando debería ser una representación gráfica (similar a las populares infografías que ayudan a presentar e interpretar los datos) que permita comprender fácil y rápidamente el estado de las distintas áreas objeto de seguimiento (ej. ventas, facturación o almacén).

La mayoría de los indicadores suelen expresarse en porcentajes pero mientras los datos sean relevantes, estén actualizados y nos permitan tener esa visión global de la salud del negocio, esto es, que los entienda fácilmente quien tiene que tomar las decisiones, se pueden incluir también las cantidades o totales, así como el porcentaje de cambio respecto al período anterior y la desviación respecto a la previsión que hicimos (además de representarlos con los respectivos gráficos dependiendo de la herramienta utilizada).

Con esa premisa, algunos de los datos que podríamos tener en esa vista o informe son los siguientes (ten en cuenta que la relación de indicadores sería para un e-commerce y no es exhaustiva, es una propuesta sobre la que trabajar añadiendo, eliminando o adaptándolos a nuestras características e intereses):

- Número de clientes nuevos
- Número de pedidos
- Importe medio del ticket
- Media de artículos por pedido
- Gasto medio por cliente mensual

- Media de pedidos por cliente
- Categorías con más ventas
- Productos más vendidos por categoría
- Productos menos vendidos por categoría
- Productos sin movimiento de stock
- Productos con más incidencias (devoluciones y reclamaciones)
- Número de devoluciones
- Número de reclamaciones
- Número de consultas *online* (conversaciones chat, e-mails, mensajes Whats-app, etc.)
- Ratio de conversión por origen visitas (directo, buscadores, redes sociales, campañas, etc.)
- ROAS (Retorno de la inversión publicitaria) de las distintas campañas (ej. Google Ads, Facebook, Instagram, etc.) – vimos qué era y cómo calcularlo en el capítulo anterior.

De igual forma, cada valor podría esta agrupado por áreas del negocio, departamentos (ej. marketing) o tipo (ej. operativos y económicos), así como incluir junto a cada uno el valor anterior y su desviación o incremento porcentual respecto al mismo (obviamente hay aplicaciones de software de gestión específicas para procesar toda esta información y generar todo tipo de informes y vistas, pero empecemos con una sencilla pero efectiva hoja de cálculo y veamos dónde nos lleva).

PROPUESTA RELACIONADA

Ahora que conoces la importancia de medir y hacer un seguimiento de los distintos indicadores para saber dónde estás y cómo tomar las mejores decisiones, haz una lista de los principales indicadores relacionados con tu e-commerce (recuerda que las «métricas de vanidad» como el número de visitas o de seguidores en Instagram no cuentan).

➲ PALABRAS CLAVE: alcance, CTR (clicthrough), engagement , escala Likert , eye-tracking, Google Analytics, Google Search Console, Grow My Store, impresiones, indicadores, Seolizer, cuadro de mando, KPIs (Key Perfomance Indicators), principio KISS, ROI (Return on Investment), ROAS (Return on Advertising Spend), Universal Analytics, usabilidad,

➤ Capítulo 10

Aprovechando herramientas y recursos *online* gratuitos

Aprovechando herramientas y recursos *online* gratuitos

E l número de aplicaciones, herramientas y recursos *online* que pueden ser de utilidad en muchas tareas relacionadas con nuestro e-commerce es casi ilimitado y daría para un libro monográfico.

A continuación comentaremos una pequeña parte de todas las existentes y que llevan cierto tiempo operativas y no han desaparecido como otros servicios que surgen y desaparecen a los pocos meses. En cualquier caso, estas utilidades siempre deben ser herramientas al servicio de un objetivo, es decir, no debemos tomar estas utilidades como un pretexto para «hacer algo» sino en base a nuestra necesidad, hacer uso entonces de esa herramienta.

Es por ello que hemos agrupado las herramientas en cinco áreas de trabajo: **análisis y optimización SEO; análisis comportamiento de usuarios; creación y edición de contenidos digitales; redes sociales e identidad digital;** y **otros**.

10.1 Análisis y optimización SEO

Existen aplicaciones para validar el cumplimiento de **estándares del código** de un sitio web, así como su **accesibilidad** o su **adaptabilidad** a la navegación con dispositivos móviles (*responsiveness*).

Todos esos factores, además de la **velocidad** de carga por ejemplo, hemos visto que influyen no sólo en la experiencia del usuario sino también en el posicionamiento o **SEO**, para el cual también contamos con herramientas que pueden analizar un sitio web y detectar qué elementos están afectando a nuestra visibilidad y cómo optimizarlos.

Las herramientas que debes conocer para realizar estas comprobaciones son:

▷ Validator W3C (**http**://validator.w3.org/)
Valida el código html y css de un sitio web de acuerdo a las pautas del consorcio W3C.

▷ Test Tawdis (**http**://www.tawdis.net/)
TAW analiza automáticamente la accesibilidad de sitios web tomando como referencia técnica las pautas de accesibilidad al contenido web (WCAG 2.0) del W3C.

▷ Prueba de optimización para móviles de Google
(**https**://www.google.com/webmasters/tools/mobile-friendly/)

Solamente tienes que introducir la dirección del sitio web a analizar (o el código fuente de la página). Si usas Google Analytics, Search Console te avisará sobre errores del sitio web relacionados con la navegación para móviles.

▷ Semrush (**https**://es.semrush.com/?db=es)

Kit de marketing para profesionales al que nosotros también podremos sacarle un buen partido. Trabaja en seis áreas diferenciadas y complementarias:

❏ SEO: genera informes de rankings diarios; analiza la estrategia SEO de la competencia; analiza el perfil de backlinks de cualquier dominio; sugiere palabras claves e ideas para aumentar el tráfico orgánico.

❏ PPC: identifica las estrategias de Google Display Network y de búsqueda de pago de cualquier dominio; analiza los textos de los anuncios, las landing pages y las campañas de Google Shopping de la competencia; encuentra palabras clave para campañas de PPC y optimiza tu lista de palabras clave negativas.

❏ Redes sociales: crea y administra campañas de anuncios patrocinados en Facebook e Instagram; analiza el comportamiento de la competencia en sus diferentes redes sociales; optimiza las imágenes y los enlaces de tus publicaciones.

❏ Marketing de contenido: sugiere ideas de contenido para conectar con tu público objetivo; gestiona tu calendario editorial y colabora con tu equipo; crea una plantilla personalizada para crear contenido adaptado a SEO; rastrea las menciones y analiza la presencia de tu marca; evalúa tus artículos externos

❏ Investigación de mercado: analiza información de mercados y muestra una visión general de las estrategias de la competencia; analiza el tráfico de cualquier sitio web (hasta 20 dominios a la vez); identifica a los líderes, a los agentes establecidos y a los que pueden cambiar el mercado; descubre y sigue las tendencias del mercado

▷ **Open Site Explorer** (https://moz.com/link-explorer)

Esta herramienta permite analizar la calidad del posicionamiento web de cualquier página por medio de informes de inteligencia competitiva, sugerencias para mejorar el ROI y proporciona una visión global del rendimiento de las búsquedas orgánicas.

Algunas de las funcionalidades que tiene son: consultar los enlaces a cualquier sitio web; investigar los enlaces o *backlinks* de la competencia para conocer la procedencia de su tráfico y qué estrategia están aplicando; encontrar vínculos o enlaces rotos hacia tu sitio web; disminuir el número de enlaces spam o de baja calidad a tu sitio web, descubrir nuevas oportunidades de *link building* o generación de enlaces hacia tu sitio web; identificar contenido de alto y bajo rendimiento y analizar también el de tus competidores; conocer cuando tu contenido está obteniendo enlaces o perdiéndolos; comprobador de Spam score, Domain Authority (DA), Page Authority (PA).

El DA o autoridad de dominio (y sus subdominios) se mide numéricamente del 0 al 100 y representa la calidad o credibilidad de una página web, puede interpretarse como un índice de reputación que afectaría a la forma en que se generan los resultados de las búsquedas. Mientras que el PA o autoridad de página concepto de *domain authority* pero aplicado a páginas individuales.

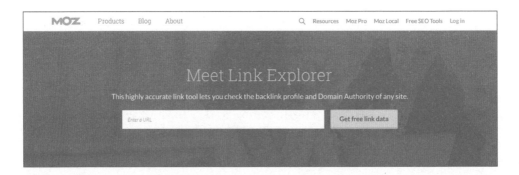

▷ Seomastering (**http://www.seomastering.com/**)

Comparador de sitios web con información de Pagerank, Alexa rank, densidad palabras clave y meta información. A partir de los informes generados proporciona recomendaciones para mejorar el posicionamiento. Requiere registro de usuario.

Incorpora también un **listado de utilidades** (aunque ten en cuenta que algunas han dejado de ser útiles porque en la práctica ya no cumplen su función de mejorar el posicionamiento orgánico de un sitio web).

Keyword Density Checker: analiza la densidad de palabras clave del contenido del sitio web

Site Comparison Tool compara palabras clave, enlaces, textos y metaetiquetas entre 2 páginas web.

Duplicate Content Checker calcula el porcentaje de texto idéntico entre dos textos (útil para comprobar si nos están robando contenido de nuestro sitio web o estamos haciendo *article spinning*).

Search Engine Spider Imitator imita el comportamiento de un buscador cuando accede al sitio web para indexarlo y muestra como interpreta los contenidos.

Google PageRank Prediction predice el pagerank basado en la calidad y cantidad de los backlinks o enlaces que apuntan al sitio web.

Link Price Calculator calcula el precio que tendría la compra o venta de un enlace en un determinado sitio web.

Backlink Anchor Text Analyzer muestra qué palabras clave se están usando en el ancla de los enlaces de texto.

Reciprocal Link Checker comprueba si un determinado sitio web está enlazando al tuyo y qué texto está usando en el ancla del enlace.

Domain Stats Checker obtiene información sobre tu dominio y el de tus competidores.

URL Redirect Checker verifica si las redirecciones de tu sitio web están optimizadas para los buscadores.

Google banned checker comprueba si el sitio web está «baneado» o sancionado por Google.

IP Address Geolocation identifica la ubicación geográfica del usuario (ciudad, región y país) usando las bases de datos de direcciones IP.

WHOIS lookup muestra la información asociada al registro del dominio como el propietario y la información de contacto (siempre que no está bloqueada) o comprueba la disponibilidad para registrarlo.

Email Image Generator convierte una dirección de correo electrónico en una imagen para insertar en la web y sustituir al formato texto para impedir que la recopilen los robots spammers.

▷ **Alexa** (http://www.alexa.com)

En este sitio perteneciente a Amazon, puedes obtener ideas para incrementar el tráfico a tu sitio web, recomendaciones para mejorar el SEO, encontrar palabras clave fáciles de posicionar, analizar enlaces entrantes y segmentación de los visitantes, consultar las palabras clave de mis competidores, comparar las métricas de tráfico de varios sitios web o certificar el tráfico propio. No es gratuito ($149/mes) pero tiene una **prueba gratuita de 14 días** para un dominio.

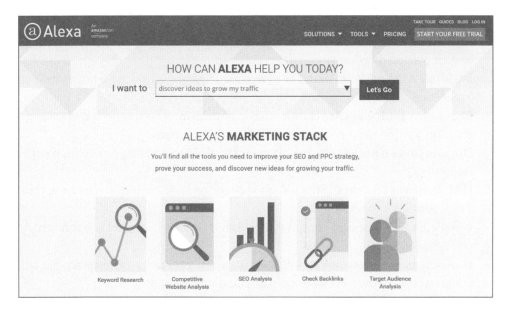

Para analizar la **velocidad** de carga de una web y obtener informe de mejoras y optimización podemos usar cualquier de estas utilidades:

▷ **PageSpeed Insights** de Google
(https://developers.google.com/speed/pagespeed/insights/)

▷ **Gtmetrix** (http://gtmetrix.com/)

▷ **Pingdom** (https://tools.pingdom.com/)

10.2 Análisis comportamiento usuarios

▷ **Hotjar** (https://www.hotjar.com)

Analiza el comportamiento de los usuarios en tu sitio web a través de mapas de calor y seguimiento del embudo de conversión. Puede integrarse con plataformas de comercio electrónico como Prestashop, Magento, WooCommerce y Wix. Tiene una prueba gratuita de 15 días y un plan gratuito con un límite de 2.000 páginas vistas al día.

▷ **Mouseflow** (https://mouseflow.com/)

Similar al anterior Hotjar y otros como **Crazy Egg**. Analiza el comportamiento de los usuarios cuando navegan y cómo interactúan en nuestro sitio web a través de mapas de calor, detección de clics, *scroll* realizado, todo se graba y puede reproducirse posteriormente para identificar los puntos de mejora en la usabilidad y la conversión. Tiene una prueba gratuita de 15 días y un plan gratuito que permite 100 grabaciones al mes.

▷ **Tag Assistant de Google** (https://get.google.com/tagassistant/)

Es una extensión para el navegador Chrome que valida que las etiquetas o tags para registrar por ejemplo las visitas y las conversiones estén correctamente insertadas en el código del sitio web (imprescindible si vas a usar Google Analytics, Google Tag Manager o Adwords Conversion Tracking).

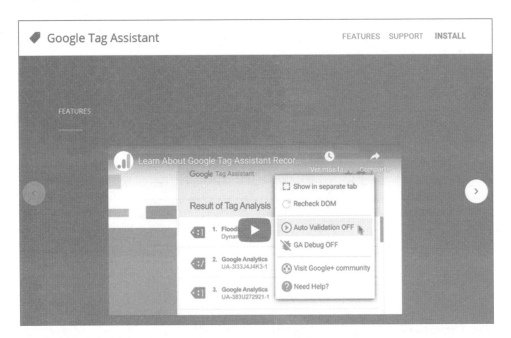

10.3 Creación y edición de contenidos digitales

I. Diseño y creación

▷ **Canva** (https://www.canva.com/)

Canva permite diseñar fácilmente usando «drag&drop»(arrastrar y soltar) en los distintos elementos que pone a disposición del usuario (plantillas, iconos, imágenes, marcos, texturas...).

Desde añadir textos a tus imágenes para crear memes o banners, a opciones avanzadas de edición (ajustes, filtros, etc.).

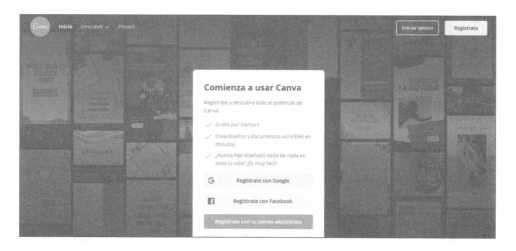

▷ **Adobe Spark** (https://spark.adobe.com/es-ES/)

Para crear historias visuales con gráficos sociales, presentaciones y vídeos breves espectaculares, desde cero o con las plantillas disponibles. Usa tus propias imágenes o elige entre millones de fotos e iconos libres de derechos de autor en Unsplash, Pixabay, Pexels y The Noun Project. Tiene un plan *free* y también uno de prueba con todas las funcionalidades de 2 meses.

▷ **Speechnotes** (https://speechnotes.co/es/)

Aplicación de bloc de notas en línea con reconocimiento de voz, con un diseño limpio y eficiente, para que puedas concentrarte sólo en crear. Necesitas usar el navegador Chrome y habilitar el micrófono, ya está: sólo tienes que pulsar en el icono y empezar a hablar (muy útil también para generar la transcripción de tus vídeos).

▷ **Languagetool** (https://languagetool.org/es/)

Corrector ortográfico, gramatical y de estilo para varios idiomas. Recuerda la importancia de cuidar tus textos, contribuyen a la imagen que transmite el negocio e incluso su corrección se tiene en cuenta para el SEO o posicionamiento.

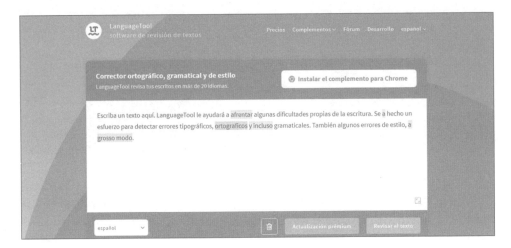

▷ **Spreaker** (http://www.spreaker.com)

Aplicación para podcast que permite realizar la edición completa de un programa (grabación de capítulos, edición, montaje, efectos) y su publicación en las principales plataformas de podcasting.

Ii. Bancos de recursos digitales

Aunque lo ideal es que uses tus propias imágenes y vídeos para ser original y facilitar la diferenciación, siempre tienes la opción de utilizar recursos de terceros (tanto gratuitos, con licencias de libre uso o comprando licencias).

A continuación presentamos una selección de bancos de imágenes, vídeos y audios.

Creative Commons Search (https://search.creativecommons.org/)

Creative Commons permite localizar recursos con esta misma licencia desde múltiples fuentes (Google Images, Flickr, Pixabay, Wikimedia, Openclipart...) a partir de una palabra clave.

Los recursos son imágenes, archivos multimedia (SpinXpress), archivos de audio (Jamendo, ccMixter, Soundcloud) y vídeos (Youtube).

▷ **Pixabay** (https://pixabay.com/)

Pixabay ofrece imágenes y vídeos libres de derechos de autor bajo la licencia Creative Commons CC0. Puedes descargarlas, modificarlas, distribuirlas y usarlas libres de pago para cualquier uso, aún para aplicaciones comerciales. No es necesaria atribución.

Ofrece opciones de búsqueda para el tipo de archivo (Fotos, Vectores, Ilustraciones, Vídeos), orientación (horizontal o vertical), categoría, tamaño y color.

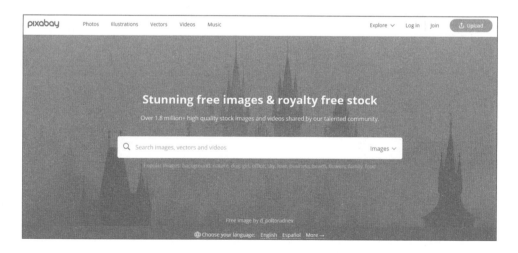

▷ **Unsplash** (https://unsplash.com/)

Catálogo muy completo organizado por categorías con fotos de calidad y con alta resolución. Descarga libre y gratuita para uso personal y comercial. Sin restricciones o enlaces de crédito o atribución.

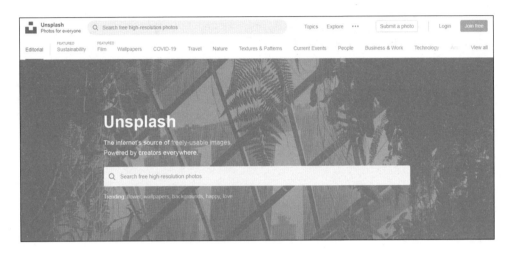

▷ **Freepik** (https://www.freepik.es/)

Freepik te ofrece fotos, ilustraciones, iconos, PSD y vectores gratis.

▷ **Veezzle** (http://veezzle.com/)

Metabuscador que localiza imágenes libres para descargar en múltiples fuentes (Flickr, Wikimedia, Openclipart, redes sociales, noticias, etc.) a partir de una palabra clave.

▷ **This person does not exist** (https://thispersondoesnotexist.com/)

Generador de rostros de personas que no existen. Se muestra una imagen nueva cada vez que entras a la página o la actualizas (usa la tecla F5 para hacerlo más rápidamente).

Iii. Editores de imágenes

▷ **Pixlr** (https://pixlr.com/es)

Pixlr es un «Photoshop» *online* (de hecho, edita también archivos PSD). Es un editor gráfico en la nube con multitud de opciones y resultados profesionales.

▷ **Picresize** (https://picresize.com/es)

Picresize te permite subir una imagen de tu equipo o desde la web a través de su URL y realizar las siguientes acciones: recortarla, rotarla o invertirla, cambiar su tamaño y aplicarle filtros. Finalmente puedes exportarla a distintos formatos (jpg, gif, png y bmp), calidades e incluso indicando un tamaño máximo de archivo.

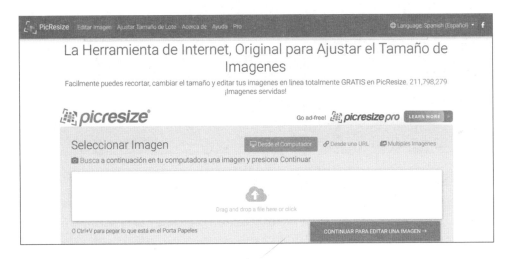

▷ **Bulk Resize Photos** (https://bulkresizephotos.com/es)

Redimensiona o cambia el tamaño a varias imágenes a la vez, y por extensión, el tamaño en kilobytes del archivo (muy útil si tienes que publicar rápidamente muchas fotos en una galería de imágenes o enviar por correo electrónico a un cliente varias fotos que pesan mucho).

Se puede configurar el porcentaje del cambio de tamaño y la calidad de compresión. También puede convertir a los formatos JPEG y PNG

▷ **Waifu2x** (http://waifu2x.udp.jp/index.es.html)

Esta web duplica el tamaño de tus imágenes (ilustraciones y fotografías), mejorando su resolución sin pixelarlas o haciéndolas borrosas (ideal para imágenes muy pequeñas que queremos aprovechar). El límite en tamaño para los archivos a subir es de 3 Mb y el aumento de la resolución es hasta 1280x1280px.

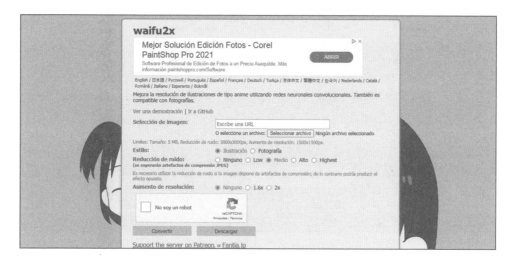

▷ **GeoImgr** (https://www.geoimgr.com/)

Mejora el SEO al geolocalizar las imágenes modificando los metadatos del archivo. Recomendado para las imágenes de la ficha de Google My Business.

Iv. Ideas para contenidos

▷ **Buzzsumo** (https://buzzsumo.com/)

Para identificar temas de interés y generar ideas para crear contenido relevante (ej. artículo en blog). Analiza tendencias, competidores, influencers y contenidos que captan la atención de los usuarios y pueden atraer tráfico a tu sitio web. Las búsquedas se asocian a indicadores de *engagement* en redes sociales como Facebook, Twitter y Pinterest, comentarios en foros como Reddit y número de enlaces.

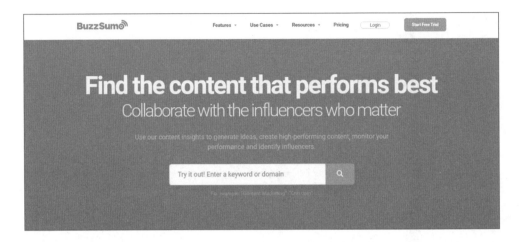

▷ **Generador de títulos** (https://creartitulos.online/)

Herramienta para generar cientos de títulos para tu blog a partir de una palabra clave. Las propuestas que muestra usan los títulos cuya eficacia está asegurada (atraen la atención, despiertan la curiosidad, incluyen números, listas, invitan a la acción, etc.)

10.4 Redes sociales e identidad digital

I.   Redes sociales

▷ **Foller** (http://foller.me/)

Analiza temas, menciones, hashtags, seguidores de una cuenta de **Twitter**, así como la frecuencia de publicación y otros datos de la cuenta como el ratio de seguidores. También identifica a qué hora es más activa la cuenta y genera nubes de etiquetas para mostrar visualmente qué palabras son más utilizadas en esa cuenta.

▷ **Followerwonk** (https://followerwonk.com)
Analiza los seguidores de las cuentas en **Twitter**, promedio de seguidores por día, total de tweets, tweet por semana, etc. Asocia cuentas de Twitter a través de la información de la bio, identifica seguidores comunes entre cuentas, y compara cuentas entre sí. En sus análisis también identifica las publicaciones que hacen ganar o perder seguidores y facilita el seguimiento y *unfollow* de usuarios. Tiene prueba gratuita y un plan *free* limitado.

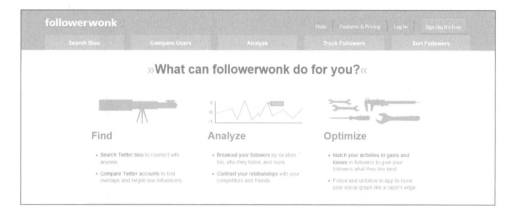

▷ **Fanpagekarma** (http://www.fanpagekarma.com/)
Realiza análisis de cuentas de **Twitter y Facebook** generando informes sobre palabras clave, mejores momentos para publicar, mejores tipos de publicación y contenidos, indicadores, etc. así como análisis de tus competidores (todos los informes se pueden recibir por e-mail y exportar a Excel, Powerpoint y CSV) y sistema de alertas en tiempo real.

También facilita el trabajo de equipo (ej. gestión de perfiles y roles), incorpora calendario editorial con vista mensual, semanal y diaria, y programación de publicaciones, además de biblioteca multimedia de fotos, vídeos y gifs.

ii. MONITORIZAR IDENTIDAD DIGITAL

▷ **Google Alerts** (https://www.google.com/alerts)

Para recibir alertas por correo electrónico (o mediante suscripción por feed RSS) cuando Google detecte contenido publicado con los términos o búsquedas configuradas. Se puede establecer la frecuencia de las alertas (diaria, semanal, mensual o cuando se produzca), las fuentes donde buscará (todas o noticias, blogs, foros, webs y vídeos), el idioma y la relevancia (ej. sólo los mejores resultados).

Los contenidos a monitorizar son innumerables, tantos como palabras, no hay límite: el nombre de tu negocio, tu marca, tus productos o servicios, los de la competencia, novedades del sector, etc.

Aconsejamos también su uso en el ámbito personal para proteger nuestra identidad digital así como por motivos de seguridad (ej. puedes configurar alertas para tu DNI, matrícula, teléfono móvil o el nombre de menores a tu cargo), el funcionamiento es el mismo: Google detecta esa palabra o grupos de palabras y te envía el aviso.

▷ **Mention** (https://www.mention.net)

Para monitorizar menciones de nuestra empresa, productos y servicios en varios canales, así como los de la competencia o noticias y novedades que nos interese vigilar en millones de fuentes a diario, incluyendo redes sociales, foros, blogs y el resto de la web.

Tiene 14 días de prueba y el plan *free* ofrece una alerta, 250 menciones, tres cuentas sociales y un usuario.

▷ **Social Mention** (http://socialmention.com/)

Es un buscador de menciones en el contenido generado por los usuarios en más de 80 redes sociales. Los datos encontrados los agrega y asocia un sentimiento (positivo, neutro o negativo), de forma que se puede identificar cómo es la conversación y las implicaciones que podría tener para nuestra reputación *online*.

Otros indicadores que muestra son los de «*strength*» (el potencial que tiene la marca de ser mencionada basado en las menciones que ha tenido las últimas veinticuatro horas); «*passion*» (el número de menciones repetidas por un mismo grupo de usuarios) y «*reach*» (el alcance o poder de influencia que podría tener la marca basado en el número de menciones y usuarios distintos que las realizan).

socialmention*

Real-time social media search and analysis:

| | in | Search |

Trends:

iii. GESTORES CALENDARIO EDITORIAL

▷ **Trello** (https://trello.com/)

Herramienta de productividad que facilita el trabajo colaborativo y la gestión de tareas (es una aplicación GTD-Get Things Done). Los proyectos se organizan en paneles a los que se asocian elementos (tarjetas) y tareas con distinta información, plazos, colaboradores, etc.

Se puede utilizar para organizar el calendario editorial de tu tienda *online* de varias formas: un panel por mes y dentro cada panel las distintas acciones a realizar agrupadas por redes y canales; o un panel por cada red o plataforma y el contenido de las tarjetas sería entonces cada mes del año con su detalle de la acción.

▷ **Coschedule** (https://coschedule.com/)

Otra herramienta de productividad en forma de suite de aplicaciones que facilitan la gestión de proyectos y la organización las tareas asociadas: planificación acciones de marketing, seguimiento y análisis, diseño y seguimiento del calendario editorial, gestión de activos, etc.

▷ **Later** (https://later.com/)

Un gestor para planificar, publicar y analizar publicaciones en distintas redes sociales. Tiene una versión *free* para un «social set» compuesto de Instagram, Facebook, Twitter y Pinterest), además de 30 publicaciones por cada perfil social (se contabilizan cuando se programan no cuando se publican y los post de vídeo y carrusel de Instagram no están incluido en este plan).

10.5 Otros

▷ **LinkTree** (https://linktr.ee/)

Para crear un enlace múltiple y usarlo en la bio de Instagram o en cualquier otro sitio. Tiene un plan *free* y otro comercial con más funciones de estadísticas, etc.

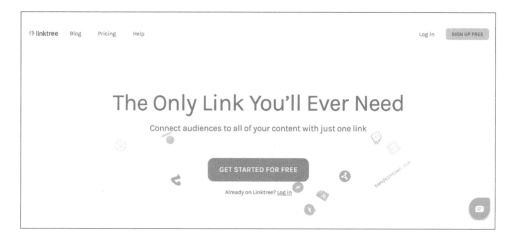

▷ **Uptime Robot** (http://uptimerobot.com/)

Para recibir un aviso cuando nuestro sitio web no esté operativo (también nos puede avisar de si nuestro certificado SSL está cerca de caducar o ha expirado)

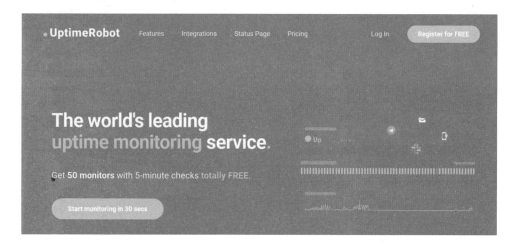

▷ **Dropbox** (http://www.dropbox.com)

Dropbox es un servicio de alojamiento de archivos en la nube. El servicio permite almacenar y sincronizar archivos en línea y entre distintos equipos y compartir archivos y carpetas con otras personas.

Imprescindible para tener accesible la biblioteca de imágenes, documentos, plantillas, etc. así como realizar copias de seguridad del sitio web y todos los archivos

▷ **Bit.ly** (http://bit.ly)

Acortador de direcciones que permite personalizarlas y consultar las estadísticas (ej. usas este servicio para acortar la URL de la encuesta en Google Form que has enviado por SMS o Whatsapp a tus clientes y puedes conocer cuántos destinatarios hicieron clic).

▷ **Wetransfer** (http://www.wetransfer.com)

Wetransfer es un servicio de almacenamiento en nube que permite cargar y descargar archivos de hasta 2Gb (con una cuenta Plus se pueden enviar archivos de hasta 20 GB).

Los archivos pueden ser de cualquier formato (vídeos, archivos comprimidos zip, imágenes...) y pueden compartirse con hasta 20 destinatarios. Estos archivos estarán disponibles durante siete días. No requiere registro.

▷ **Filedropper** (http://www.filedropper.com)

Si el anterior se te queda corto, Filedropper permite enviar archivos de hasta 5Gb. No necesita registro ni indicar e-mail para el destinatario, se sube el archivo y se obtiene un enlace de descarga para compartir.

▷ **Verifyemailaddress** (http://www.verifyemailaddress.org/es/)

Comprueba si el e-mail existe y es válido (puedes usarlo para sanear las listas de correo y validar aquellas direcciones de correo de usuarios que no recopilaste con el doble *opt-in*).

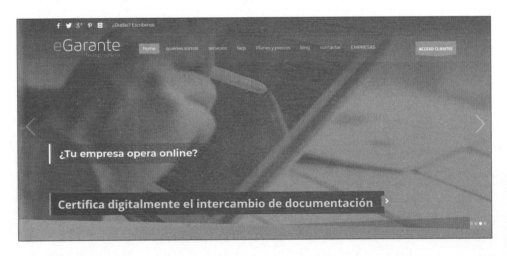

▷ **eGarante** (https://www.egarante.com)

Servicio de certificación de comunicaciones electrónicas: web y correo electróni-co (gratis para uso particular).

Muy útil para certificar el contenido de una página web (ej. precios en una ficha de producto de un proveedor o de la competencia); publicaciones en redes sociales o mensajes en un foro que afecten gravemente nuestra reputación *online* y vayamos a denunciar; o certificar contenido enviado en un correo electrónico (en la práctica funcionaría como un Burofax pero con mucho menor coste).

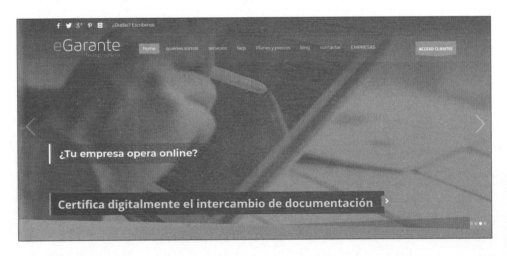

▷ **Metricspot**: (http://www.metricspot.com/)

Para realizar auditorías SEO y análisis comparativo (*benchmarking*) con los sitios web de los competidores. Los informes muestran unas puntuaciones respecto a la autoridad SEO, el contenido, la usabilidad, aspectos técnicos y actividad en redes sociales, considerando más de 80 parámetros SEO que influyen en el ranking de Google.

▷ **Builtwith** (http://www.builtwith.com)

Para averiguar cómo está desarrollado un sitio web, qué tecnología usa, si está hecho con Prestashop o Shopify, cuál es su proveedor de hosting , etc.

⮑ PALABRAS CLAVE: análisis y optimización SEO, análisis comportamiento de usuarios, creación y edición de contenidos digitales, redes sociales e identidad digital, Adobe Spark, Alexa, Bulkresize, Buzzsumo, Canva, Creative Commons Search, Fanpagekarma, Foller, Followerwonk, Freepik, Generador De Títulos, Geoimgr, Google Alerts, Gtmetrix, Thispersondoesnotexist, Hotjar, Languagetool, Later, Linktree, Mention, Mouseflow, Open Site Explorer, Pagespeed Insights, Pingdom, Pixabay, Protofluid, Prueba De Optimización Para Móviles De Google, Semrush, Seomastering, Speechnotes, Spreaker, Tag Assistant De Google, Test Tawdis, Trello, Coschedule, Unplash, Uptime Robot, Validator W3c, Veezle

BIBLIOGRAFÍA RELACIONADA

Allen, Marc. *El emprendedor visionario*, Narrativa empresarial, 2013.

Chan W. y Mauborgne, R., *Las claves de la Estrategia del Océano Azul*, Profit, 2017.

Godin, Seth, *La vaca púrpura: Diferénciate para transformar tu negocio*, Gestión 2000, 2008.

Holyday, Ryan, *Growth Hacker Marketing: A Primer on the Future of PR, Marketing and Advertising*, Profile Books , 2013.

Johnson, Spencer, *¿Quién se ha llevado mi queso?: Cómo adaptarnos en un mundo en constante cambio*, Empresa activa, 2019.
Kawasaki, Guy, *El arte de cautivar*, Booket , 2013.

Lindstrom, Martin, *Buyology. Verdades Y Mentiras De Por Qué Compramos*, Booket, 2002.

Ries, A. y Trout, J., *Las 22 leyes inmutables del marketing*, Mcgraw-Hill, 2012.

WEBGRAFÍA CONSULTADA

1. INTRODUCCIÓN

Cómo afecta el coronavirus al e-commerce
https://ecommercerentable.es/afecta-el-coronavirus-al-ecommerce/

Informe Consumo Internet vs. Televisión Junio 2020
https://www.barloventocomunicacion.es/audiencias-mensuales/informe-consumo-internet-vs-television-junio-2020/

2. RECONOCIENDO EL TERRENO Y BUSCANDO MI NICHO

eCommerce Spain
https://es.statista.com/outlook/243/153/ecommerce/spain#market-paymentTypes

El comercio electrónico vive una maduración exprés con la pandemia
https://www.lavanguardia.com/economia/20200525/481374074471/comercio-electronico-e-commerce-online-alimentacion-moda-restauracion.html

Escenarios COVID-19
https://www2.deloitte.com/es/es/pages/about-deloitte/topics/impacto-covid-19.html

Cómo saber los productos más demandados
https://learninglegendario.com/tipos-de-infoproductos-y-servicios-para-vender-formacion-online/

Qué son los marketplaces y cómo sacar el máximo partido de ellos
https://www.prestashop.com/es/blog/que-son-los-marketplaces-y-como-sacar-el-maximo-partido-de-ellos

22 tipos de infoproductos y servicios para vender formación online
https://learninglegendario.com/tipos-de-infoproductos-y-servicios-para-vender-formacion-online/

Estudio Marketplaces 2020
    https://tandemup.net/blog/estudio-marketplaces-2020-radiografia-de-un-
    sector-en-auge/

How to use Google Trends: 10 Mind-Blowing Tricks for Entrepreneurs
    https://www.oberlo.com/blog/google-trends

Coopetencia ente pymes y la suma del potencial colectivo
    https://www.puromarketing.com/53/15529/entre-pymes-suma-potencial-
    colectivo.html

Así funcionan los dos mayores dropshippers españoles
    https://www.emprendedores.es/oportunidades-de-negocio/big-buy-design-
    shop-illusion-dropshipper-exito/

Inteligencia competitiva
    https://www.aec.es/web/guest/centro-conocimiento/inteligencia-competitiva

Modelo Canvas
    https://economipedia.com/definiciones/modelo-canvas.html

Objetivos SMART
    https://www.titular.com/blog/objetivos-smart-que-son-y-como-utilizarlos

Top 5 e-commerce por facturación
    https://ecommerce-news.es/top-5-ecommerce-por-facturacion-espana/

4. ELIGIENDO PLATAFORMA DIGITAL

7 mejores alternativas de shopify
    https://www.websitehostingrating.com/es/best-shopify-alternatives/

Plataformas ecommerce más utilizadas en España (2020)
https://www.comunica-web.com/verarticulo-plataformas-ecommerce_859.
php

5. GESTIONANDO LOS PEDIDOS

Certificación PCI DSS
https://www.mychoice2pay.com/es/blog/certificado-PCI

Cuenta business Paypal
https://transferwise.com/es/blog/cuenta-business-paypal

Medios de pago online más seguros
https://www.helpmycash.com/banco/medios-de-pago-online/

Medios de pago más usados
https://www.helpmycash.com/banco/medios-de-pago/

Medios de pago más populares en España
https://jumpseller.es/learn/payment-methods/

Formas de pago online España
https://www.ecommerce-nation.es/formas-de-pago-online-espana/

Cómo emitir facturas en tu e-commerce
https://anfix.com/blog/como-emitir-facturas-en-tu-e-commerce/

Cómo se gestiona el IVA en las operaciones intracomunitarias
https://anfix.com/blog/como-se-gestiona-el-iva-en-las-operaciones-intraco-
munitarias

Tipos de IVA en España
https://www.billin.net/blog/tipos-iva-espana/

IVA intracomunitario: ¿Qué es, cómo se aplica y cómo declararlo?
https://anfix.com/blog/como-se-gestiona-el-iva-en-las-operaciones-intraco-
munitarias/

6. LEGISLACIÓN

Opt in checkboxes & consent for email marketing
https://www.amandabeylkin.com/marketing-blog/opt-in-checkboxes-con-
sent-email-marketing/

Modelo texto politica de cookies:
https://protecciondatos-lopd.com/empresas/consentimiento-rgpd/

Mejoras de la normativa europea para simplificar la regulación del Comercio
Electrónico
https://www.confianzaonline.es/conocenos/comunicacion/utlimas-noticias/
mejoras-de-la-normativa-europea-para-simplificar-la-regulacion-del-comer-
cio-electronico/

Tiendas online en tiempos de Covid
https://www.pymelegal.es/noticias/rgpd/tiendas-online-en-tiempos-de-
covid

Recargo de equivalencia del IVA: descubre qué es y sus tipos
https://autonomoo.es/blog/recargo-de-equivalencia-del-iva/

Agencia tributaria - Reglas de localización a partir de 1 de enero de 2019
https://www.agenciatributaria.es/AEAT.internet/Inicio/La_Agencia_Tribu-
taria/Campanas/One_Stop_Shop/_INFORMACION/Informacion_General/
Reglas_de_localizacion/Reglas_de_localizacion_a_partir_de_1_de_ene-
ro_de_2019.shtml

7. CAPTANDO, ATENDIENDO Y FIDELIZANDO

12 mejores alternativas a Hootsuite
    https://www.socialreport.com/insights/article/360024957872-Las-12-mejo-
    res-alternativas-a-Hootsuite-para-el-2019

Cómo añadir respuestas automáticas a Whatsapp movil
    https://www.xatakamovil.com/aplicaciones/como-anadir-respuestas-auto-
    maticas-a-whatsapp-movil

Las redes sociales más utilizadas en España
    https://www.actualidadecommerce.com/redes-sociales-mas-utilizadas/

Las 24 redes sociales más usadas en 2020
    https://neoattack.com/redes-sociales/

Las redes sociales más utilizadas en el mundo y en España
    https://mkparadise.com/redes-sociales-mas-utilizadas

Las redes sociales más usadas en España en 2020
    https://tindalos.es/las-redes-sociales-mas-usadas-en-espana-en-2020/

Whatsapp Business
    https://es.semrush.com/blog/whatsapp-business/

Cómo transferir tu cuenta de WhatsApp Messenger a la aplicación WhatsApp
    Business
    https://www.whatsapp.com/coronavirus/migrate-business?lang=es

Cómo crear un perfil de empresa en Whatsapp
    https://cincodias.elpais.com/cincodias/2019/10/25/
    pymes/1572000468_897446.html

Guía para vender en WhatsApp Business con copywriting
https://rosamorel.com/guia-vender-whatsapp-business-neuromarketing/

Google Hangouts Meet: qué es y en qué se diferencia con el Hangouts clásico
https://www.xataka.com/basics/google-hangouts-meet-que-que-se-diferencia-hangouts-clasico

Ayuda de Hangout: iniciar una conversación en grupo
https://support.google.com/hangouts/answer/3111943

Top 8: las mejores herramientas para realizar videoconferencias
https://marketing4ecommerce.net/top-5-herramientas-videoconferencias/

Zendesk: Activar un chatbot
https://www.zendesk.es/chat/chatbot/

Los 12 Mejores Chatbots para tu sitio web en 2020
https://bloo.media/blog/mejores-herramientas-chatbot/

Plataformas gratuitas para crear tus propios chatbots
https://www.inteldig.com/2019/01/plataformas-gratuitas-crear-tus-propios-chatbots/

Los 10 mejores chatbots en Español
https://prensalink.com/los-10-mejores-chatbots-en-espanol/

Alternativas a Mailchimp
https://www.emailtooltester.com/es/blog/alternativas-a-mailchimp/

Conectar una cuenta de Shopify a Facebook
https://www.facebook.com/business/help/646757258759189

Guía completa con técnicas avanzadas de marketing en Instagram
    https://offers.hubspot.es/guia-marketing-instagram

Crear anuncios de Instagram en el administrador de anuncios
    https://www.facebook.com/business/help/1634705703469129#

Normas para concursos en Instagram
    https://help.instagram.com/179379842258600

The State of Influencer Marketing in Fashion, Luxury& Cosmetics
    https://media.launchmetrics.com/resources/ebook/2018/influencer_report/
    the_state_of_influencer_marketing_2018_report_fashion_en.pdf

8. PROMOCIONANDO NUESTRO E-COMMERCE

Why you Need a Mobile Site for Mobile Search
    https://seo-hacker.com/mobile-search-optimization/

Faltas de ortografía y SEO
    https://livire.es/diseno-web/faltas-de-ortografia-y-seo/

Cómo crear un calendario editorial para tiendas online que dispare tus visitas y
    suscriptores
    https://www.doofinder.com/es/blog/calendario-editorial

Calendarios editoriales para gestionar el blog de tu ecommerce
    https://www.shopify.es/blog/16412228-calendarios-editoriales-para-gestio-
    nar-el-blog-de-tu-ecommerce

Días internacionales
    https://www.un.org/es/sections/observances/international-days/index.html

23 fechas para marcar en tu calendario de Ecommerce Marketing en este 2020
https://www.selligent.com/es/blogs/consejos/23-fechas-para-marcar-en-tu-calendario-de-ecommerce-marketing-en-este-2020

Google Ads - Acerca de la segmentación demográfica
https://support.google.com/google-ads/answer/2580383?hl=es

Red de Display: definición
https://support.google.com/google-ads/answer/117120?hl=es

SEM com Microsoft
https://about.ads.microsoft.com/es-es

Bing Ads vs. Google Ads: The Pros & Cons of Each Platform
https://instapage.com/blog/bing-ads-vs-google-ads

Introducción a las Cards de Twitter: Cómo crear y usar las Cards de Twitter
https://business.twitter.com/es/blog/twitter-cards-101.html

Marketing de influencers: crea campañas de éxito
https://www.iebschool.com/blog/plataformas-marketing-influencers-redes-sociales/

Qué es el growth hacking: ejemplos del marketing del siglo xxi
http://marketing4ecommerce.net/que-es-el-growth-hacking-ejemplos-del-marketing-del-siglo-xxi/

17 e-commerce tactics you can try next month
http://thenextweb.com/insider/2016/06/14/17-e-commerce-tactics-can-try-next-month

E-commerce conversion rate optimization
https://www.abetterlemonadestand.com/ecommerce-conversion-rate-optimization/

Growth hacking para e-commerce
http://comunidad.iebschool.com/iebs/marketing-digital/growth-hack-ing-para-ecommerce/

Why marketers should keep sending you emails
http://www.mckinsey.com/business-functions/marketing-and-sales/our-in-sights/why-marketers-should-keep-sending-you-emails

The 6 best growth hacks
https://blog.kissmetrics.com/the-6-best-growth-hacks/

Actionable growth hacking tactics
http://yongfook.com/actionable-growth-hacking-tactics.html

Where are all the growth hackers
http://www.startup-marketing.com/where-are-all-the-growth-hackers/

The art of e-commerce upselling
https://blog.kissmetrics.com/the-art-of-ecommerce-upselling/

How To Boost Conversions by 785% in One Day (The Content Upgrade)
http://backlinko.com/increase-conversions

9. ANALIZANDO EL RENDIMIENTO Y RESULTADOS

Mapa de calor
https://www.arimetrics.com/glosario-digital/mapa-de-calor

Insight
https://www.marketingdirecto.com/diccionario-marketing-publicidad-co-municacion-nuevas-tecnologias/insight-2

Cómo crear una encuesta que te permita obtener respuestas valiosas en 10 pasos fáciles
https://es.surveymonkey.com/mp/how-to-create-surveys/

¿Qué es una escala Likert?
https://es.surveymonkey.com/mp/likert-scale/

Chat con resultados concretos
https://www.zendesk.es/chat/live-chat-analytics/

El Cuadro de Mando: ¿qué es y para qué sirve?
https://www.fullstep.com/actualidad/blog/cuadro-mando-que-es-para-que-sirve/

Conoce a tus clientes con las estadísticas de Instagram
https://www.facebook.com/business/learn/lessons/instagram-insights-tool?course_id=428024244490300&curriculum_id=809171499485562